世界十大帝王

风云录

史海渔夫——编著

中国铁道出版社有限公司
CHINA RAILWAY PUBLISHING HOUSE CO., LTD.

图书在版编目（CIP）数据

世界十大帝王风云录 / 史海渔夫编著. -- 北京 ：
中国铁道出版社有限公司，2025. 7. -- ISBN 978-7-113-
32370-7

Ⅰ. K817-49

中国国家版本馆CIP数据核字第20251NX706号

书　　名：**世界十大帝王风云录**
　　　　　SHIJIE SHI DA DIWANG FENGYUNLU
作　　者：史海渔夫

责任编辑：荆然子　　　　　　　　电　　话：（010）51873005
封面设计：郭瑾萱
责任校对：安海燕
责任印制：高春晓

出版发行：中国铁道出版社有限公司（100054，北京市西城区右安门西街8号）
网　　址：https://www.tdpress.com
印　　刷：天津嘉恒印务有限公司
版　　次：2025年7月第1版　2025年7月第1次印刷
开　　本：710 mm×1 000 mm　1/16　印张：13.5　字数：195千
书　　号：ISBN 978-7-113-32370-7
定　　价：88.00元

前　言

在悠远绵长的人类历史上，我们不难听到这样一些如雷贯耳的名字：梦想征服世界的人——亚历山大大帝；恐怖的"上帝之鞭"——阿提拉；"天生的征服者"——查士丁尼大帝；所向披靡的"欧洲之父"——查理大帝；"北方雄狮"和"白雪之王"——古斯塔夫；励精图治的沙皇——彼得大帝；一生无憾的"开明君主"——腓特烈大帝；威震欧洲的雄狮——拿破仑；"维多利亚时代"的开启者——维多利亚女王；日本兴盛和崛起的标志人物——明治天皇。

如果说历史是一出永不落幕的戏，那么这些处于人类社会金字塔顶尖的至尊帝王们就是这幕大戏中的最大主角。他们居于历史的风口浪尖，指点江山，挥斥方遒，不但在历史的进程中踏响了属于自己的足音，而且在很大程度上左右着一个国家的兴衰成败，甚至影响着人类历史的发展方向。

当然，在君临天下的同时，他们亦如普通人一般，历尽人间悲欢，在时间长河的潮起潮落间，演绎着属于自己的人生传奇。

本书以清新的笔触、生动的语言，全面讲述了曾在世界历史上叱咤风云的十大帝王的传奇人生，书中除了描述他们的卓著战功、治国才能或者阴谋诡计外，也描述了他们作为一个普通人的悲欢离合、喜怒哀乐甚至难以启齿的隐私秘事，以期将一个帝王的多面性与复杂性，用一种立体的方式呈现在读者面前。

衷心感谢您对本书的关注，希望本书能带给您不一样的阅读感受和人生感悟。

作　者

目 录

第一章

梦想征服世界的人——亚历山大大帝

小 档 案

　　亚历山大大帝（公元前356—公元前323年），古代马其顿国王，世界古代史上著名的军事家和政治家。他足智多谋，在担任马其顿国王的短短十三年中，以其雄才大略，东征西讨，建立起了一个横跨欧亚的庞大帝国。创下了前无古人的辉煌业绩，促进了东西方文化的交流和经济的发展，对人类社会的进展产生了重大的影响。

在曲折中长大

　　公元前356年7月，古马其顿王国的第一位王子亚历山大出生了。他一出生就显得卓尔不凡，哇哇大哭的声音使不少人听了都感到震惊。宫廷里的占卜师说："小王子必将像一头雄狮，勇猛无比，震撼世界！他将是马其顿王国的希望和未来。"

　　全城的人都为小王子的降生欢欣鼓舞，奔走相告。然而小王子的父亲腓力二世却不是很高兴。

　　这倒不是他不喜欢孩子，而是因为王子的母亲奥林匹亚斯，不但个性过于专横独断，而且还有些吓人的癖好。比如，史书记载，她喜欢与蛇共眠。

由是之故，腓力二世对奥林匹亚斯没有多少好感，顺带着也就对幼年时的亚历山大缺少宠爱。直到公元前 344 年的一天，一匹马的出现方才改变了腓力二世对亚历山大的态度。

这一天，一名色萨利的卖马人带来了一匹名贵的骏马。腓力二世的所有优秀的驯马人试图驯服它，但都失败了。这时，小亚历山大勇敢地对他的父亲说，如果他能将之驯服，希望父亲能将这匹马作为礼物送给他。

听了儿子的话，腓力二世嗤之以鼻，认为这个十二三岁的毛头小子实在是不知天高地厚，但他想了想，还是同意了这个赌局。

亚历山大首先将马头牵往背向阳光的一边，轻轻地抚摸了它一会儿，才跨上马奔向远方。原来，聪明的亚历山大敏锐地发现，这匹马害怕看见自己的影子；而先前轻柔的抚摸，则是为了取得马的信任。

当亚历山大骑着马回来的时候，腓力二世兴奋得热泪盈眶："我的儿子，去开创属于你自己的王国吧，马其顿对你来说太小了。"

此后，腓力二世让亚历山大拜"古希腊最博学的人"（马克思语）亚里士多德为师，跟随这位哲学大师苦读了三年。

在亚里士多德的熏陶下，亚历山大培养了广泛的兴趣，对医学、地理学、植物学等都有一定的研究。他常说，他最尊崇的人是亚里士多德，他爱亚里士多德甚于自己的父亲，因为后者仅仅生育了他，而前者却教会他怎样做一个有知识有文化的高贵的人。

亚里士多德对亚历山大的影响主要在热爱知识、尊重文化这些方面。直到后来远征东方期间，亚历山大还命人返回希腊为其运来许多书籍。他还赞助了亚里士多德在雅典的研究工作，派了众多人员供其支配，有打猎的、捕鱼的、养蜂的、喂鸟的等，分布在希腊和亚洲各个地区。他甚至还为亚里士多德建成了一个规模可观的生物实验室。

然而，师徒二人的思想、作为、性格和情趣却无共同之处。比如，亚历山大曾被亚里士多德灌输"非希腊人皆为奴隶"的思想，而亚历山大在征服东方期间，则强调各民族平等相处。

亚历山大的母亲对他的成长影响也很大。虽然这位有些"另类"的女人不受腓力二世的喜爱，但她粗野、专断、坚强的性格也在小亚历山大的身上打下了深深的烙印，培养了他讲究实际的精神和不畏一切追求胜利的英雄气概。

就这样，良好的客观环境和刻苦的主观努力，使亚历山大的文韬武略与日俱增。

腓力二世为使亚历山大尽快成为真正的军事英才，非常注重训练他的实战指挥能力。在公元前340年的喀罗尼亚战役中，年仅十六岁的亚历山大就被委以马其顿军队左翼骑兵主帅之重任，配合其父（右翼军队主帅）击溃了雅典等国联军。初出茅庐的亚历山大所表现出的超凡能力和统率才能，以及他日积月累的实际作战指挥经验，为他未来的辉煌奠定了坚实基础。

公元前339年，他又参与了父亲发起的北方战役，洗劫了西徐亚人的领地，从中进一步学到了相关的军事指挥艺术。

但是亚历山大作为接班人的地位却并不牢固，因为母亲和父亲腓力二世又发生了巨大的矛盾，事情的起因是腓力二世爱上了大臣阿塔拉斯的女儿克丽奥佩特拉。亚历山大对这件事情也极为反感，在一次聚会上他甚至直接和父亲发生了冲突，险些被腓力二世所杀。此后他不得不逃出马其顿，去了北方的伊利里亚暂避风头。

后来，腓力二世的亲信兼朋友迪马拉图斯结束了父子对峙的局面。他善意地提醒腓力二世，父子不和会给帝国带来危险。冷静下来的腓力二世接受了这一正确的建议。

不过，腓力二世和儿子亚历山大之间的矛盾并没有完全缓和，紧接着就发生了意想不到的情况。

公元前336年的夏末，腓力二世的女儿出嫁。这天，全希腊王胄贵族云集马其顿埃加的大剧院里。典礼于清晨开始，长长的仪仗队吹着号角开道前往大剧院，其后是高擎十二个奥林匹斯山神像的男人，而腓力二世的雕像也作为第十三名神祇（qí）尾随其后，不祥之兆似乎已经出现。

腓力二世穿着一身素色衣服，头上戴着华贵的王冠，器宇轩昂地走进大剧院，眉宇间透着凛然的神圣和难抑的喜悦。

就在人们为国王的出现而欢呼时，一个马其顿贵族突然冲出人群，拔剑刺向腓力二世。腓力二世和他的侍卫们尚未回过神来，一把锋利的短剑已刺中他的胸膛。这位力图改变世界的君王，即刻倒在血泊之中。

刺杀腓力二世的举动，是一场预先谋划好的政治阴谋，策划者以不满腓力二世集权统治的马其顿贵族为主，据说波斯王也参与其中。更令人惊讶的是，亚历山大的母亲、腓力二世的弃妇奥林匹阿斯也插手其中。从遭受遗弃那刻起，这位刚烈女子就决意报复自己曾经深爱的男人。真是应了那句话，爱有多深，恨就有多深。

父王被刺后，亚历山大在马其顿军队和腓力二世的重臣兼外交家安提帕特的拥戴下，成为马其顿国王。即位后，他很快就处死了刺杀腓力二世的凶手。

这一年，亚历山大年方二十。临危受命的他，迎来了属于自己的时代。

危难之时显身手

初登王位的亚历山大面临着严峻的形势。当时，北部边境的野蛮民族以及希腊各邦都想借腓力二世被刺之机有所行动。

面对周围虎视眈眈的强敌，亚历山大审时度势，决定先行巩固北部边境防线。公元前335年，亚历山大率军北上，闪电式出击北部野蛮民族，在多瑙河流域击溃特里巴利部落。之后，他转战马其顿西北部边境，征服了那里的伊里利亚人。至此，马其顿北部和西北部的边境才得以安宁。

巩固北疆这一战略目标实现后，亚历山大又把目光投向了希腊同盟。此时的同盟几乎名存实亡，当初腓力二世虽然打败了希腊人，却并未彻底征服他们，以至现在摆在亚历山大面前的是一个混乱不堪的局面。就在亚历山大着手整顿同盟之际，底比斯人造反了，雅典人随即表示支持。亚历山大迅速将军队从伊里利亚直接调往底比斯，中间未经马其顿。

当底比斯城下突然出现马其顿大军时，底比斯人仍坚持强硬态度，拒绝亚历山大的和谈条件。战斗打响后，虽然底比斯人作战顽强，但终因寡不敌众，最后城池失陷。亚历山大为将希腊同盟中的城邦国家震慑住而不再起反叛之心，下令屠城。命令一出，底比斯城瞬间尸横遍野，血流成河。

与底比斯人的遭遇相比，雅典人的命运则好得多。

说起雅典和马其顿，二者还真算得上是一对冤家。

马其顿王国位于希腊北部，公元前4世纪，当这个山地王国悄然崛起时，希腊的辉煌时代已经过去。

在此之前的公元前5世纪，雅典首席将军伯里克利通过一系列改革措施，振兴了雅典，把希腊推向了繁荣的顶峰。但是，雅典与斯巴达人之间长期残酷的战争使它日益衰亡。希腊诸邦之间谁也无力统一希腊，而战乱却日甚一日。与此同时，城邦内的阶级矛盾也日益激化，经济出现了萧条。在亚洲，波斯的触角也伸进了巴尔干半岛，干预着诸城邦的内部事务。希腊富有民主的传统，而人们却开始怀疑民主的价值，对自己的体制丧失了信心，对于专制统治的优点他们开始发掘并加以颂扬。总之，历史在此时呼唤一个勇猛专横但又不乏圣明的专政者出现，以统一希腊，使希腊文明能够远播四方，恩泽世界。

似乎在响应着历史的召唤，此后马其顿开始繁荣昌盛，出现了几个英明的国王，亚历山大之父腓力二世便是其中之一。

综观腓力二世一生的作为，他无疑是一个雄才大略的军事领袖。他在即位以前，曾经在当时最强的希腊城邦底比斯当人质。在那里，他受益匪浅，不仅熟悉了希腊的形势，并且从底比斯军事家艾巴密朗达那里学得了"方阵"战术。他做了君主之后，便招募马其顿的牧民和农民，仿照底比斯的军事体制组织了一支强大的军队。这支军队是步兵与骑兵混合的纵队，而当时希腊各邦尚未有骑兵。腓力二世也着手改革了币制，施行"双金制"，银本位币与金本位币并用。当时，银币雄霸希腊

梦想征服世界的人——亚历山大大帝

各邦，金币为波斯所采用，而腓力二世则使银币与金币并行，降低了金币的价格，这极大地刺激了马其顿经济的发展。

一开始，腓力二世率军向东北开疆辟地，一直打到达达尼尔海峡和多瑙河下游一带，接着他挥兵南下，意图征服整个希腊。此时，重新成为希腊各邦领头羊的雅典内部分裂成两派，一派以雄辩家伊索克拉底为首，主张联合马其顿，重新发动全希腊对波斯的战争，以雪国耻，同时以战争来解救希腊，使其摆脱内部的贫困以及经济危机和民气的不振，走出衰亡的穷途；另一派以大演说家德谟斯提尼为首，坚决主张制止马其顿的扩张，以保卫希腊各邦的独立与自由。

"马其顿人的狡猾毋庸置疑，腓力二世的唯一目的是掠夺希腊，夺走它的财宝和繁荣，它的自由和独立……"德谟斯提尼发表了多次演说，号召为祖国的独立而战，为保障民主制反对马其顿王的军事独裁而战。其演说铿锵有力，令人感叹不已。可惜的是，这些慷慨激昂的言辞，竟成了希腊城邦政治的最后挽歌。

经过喀罗尼亚之战后，雅典等国组成的希腊联军战死的战死，被俘的被俘，已无力反对马其顿的任何图谋。就算他们采取了紧急措施——解放矿场、作坊和农场中做苦役的奴隶，但也于事无补。主战派的首领德谟斯提尼流亡异地，反马其顿的势力土崩瓦解。

国力的衰败、民众的失和与战场上的惨败终于摧毁了希腊人的信心。而被德谟斯提尼斥为蛮人、僭（jiàn）主、暴君的腓力二世，则以胜利者的威仪，召集希腊诸邦代表，在科林斯召开了全希腊会议。会议的第一件大事是全面和平，并规定以后希腊结盟的原则。改组后的希腊联盟还与马其顿订立攻守同盟，准备组织联军，共同声讨波斯。

然而，计划总是赶不上变化。就在之后不久，腓力二世遇刺身亡。在他死后，反马其顿的情绪在希腊又高涨起来。在雅典方面，反马其顿的势力抬头了，德谟斯提尼卷土重来，又开始在主战派之间四处串联。就在底比斯人叛乱时，雅典人中的主战派公开响应。可惜的是，还未等他们组织起来反抗，亚历山大已率军出现在他们面前。

但亚历山大深知雅典是希腊文明的中心，也是希腊精神的中心。

掌握住这个中心，他就能掌握住希腊同盟，这个同盟也就会给他一个最高代表人的合法地位。这不仅可使希腊各邦不再发动叛乱，而且可以让亚历山大以后的征服战争师出有名。于是，亚历山大决定对雅典既往不咎。

亚历山大采取的屠城与安抚并用的政治方针取得了巨大成功，直接后果便是，马其顿作为他的第一个军事基地获得了长久的安定。

看到这位年仅二十岁的青年能有如此胆略，谁敢不退让三分？由此，亚历山大树立起了自己的威望。此后，他又恤民心，察国情，采取了一系列有效的治国策略，巩固了自己的统治地位。

打败波斯帝国

王位初定后，亚历山大开始践行他的"宏图大略"。他首先把目光放向了领土辽阔、资源丰富、财富滚滚的波斯。

当时，波斯帝国内乱频仍，国势日益衰颓，它虽然领有广土众民，但实际上只是个"泥足巨人"。在波斯帝国那辽阔的疆域内，居住着许许多多不同的部落和部族，其间很少有经济的和文化的联系。而帝国西部那些被压迫的部族，如小亚细亚、爱奥尼亚地区的希腊人，叙利亚、巴勒斯坦地区的各族居民，乃至埃及人，都一向反对波斯帝国的奴役，酝酿着起义。一小撮波斯贵族，仅仅是靠了武力，才得以维持其脆弱的统治。这种以武力征服所造成的帝国，一遇到外来的更强大的武力攻击，便将土崩瓦解了。

公元前334年的春天，亚历山大率领三万五千人的大军和一百六十艘战舰，开始了远征东方的行动。行前，他把自己的所有地产收入、奴隶和畜群分赠他人。一位大将疑惑地问道："请问陛下，您把财产分光，给自己留下什么？"

"希望。"亚历山大说，"我把希望留给自己，它将给我无穷的财富！"

将士们被亚历山大的雄心所激励，他们决心随他到东方去掠夺更多

的财富。

亚历山大率领部队首先占领了小亚细亚，消灭了那里少量的波斯军队，然后他又挥师北上，向叙利亚进军。

途中，波斯帝国国王大流士三世御驾亲征，从亚洲腹地征调几十万大军出现在亚历山大的背后，切断马其顿军的供应线。

亚历山大回身面对大流士的优势兵力，进行了伊苏战役。此战几乎全歼波斯军，大流士国王落荒而逃。

为了巩固侧翼，亚历山大没有穷追，而是回身继续向南征服地中海沿岸港口，经过七个月的艰难围攻，攻克了腓尼基的岛屿城邦推罗城。在围攻推罗期间，亚历山大收到波斯国王的一封书信，提出为了达成和平协议，他愿把半个波斯帝国割让给亚历山大。

亚历山大的将军帕曼纽认为这个建议很好，他说："如果我是亚历山大，我就采纳这个建议。"

亚历山大回答："如果我是帕曼纽，我也许会采纳这个建议。"

攻克推罗之后，亚历山大继续南进。经过两个月的围攻，埃及一箭未发，自动投降。接着亚历山大在埃及停留一段时间，让军队稍有喘息之机，并建立了今天埃及著名的港口城市亚历山大。在那里年仅二十四岁的亚历山大被誉为法老，称之为太阳神阿蒙之子。

经过在埃及的修整，随后亚历山大率军返回亚洲，北上向波斯腹地进发，准备和大流士算总账。

公元前331年9月24日，在渡过底格里斯河以后，马其顿侦查骑兵很快发现了波斯大军的踪迹，亚历山大立刻领军沿底格里斯河东岸急速南下。与此同时，大流士派巴比伦总督马扎依率领三千骑兵北进六公里占据一座高地，监视亚历山大的动向。

9月25日傍晚，马其顿大军在距离波斯大营数公里的地方扎营。入夜，波斯营地的灯火照亮了南方的天空，碰巧此时夜空突现流星雨，四下飞散，望去犹如在天边闪烁的篝火。马其顿士兵误以为身陷波斯重围而惊恐万状，亚历山大不得不下令加固营垒。此后四天，他一直按兵不动以稳定军心。后世有人认为，如果此时在附近监视的马扎依趁机率

骑兵突袭，必能重创马其顿大军。可惜忠于职守的马扎依未能抓住这个战机。

9月30日凌晨，马其顿大军组成战斗阵形向波斯大军逼近。马扎依完成监视任务，领兵撤回本部。大流士认为亚历山大一定会在次日决战，也命令波斯大军进入预定战场，摆出一个正面宽达八公里的巨阵。

正午时分，马其顿大军进占马扎依此前盘踞的高地，从这里向南望去，广袤的平原上黑压压地遍布波斯军队，人喧马嘶，盔甲闪亮，长矛如林，令人触目惊心。

见此景象，马其顿官兵的恐惧感油然而生。亚历山大虽然一向天不怕地不怕，此时也不禁忧心忡忡。他破天荒地下令暂缓进攻，就地扎营。下午，亚历山大派出轻骑仔细勘察战场，并亲自靠近观察大流士的排兵布阵。高加米拉战役的开局阶段，亚历山大表现出前所未有的小心谨慎。

当晚，亚历山大召开战前准备会，征求诸将的意见。素有威望的帕米尼欧认为马其顿官兵此时军心不稳，士气不振，不宜与波斯大军在光天化日下决战。他提议发动夜袭，因为在黑暗中马其顿将士只能感受到身旁战友的簇拥，看不见敌人庞大的数量，这样有助于保持士气；而波斯军队来自五湖四海，相互语言不通，在黑暗中很难指挥调度，更容易被击溃。在场的马其顿将领几乎都支持帕米尼欧的提议，可见面对波斯兵力的绝对优势，马其顿官兵此时极度缺乏信心。

亚历山大几乎不假思索地否决了帕米尼欧貌似正确的建议，他用幽默的口气对着急的将军们说："我不想偷取我的胜利。"说罢便上床睡觉去了。

第二天一早，将士们用完早餐后，惊讶地发现，亚历山大居然还酣睡未起。帕米尼欧等人只好走进亚历山大的营帐，情急之下，帕米尼欧几乎直呼其名才将亚历山大唤醒。他看到亚历山大睡意未消，急得直跺脚，顾不得君臣之礼，大声喊叫道："我们全军将士的生命和全希腊的前途都要在今天决定，而您却好像已经打了胜仗一样。陛下，您这样算怎么回事呢？"

梦想征服世界的人——亚历山大大帝

亚历山大闻言却笑了，反问道："亲爱的将军，你不认为胜利已经属于我们了吗？我们无须再四处打大流士了，他送上了门，我们不应该睡个安稳觉吗？"

亚历山大之所以如此成竹在胸，其实是早已做好了准备。而帕米尼欧虽是统兵之将，却不过是一个有勇无谋的战将而已。

看着帕米尼欧等人不解的神情，亚历山大乐呵呵地告诉他们说："放心吧，昨晚临睡前我已经进行了祷告，我的祈祷已经得到神的回应！你们都回到各自的岗位去，我马上给你们具体的指令。"

不久，嘹亮的号角声响起，马其顿官兵迅速出营列阵，只留下数千轻装步兵守卫辎重马车。

马其顿军队按照惯例布阵。帕米尼奥率领六个密集阵共一万五千重装步兵组成中央阵营，方阵之间的距离相当宽敞，这样就有足够的空间变换阵形；左翼主力是两千重骑兵，他们右边是三百人的骑兵，左侧是一千步兵；亚历山大亲率两千近卫骑兵在右翼打头阵，他的左边是三千精锐的近卫步兵。在阵线前沿亚历山大部署了数千游击步兵组成的散兵线，他们的任务是遏制波斯战车的冲击。因为马其顿阵线的长度勉强和波斯中央方阵等齐，而波斯骑兵组成的宽大两翼对马其顿军队形成包围之势。亚历山大在两翼的侧后方各部署了骑兵约一千二百人，轻、重骑兵各占一半，斜向外组成侧卫线，兵力布置前轻后重形成防守纵深。因为估计到自己的右翼将成为波斯军队攻击的重点，亚历山大给右翼侧卫部队加强了五千名弓箭手和五千名标枪手。另外在第一线部队后面约一公里的地方，亚历山大部署了第二道阵线，由大约一万五千名步兵组成，这道防线的特别之处在于面向后方排列，显然是为了防备波斯骑兵的大纵深迂回包抄。部署完毕的马其顿战阵呈一个空心的梯形阵式。

而在波斯军队这边，大流士充分利用宽广的战场地形，排列出一个长达八公里的巨阵。这位波斯王矗立于一辆金碧辉煌的战车上在中央压阵，他身边是三千忠实的禁卫军，步、骑各一半；两侧各排列两千士兵；中央阵线还包括骑兵和弓箭手数千人；中央阵线前面是五十辆战车和十五头印度战象。波斯将领率领各自的部队组成两翼，巴克陲亚总督

拜苏带领一万六千名骑兵组成左翼，在左翼前沿大流士部署了一百辆战车和两千铁甲骑兵组成的突击集团，他们的目标显然是亚历山大统帅的马其顿右翼。巴比伦总督马扎依指挥的波斯右翼由一万六千名骑兵组成，右翼前沿是五十辆战车和两千铁甲骑兵组成的突击方阵。数万步兵在后面组成第二道阵线。

大流士对波斯战车寄予厚望。波斯阵线前沿部署的左右两个突击集团，都是以卷镰战车为攻击箭头，后面配备两千铁甲骑兵。大流士的构想是把冲击力强劲的波斯战车当作铁锤，砸开马其顿密集阵正面由盾牌和长矛组成的坚硬外壳，紧跟其后的铁甲骑兵从缺口高速突入，猛攻方阵内部脆弱的裸露部位，最后摧毁马其顿方阵。

大流士的那点小心思很快就被亚历山大看了个一清二楚。他率领马其顿阵线向右前方移动，各个方阵依次前进，形成一条斜线。因为马其顿军队渐渐离开了大流士为了使用战车特意铲平的战场，大流士立刻命令左翼前沿战车突击集团的两千铁甲骑兵出击，拦住马其顿军队的去路。这是此战大流士犯的第一个错误。失去铁甲骑兵支持的战车，打开缺口以后无力扩大战果，因此威力大减。

因为马其顿阵线向右前方运动，其右翼侧卫部队成了先导，结果遭到波斯铁甲骑兵的迎头痛击。排在最前面的三百骑兵抵挡不住，溃退下来，但后面的九百骑兵和一千轻步兵立刻顶了上去，暂时稳定住了战线。

波斯左翼统兵大将拜苏看到马其顿侧翼兵力虚弱，马上调遣大批骑兵前来增援，显然想从这里突破马其顿战阵。亚历山大的骑兵部队伤亡惨重，但马其顿人英勇奋战，各个骑兵小队以严整队形连续发动短促突击，打乱了敌人的阵形。

随后赶到的波斯骑兵见战局僵持，就向纵深前进，企图迂回到马其顿侧卫部队的身后。马其顿骑兵立刻跟随前进，阻止波斯人的迂回包抄。一时间双方骑兵并驾齐驱，如同赛跑一般。马其顿阵线的右翼侧卫线因此越拉越长，兵力吃紧，亚历山大不得不调遣二线部队前来加固右侧防线。马其顿第二道防线不断增援右侧的结果，就是整体右移，失去了同左侧的联系。这样波斯左翼骑兵的大范围扯动，已经导致马其顿防线出现了第一个缺口。

这时，站在战车上居高望远的大流士看到左翼骑兵进展顺利，认为决战时刻已经来临，于是命令两翼骑兵全线出击。马扎依统帅的右翼骑兵部队立刻扑向坠后的马其顿左翼，从正面和侧面发动集群冲击，并派出三千精骑向纵深穿插，目标直指马其顿大营。与此同时，波斯的战车突击集团也开始向马其顿密集阵发起冲击。

亚历山大显然对波斯战车早有研究，部署的散兵线正是它们的克星。波斯战车铁轮滚滚，在巨大的轰鸣声中疾驰而来，马其顿游击步兵们灵巧地躲过正面冲击，在其侧面跟随奔跑，步兵们几人一组分工协作，有的用盾牌抵挡波斯战车兵的长矛，有的用标枪攻击缺乏铠甲防护的马匹肋部和车夫。大多数波斯战车没有冲到密集阵前就失去行动能力。马其顿步兵方阵训练有素，让出一条条通道避开剩余的波斯战车，这些战车全部被马其顿后卫部队缴获。

波斯右翼骑兵对马其顿军左侧的迂回扯动也迫使后者不断延伸防线，受其牵连，左翼的马其顿骑兵不得不左移以保持防线完整，这样又带动他们右边的马其顿密集阵第五、第六方阵左移。密集阵右边的前四个方阵面临两难选择，是跟随左移，还是原地不动？跟随左移将暴露亚历山大近卫步兵的侧翼，原地不动则会造成密集阵的脱节。根据亚历山大的战前部署，密集阵前四个方阵的任务是配合右翼，因此第四方阵指挥官毅然决定按兵不动。这样密集阵战线很快脱节，波斯右翼骑兵的迂回扯动又将马其顿阵线撕开了第二个缺口。

大流士看到马其顿密集阵洞开，立刻派遣波斯中央阵线的禁卫军骑兵从缺口高速突破。马其顿阵营正承受着两翼波斯骑兵强大的压力，此时又被劈成两半，而突破的波斯禁卫军无论从后面攻击哪一侧的马其顿阵线，都会导致其迅速崩溃。看起来波斯阵营已经胜利在望了。

然而情况很快发生了变化。突破密集阵的波斯骑兵并没有从背后攻击马其顿阵线，而是高速穿过第二道防线左侧的缺口，直扑马其顿大营。

这是为什么呢?

原来,在准备攻打波斯之前,亚历山大早已命人悄悄将大流士的母亲和儿女们抓来,置于大营中。波斯禁卫军显然得到大流士的明确指令,不惜代价解救他的母亲和儿女。战前亚历山大对大流士的心理刺激终于奏效,对亲人的牵挂果然使波斯王在关键时刻失去理智,将胜利拱手相让。

波斯禁卫军同马扎依派遣的三千精骑汇合,轻易驱散了看守马其顿大营的马其顿步兵,然后开始劫掠辎重马车,寻找大流士的母亲和儿女们。据说,当大流士的母亲看到前来解救她的波斯军队时,觉得难以置信,居然拒绝跟随波斯救兵离开大营。

大营失陷一事沉重打击了马其顿官兵的士气,帕米尼奥派人请示亚历山大如何应对,亚历山大回答说:"勿以小失大。告诉帕米尼奥,不要在乎一点后勤物资的得失,如果我们赢得胜利,连波斯人的大营也将属于我们。"

自从亚历山大率军征战以来,马其顿军队还从未经历过如此糟糕的局面,不但两翼被敌人迂回包抄,阵线中央被敌骑突破,连大营也失陷敌手。马其顿官兵的抵抗力已处于崩溃的边缘。

然而,奇迹发生了。

根据西方史料的记载,就在这危急关头,一只苍鹰突然飞临马其顿阵线右翼上空,在亚历山大的头顶盘旋。随军的祭司亚里斯坦德立刻跳上一匹战马,沿着马其顿阵线奔驰,大声呼唤:"看那只盘旋的鹰,这是马其顿胜利的征兆!"

难道真有神仙相助?

恐怕未必。

后世许多人认为,所谓"盘旋的鹰"多半是子虚乌有,很可能是亚里斯坦德或者是他在亚历山大的授意下,为了振奋马其顿官兵的士气编造出来的。

当时,高加米拉战场是松软的砂土地,数十万人马几个小时的混战势必扬起漫天尘土,这种能见度下,马其顿官兵是不可能看到一支低空

盘旋的鹰的。

无论如何，这只或真或假的鹰的出现显然极大地鼓舞了马其顿将士的士气，原本已经摇摇欲坠的马其顿阵线突然坚挺起来，第二线的马其顿步兵甚至反攻大营成功，将波斯骑兵驱逐出去。

当马其顿军队和波斯骑兵以及战车激战正酣时，亚历山大和他的两千近卫骑兵一直按兵不动，等待战机。大流士下达总攻命令以后，波斯左翼骑兵倾巢而出。但不知为何，他们并没有攻击亚历山大领衔的近卫骑兵方阵，而是一起涌向马其顿右侧防线。后世诸多军事学家对此进行了探讨，大多倾向于认为，也许波斯将领误解了大流士的命令；或者波斯骑兵攻击近卫骑兵方阵时遭到马其顿散兵弓箭和标枪的袭击，下意识地向左规避，结果不由自主地卷入马其顿右侧的混战。总之，波斯左翼骑兵的全部出动，使左翼和中央方阵的接合部出现缺口，拱卫大流士的波斯方阵的侧翼暴露出来，亚历山大等待已久的战机终于出现了。

亚历山大立刻率领近卫骑兵以楔形向波斯军中央阵线的侧翼猛冲过去，而三千近卫步兵在左侧紧紧跟随，马其顿密集阵右边四个方阵也依次前进，形成一道斜线，从正面攻击波斯中央阵营。在几面夹击下，波斯军中央阵线的侧翼很快崩溃，将大流士和他的禁卫军步兵暴露在马其顿骑兵的锋芒之下。

亚历山大在一群近卫骑兵的簇拥下很快冲到大流士战车近前，经过一番殊死搏斗，亚历山大距离大流士已只有三十来米远。他奋力掷出一支标枪，虽然没有击中大流士，却将大流士的车夫击毙。

眼看车夫已死，大流士吓得魂飞魄散，哪里还顾得上指挥自己的波斯军，赶紧跳上一匹快马逃之夭夭。

见统帅已逃，波斯军士气大落，皆无心恋战，纷纷夺路落荒而逃，于是波斯军全线溃败。

高加米拉决战以马其顿的全面胜利而告终。此后，波斯人元气大伤，一蹶不振。亚历山大乘胜进军，直逼古都巴比伦。

尚未抵达巴比伦，高加米拉战役中脱逃的波斯军大将梅沙乌斯又率军投降。亚历山大尽其一切可能安抚了他们，还任命梅沙乌斯当了地方

总督，但为了相互牵制，数名马其顿军官担任了军事和经济方面的职务。

富庶的波斯行政首都苏萨成为亚历山大的下一个进攻目标。几乎未经什么战斗，苏萨便沦陷，城里不计其数的金银珠宝皆成为战利品。在这里，亚历山大进行了休整，为庆祝胜利举行了祭神大典、火炬赛跑和竞技。

接着，波斯都城波利斯也被势如破竹的马其顿军攻占，时间为公元前330年2月。亚历山大在此掠走的珍宝不计其数，另外还有贵重的家具和紫色染料。而被掠走的金币和金块共达十二万塔兰特（塔兰特是当时中东和希腊等地使用的质量单位，有人测算后认为，一金塔兰特相当于今日六十多万美元）。亚历山大利用掠来的金币和金块，铸成雅典的通行货币，并投入市场流通。他还大兴土木，建设了许多庞大的公益设施。

波利斯王宫是波斯帝国的得意之作，它雄伟宏大，气势磅礴，其中藏着无数的珍宝和文物，可惜被亚历山大一把火烧掉。

至于烧掉波利斯王宫的原因，还有一个传说。据说，在一次宫里的宴会上，宾客如云，将军满座，妇女也参加了。其中有一个女人叫泰丝，是亚历山大部将普托拉米的女儿。痛饮之余，这位名不见经传的女人说走遍亚细亚，如果能在波斯国的王宫放上一把火，当子孙谈起时，会说一个随亚历山大征战的女人给予波斯人的惩罚比全体将士所给予的还要重，这样真是太有意思了。她的话引起了一片疯狂的喝彩。亚历山大头戴花环，兴奋地亲自为其开道，于是全体人手持火把把波利斯王宫焚为焦土。

传说当然不可信。实际上，这更可能是亚历山大蓄意所为。当王宫在熊熊大火中即将完全倾倒时，亚历山大又下令救火。他之所以有这样戏剧性的举动，是为了向世人宣告：波斯帝国已在火光中灰飞烟灭，人类未来的命运之幕，即将由他来揭开。

就在波利斯王宫被焚不久，往波斯东北方向逃窜的大流士三世被其臣下、巴克特里亚的总督贝苏斯所刺杀，昌盛了两百多年的波斯帝国就此灭亡了。不过贝苏斯曾自立为王，还继续在波斯东北部的山岳地带抵抗了一阵。

当大流士三世向东北方向溃逃时，亚历山大率兵紧跟其后。他横穿伊朗高原，掠过里海的南端，占领了帕提亚、呼罗珊等地，然后北上到达中央亚细亚，渡过阿母河（即乌浒河，亦称妫水），进抵巴克特里亚（在今阿富汗境内，与我国接壤，中国史书称之为大夏）和索格第安那（即中国史书记载的古国粟特），一直打到药杀水（即今中亚位于咸海的锡尔河）的上游之地。但他因为孤军深入，且沿途受到当地军民的激烈反抗，并没有能有效地统治这些地区。

在大流士三世国王身死后，亚历山大曾为之发丧，以王者之礼葬之。后来，他擒获了贝苏斯，以弑君罪将之处死。亚历山大自命为波斯帝国的继承人，他保留波斯帝国原有的地方行政机构，任用投降过来的波斯贵族做地方官，并征募波斯人来补充他的军队。他要在波斯帝国的故土上建立起他自己的帝国。

亚历山大这次东征，最远到达了帕米尔高原的西麓，离中国已经很近了。当时中国正处于战国时代的末期，处在西陲的秦国，称霸西戎，声威已经远达现今的新疆一带。不过因为这中间还横亘着一片大陆，中国人与希腊人之间竟没有交通往来。当时中国人不知道有个希腊，希腊人也不知道中国。亚历山大因之也就没有再挥师东进。当然，也有人认为，亚历山大知道中国这个东方大国，而且还听说这里遍地是黄金，是西方人想象中的天堂。但因为军需供应不上，加之部下有了严重的厌战情绪，或者还有其他原因，而停止了东进的步伐。

真是这样的吗？除了亚历山大本人，或许谁也不能找到标准答案。但我们能确定的是，直到公元前 2 世纪后期，汉武帝派张骞通西域，才在大夏的故址上看到了希腊人在中亚所遗留下来的一些陈迹。

东征印度

征服波斯之后，亚历山大的征服欲望并没有得到满足，他又将目光转向印度。

公元前 326 年 6 月，亚历山大的远征军兵临希达斯派河畔，与驻守东岸的旁拉瓦斯国王波鲁斯的军队隔河相望。这个印度西北小国素以军队英勇善战著称，在得知亚历山大前来时，波鲁斯早已调集骑兵四千人，步兵三万人，战象两百头，战车三百辆，陈兵于河东岸最易渡河的地方，严阵以待。

其中，两百头战象最为波鲁斯所倚重，这些大象身披铁甲，象牙上绑有利刃，当冲入敌阵时，左突右扫，脚踩鼻子卷，再加上重达几吨的体重、令人毛骨悚然的吼叫声，其杀伤力之大令人不敢轻易靠近。因此，波鲁斯把战象列于阵前，用来冲破敌军防线。

亚历山大登临河西岸高处，发现因时值雨季，希达斯派河水位猛涨，如果强行渡河后果不堪设想。于是，他一改往日与大流士交战时"绝不靠窃取的手段赢得一场胜利"的态度，此时也用起了声东击西的战术来。

亚历山大首先做出长期驻留河西岸的假象，他派人运来大量粮草，并四处扬言他们将一直等到雨季过后才渡河。他还命士兵们在营地里制造出各种嘈杂声响。初时确实令对岸的印度军队严加戒备，但过了几天，对岸也就放松了警惕。

亚历山大决定再让敌人紧张一把。于是，他吩咐军队紧急集合于岸边，大造筏子，眼看就要渡河。

对岸的波鲁斯得知探报，立即命令军队进入作战状态。谁知，西岸的人却返回了营地。接下来，波鲁斯手下探马便经常看到马其顿骑兵来回驰骋于希达斯派河西畔，他们报告国王后，波鲁斯猜测亚历山大一定在侦察渡河地点。于是，他命令印度骑兵仿效敌军行为，严加监视，随时提防对方突然渡河。如此这般往复数次，亚历山大吊足了波鲁斯的胃口，以致后者撤回了隔岸跟踪监视的骑兵。

眼见时机成熟，亚历山大立即兵分两路，一路随他过河，一路驻守营地仍给敌军以未渡河的假象。趁着夜色，渡河军队行至中途，亚历山大命令墨莱格尔领五千重装步兵就地埋伏，待到战斗打响时，策应亚历山大主力部队攻击敌军侧翼。很顺利地，亚历山大率部到达大营以北十七公里处的渡河地点。

亚历山大一声令下，士兵们跳上早已准备好的快艇和皮筏，向对岸驶去。不料，中途被发现，他们只得蹚着与胸齐的河水，不顾铠甲重负，拼命渡河。首批登岸的是马其顿军的轻骑兵，他们随即摆开阵势，挡住敌人的攻势。终于，亚历山大主力部队成功登上东岸，他马不停蹄向南面的印度军队冲去，意在主动攻击正在赶来的印度军队，准备将其打个措手不及。

可是，迎面而来的军队并非波鲁斯亲率。原来，波鲁斯被亚历山大几次迷惑，已不能分辨此次亚历山大渡河是否佯攻。为避免腹背受敌，他率主力部队留在原处，而派儿子领一部分骑兵和战车去打探虚实。结果，这支部队全军覆没，他的儿子也身死沙场。

波鲁斯在得知儿子战死后，悲愤难当。他痛悔自己的举棋不定，决心亲自带着大军前去讨伐。在留下少数人看守当地河岸后，波鲁斯带领三万名步兵和四千名骑兵，驾着隆隆的一百八十辆战车以及所有的战象迎击亚历山大。

波鲁斯选择了一块宽阔平坦的坚硬沙土地带作为战场，摆开了雄壮的阵势。两百头踏起步就地动山摇的大象打头阵放在最前，以此阻挡对方的战马。又在战象身后安排了步兵，形成厚实的第二道防线，堵住大象隔开的间隙。而骑兵则机动地安插在步兵两边，随时策应。在骑兵的两翼更是一百八十辆高大战车，看起来威风凛凛。

亚历山大急速前进的步伐在遇到波鲁斯军队后放缓了，他迅速调整了队形，作好迎战准备。亚历山大拥有自己经典的战术并且很少改变。这一次也一样，步兵方阵占据中间位置，起着最为关键的作用，正对着皮粗肉厚的大象。但是亚历山大同时还下令骑兵方阵不要首先投入战斗，这样对己方不利，而是由善于机动作战的马其顿步兵打前锋，捣乱波鲁斯的阵容。

正面布局已定，善于耍滑头的亚历山大还不失时机地命令部将科纳斯率领两支优良的骑兵队伍悄悄开向敌人的右方。一旦波鲁斯的骑兵开始与己方右翼开战，这两支队伍就绕到敌人身后，杀他个措手不及。战略一定，亚历山大走了自己的第一步棋，他开出骑兵右翼，首先从这里

发动进攻。

波鲁斯一看左前方的亚历山大骑兵蠢蠢欲动，二话不说，将自己右翼也调至左方增援。这下正中了亚历山大的圈套，一千名事先安排好的骑射手同时放箭，箭矢如锋利的雨点黑压压坠下，波鲁斯的骑兵根本没想到这一点，顿时死的死，伤的伤，阵脚大乱。而在这个当口，亚历山大的骑兵全力发劲，冲向波鲁斯的队伍。科纳斯的队伍也不失时机出现在波鲁斯的骑兵身后，形成前后夹击之势。

波鲁斯为形势所迫，不得不抽调兵力转头来解决科纳斯的队伍。而亚历山大则声势不减，一口气把波鲁斯的骑兵逼到了战象那里。波鲁斯的象倌没想到敌人这么快就打来，急忙驱赶大象，结果却乱了阵形，完全背离了波鲁斯的初衷。

而此时一直按兵不动的马其顿步兵方阵正等着这个时刻，一拥而上围攻大象。顿时投枪放箭的马其顿人密密麻麻扑了上来，波鲁斯的象倌虽然一开始慌了阵脚，但是勇气不减，面对这样的残酷形势丝毫没有惧色，继续驱赶大象冲往这个凶猛的方阵。马其顿方阵再坚固也抵不过雄伟的大象，一时被冲了个七零八落。

而战场两翼的激战中，波鲁斯的骑兵们表现出了让人敬佩的英勇顽强，尽管遭受前后夹击，但是依旧拼死奋战。在悬殊的力量对比之下，波鲁斯骑兵因为经验过少，还是败下阵来。此刻大象已经成为波鲁斯退守的最后防线。而马其顿骑兵步兵又开始新一轮的咄咄逼人。在密集投掷过来的枪箭中，战象身负重伤，疼痛难忍，在狂吼中开始横冲直撞，连敌我都分不清楚。所到之处，包括许多波鲁斯军士在内的士兵都惨死在踩踏之下，尤其是波鲁斯骑兵。因为和步兵紧紧挤在一起，完全没有逃避的空间，后方又被科纳斯截击，完全无法脱身。

波鲁斯战士在象蹄下，在亚历山大步步紧逼的盾牌前，纷纷惨死。而留在西岸的马其顿士兵则可以轻松渡河，前来助亚历山大亲率的大军一起彻底结束这场惨不忍睹的战斗。

当身受重伤的波鲁斯被抬到亚历山大面前时，亚历山大问他有何要求，波鲁斯回答："像对待国王一样对待我。"于是，亚历山大便让他继续管理他的国家，还将已征服的十五个地方归于他的治下。

亚历山大原本想继续在印度次大陆征讨，但这里的酷热天气和热带季风，以及无休止的行军作战，使马其顿士兵难以忍受，他们拒绝再向前进军。

亚历山大把军官们召集起来发表了热情洋溢的演说，让他们想到他们正在创造一个繁荣的世界性国家，而且最终的胜利就在眼前。但他的演说迎来的却是一片沉默。一个名叫克依努斯的军官鼓足勇气站起来说："从家乡同来的伙伴现在还有几人呢？我们无数的战友已战死疆场，我们这些幸存者现在也筋疲力尽，我们没有别的心愿，只希望能够活着回到故土，能够见到我们日思夜想的亲人。"克依努斯的话引起一阵经久不息的欢呼声，许多人甚至泪流满面。

一切都无可挽回。

几天之后，亚历山大宣布回国。

神秘的死亡

班师回国前，亚历山大在印度西北部设立了三个总督区，只留下少数的士兵驻守，而把西归的部队分为两支：一支由海军将领尼亚库斯统率，在印度河口登舟，循海道西航入波斯湾；一支由他自己率领，越过伊朗高原的沙漠地区，由陆路西归。

一路上，亚历山大攻城略地，修建城池。沿途的印度人或逃或降，无不屈从，但一些婆罗门教人却对亚历山大视若不见，甚至敢于当面冒犯。一天，一个婆罗门僧侣看到亚历山大走近他时，便跺着脚说："你亚历山大脚下有一片土地，我的脚下也同样有一片土地。"当有人说亚历山大是神时，那些僧侣便说："那么，我也是神。"

有这样一个传说，生动地描述了亚历山大与婆罗门的一次交往：

据说有十个印度哲学家，人称裸身智者。他们被俘后，亚历山大决定出道难题来验证他们的聪颖，并且答错者将立即被处死，他选了其中一个老者作为裁判。

亚历山大开始提问了，十个婆罗门泰然自若，似乎胸有成竹。他问第一个人说："生者与死者，哪一个多？"答曰："生者多，因死者已不复存在。"

第二个人的问题是："大兽生于海中还是陆地？"答曰："陆上产大兽，因为海只是大地的一部分。"

第三个人被问："哪种动物最狡猾？"答曰："人尚未发现的动物。"

第四个人被问："你为什么要煽动士兵造反？"答曰："我希望他或是活下去或是体面地死去。"

第五个人被问："昼与夜哪个更长？"答曰："昼长，但只是就一日而言。"

第六个人被问："一个人怎样才能真正被人敬爱？"答曰："他必须非常威严但又不使人畏惧。"

第七个人被问："一个人怎样才能成为神？"答曰："为他人之所不能为。"

第八个人被问："生与死，哪一个更艰难？"答曰："是生，因其将忍受更多苦难。"

最后一个人的问题是："人活多久最为适宜？"答曰："活到死亡比生命看起来更称心如意。"

九个人对答如流，让亚历山大惊讶不已。他转向那个裁判，令他作出判决。那个老者说依他看，回答得一个比一个糟。亚历山大更是惊讶，最后将这些高深莫测的智者全都打发走，并以礼物相赠。

这年7月，亚历山大到达了印度河三角洲。此时，印度洋也遥遥在望。亚历山大认为他已到达了地球的最南端。他还曾扬帆驶入印度洋，想弄清楚是否还有陆地存在，但一无所获。

此后，亚历山大率军穿越了伽德马西亚沙漠和卡曼尼亚沙漠，历尽艰辛。

行军伊始，马其顿军队尚能按原计划沿海岸打井和建立粮食供应点，甚至又建了一座亚历山大城。但不久，他们的供应便已耗尽，士兵们只得划开加封的粮袋，擅自动用储存的粮食。为此，亚历山大也只好

梦想征服世界的人——亚历山大大帝

网开一面。

一路上，亚历山大与广大士兵同甘共苦，他下马徒步行军，当有人专门为他送上一点水时，他或立即拒绝或当众把水泼在地上，以示自己不搞特殊的决心。行至沙漠中心，因粮食已尽，驮运物资的牲口被杀掉，笨重的辎重车也被砸碎。整个军队疲惫不堪，无数的伤病员倒在了路边。

公元前324年年初，西归的两支部队终于会师于巴比伦城，因长途跋涉，损失过半，亚历山大在这里进行休整。

将近十年的远征终于结束了。亚历山大决定将巴比伦作为首都，建立一个庞大的帝国。

从前，亚历山大一直认为，希腊民族代表了唯一真正的开化民族，而所有非希腊民族都是野蛮民族。这个观点在当时的整个希腊世界非常流行，甚至亚里士多德也持有这种看法。然而当亚历山大彻底打败了波斯军队后，他逐渐认识到波斯人根本就不是野蛮人，他们与希腊人一样具有智慧和才能，一样值得尊敬。因此他产生了将其帝国的两部分融于一体的设想，由此创造了合二为一的希腊－波斯民族共和王国，当然是他自己当最高统治者。

为了实现这一计划，亚历山大把大量的波斯军队编入自己的部队，还为此举行了一次盛大的"东西方联合"宴会。在宴会上，几千名马其顿士兵同亚洲妇女正式结成夫妻。亚历山大自己也娶了一位亚洲公主为妻。

很显然，亚历山大企图利用这支改编的军队再开展征服活动。他打算入侵阿拉伯，也许还有波斯帝国以北地区，也许打算再次入侵印度或征服罗马，还有迦太基和西地中海地区。

然而，无论他的心里如何盘算，他的愿望是永远也达不到了……

公元前323年6月初的一天，古巴比伦的王宫里传来阵阵笑声。

宫廷正在举行盛大的宴会。只见三十多岁的亚历山大端坐中央，他望着满桌精美的佳肴和大臣们充满尊敬而又带着笑意的脸，不由自主地回想起自己的戎马生涯。前人想都不敢想的事，他只用了短短的十来年

时间就做到了。他的身后，是西起希腊，东至印度恒河流域，南临尼罗河第一瀑布，北至药杀水的庞大疆土。那是用鲜血浇灌出来的土地，承载着他的骄傲和尊严。

虽然人们常说"好汉不提当年勇"，可亚历山大仍然时常想起往昔的辉煌。是啊，那些峥嵘岁月的片段早已深深地刻入他的骨髓中、血液里，每当一想起这些，他就禁不住热血澎湃，豪情万丈。

今天也不例外。在被自己的回忆点燃激情的同时，他酒兴大增，像平时一样祭祀诸神之后，就和出生入死的部下们再次举杯豪饮，一醉方休。

宴会进行到很晚才结束。当部下和侍从们都离开后，亚历山大也在沉沉的醉意中进入了梦乡。

第二天早上醒来后，亚历山大莫名其妙地发烧了。

有谁不会发烧呢？亚历山大并没把它太当回事。可是，一连几天，亚历山大的病情始终没有好转，反而有进一步加重的迹象。这下，他的医生们慌了，可查来查去，想了又想，还是找不到最好的治疗方案。将军和大臣们也纷纷到神庙祈求神示，可作用不大。亚历山大始终高烧不退，而且进入了昏迷状态。

到了 6 月 13 日这天，亚历山大的意识突然复苏，他双目圆睁，眼里充满了血丝，手拼命地向前伸，似乎想要说些什么。可是，那双曾经撼动天下的臂膀，却无力托起自己的生命。

他的心脏永远停止了跳动。

一个曾经为找不到敌手而寂寞落泪、郁郁寡欢的统帅；一个十一年来从未打过败仗的战神，竟在一场醉酒后撒手人寰，亚历山大大帝为什么死得如此突然呢？

一直以来，人们对此说法较多。有说是病死的，还有说是被毒死的。病死说又分为好几种病，有恶性疟疾说、狂热病说、蚊虫叮咬说、喝酒过量说等，不一而足。

在病死说中，流传最广的看法是，亚历山大由于长期在沼泽地区作战而染上一种恶性疾病，在 6 月 13 日晚上发作而离开人世的。

最近，美国科学家经研究后得出了一个惊人的结论，认为亚历山大很有可能死于"西尼罗河病毒"感染。

西尼罗河病毒通常是由鸟类携带，可经蚊子传播给人类。病毒感染者主要有发烧、肌肉疼痛等类似感冒的症状，其中有小部分人会出现脑炎和脊髓炎。这种病毒过去一直在非洲、中东和南欧等地区流行。大多数人在感染病毒后会出现头疼等类似感冒的症状，但老人、慢性病患者和免疫力低的人会并发脑炎甚至导致死亡。在 1937 年，人们在西尼罗河地区的乌干达第一次发现了这种病毒，因此把它取名为西尼罗河病毒。

那么，亚历山大是如何染上这种病毒的呢？

专家们研究后认为，根据史书记载，公元前 324 年，亚历山大率军东征返抵巴比伦时，曾在城门口看见头上有一大群乌鸦在盘旋。这些乌鸦互相啄咬厮杀，有些死去的乌鸦掉在了亚历山大的脚边。亚历山大觉得很奇怪，曾下马查看。

专家们推测，这些乌鸦可能已经感染了西尼罗河病毒，并把这种致命的疾病传给了亚历山大大帝，因为在他身上出现了典型的症状：呼吸道感染、肝脏病变和身上出现斑疹。

不过，疾病学家们对此表示怀疑。如美国罗德爱兰大学的疾病专家托马斯·马瑟就认为，西尼罗河病毒通常只会使老人或者免疫系统脆弱的人死亡，而不会使像亚历山大这样身体健壮的人丧命。

关于毒死也有好几种说法。一种说法是他新娶的妃子和刚出生的儿子在他死后不久就被人暗杀了，这说明在他临死之前已经有宫廷斗争存在。有人据此认为，他是被自己的高级军官密谋毒死的，因为他死前已经变成了一个喜怒无常、动辄杀人的暴君。

古希腊史学家阿瑞安在自己的《亚历山大远征记》一书中描述说，亚历山大的部将安提帕特鲁曾送给亚历山大一副药，正是这副药让亚历山大命丧黄泉。阿瑞安还描述说，药是盛在一个骡蹄壳里，由安提帕特鲁的儿子卡山德送到亚历山大那里，药则是由亚里士多德替安提帕特鲁配的。

我们知道，亚里士多德是古希腊和世界古代史上最伟大的哲学家、科学家和教育家之一。他也曾是亚历山大的老师。那么，他为什么要参与毒死亚历山大呢？

根据阿瑞安的描述，这要从亚里士多德的侄子卡利西尼斯说起。

卡利西尼斯是个才华横溢、性情耿直的年轻人。亚历山大在打败大流士、占领巴比伦后，为自己加了一个封号——"巴比伦及世界四方之王"。灭了波斯后，有些人怂恿他效仿波斯皇帝的礼仪，摒弃马其顿接吻礼，行匍匐礼。亚历山大对此很感兴趣，在一次盛大的宴会上，他让大家讨论这个问题。正当人们拍手叫好、齐声附和时，卡利西尼斯站了出来，他不仅极力反对礼数的变更，而且还对那些一味奉承的官员大加指责。宴会不欢而散，亚历山大虽然嘴里没说什么，但心里却有些憎恶这个多事的家伙。

随后发生的一件事，却彻底断送了卡利西尼斯的性命。

亚历山大有个叫赫摩劳斯的警卫，曾拜卡利西尼斯为师，两人关系非常好。有一天，赫摩劳斯陪亚历山大去打猎，突然有只野猪朝亚历山大直冲过去，为了保护国王，赫摩劳斯急忙一刀将野猪砍翻在地。不承想，亚历山大不仅不认为是赫摩劳斯救了他，反而恼羞成怒，认为赫摩劳斯抢了他的风头，对赫摩劳斯一顿鞭打，还牵走了他的战马。

回到住地，赫摩劳斯觉得委屈极了，竟然起了杀掉亚历山大的念头。晚上，他和一个朋友身揣匕首潜入亚历山大寝宫，准备下手。没想到亚历山大在外面喝酒一夜未归，二人只好无功而返。事后，不知为什么，赫摩劳斯那位朋友却跑到亚历山大处揭发了赫摩劳斯。一番审讯过后，赫摩劳斯被用石头活活砸死。

赫摩劳斯的死，让卡利西尼斯预感到危机的来临。他在给叔叔亚里士多德的信中写道："这也许是我的最后一封信了，他（亚历山大）现在听信小人之言，一意孤行。我多次劝他反被恩将仇报，也许是神叫我命丧异国吧。"果然，事隔不久，卡利西尼斯就被扣上刺杀案幕后主使的罪名，投入大牢。

卡利西尼斯不久后就在狱中病死了，也有人认为他是被严刑拷打后绞死的。不管怎样，他的死在亚里士多德和亚历山大之间制造了一条不可逾越的鸿沟。

当时，对于后期喜怒无常、独断专行的亚历山大来说，已经有不少人对他怀有敌意，就连他的老师亚里士多德也说过："没有什么人可以忍受如此统治。"

亚历山大的恣意妄为和残暴行径，让身为老师的亚里士多德发现，自己辛苦多年，竟然培养出一个暴君，加上自己亲侄子的死，他当然有杀死亚历山大的动机。那么，亚里士多德又是如何下手的呢？阿瑞安的书中对此没有描述。

不过，一些医师从药理学角度提出，慢性番木鳖碱中毒是亚历山大最有可能的死因。因为"肌肉收缩、下颌僵硬、眼睛突出、后背弓起"是亚历山大死亡时的症状，而慢性番木鳖碱中毒的症状正是如此。

也有专家研究后认为，向安提帕特鲁献计谋害亚历山大的正是亚里士多德本人，毒药也确实是他提供的。因为根据一些古代书籍的记载，亚里士多德的弟子兼友人、植物学家锡奥夫拉斯特斯在提到番木鳖碱的用途和使用剂量时，曾这样说过："掩盖苦味的首选，就是把它放在酒里。"联想到亚历山大的酒后暴毙，这难道只是一种巧合吗？

当然，也有人认为，亚里士多德和亚历山大毕竟师徒多年，虽说亚历山大杀了自己的侄子，但他毕竟是一国之君，统治着当时世界上近二分之一的土地，谋杀国王的罪名不小；另外，亚历山大一死，势必导致天下大乱、民不聊生，这难道是亚里士多德愿意看到的吗？

看来，亚历山大究竟因何而死，目前还难以断定。

第二章

恐怖的"上帝之鞭"——阿提拉

小 档 案

阿提拉（406—453年），古代欧亚大陆匈奴人最伟大的领袖和皇帝，有"上帝之鞭"之称，曾多次率领大军入侵东罗马帝国及西罗马帝国，并对两国构成极大的冲击。匈奴帝国在阿提拉的带领下，盛极一时。但在阿提拉死后，他的帝国迅速瓦解消失，使得他在欧洲历史上更富传奇性。

一路往西的匈奴人

匈奴是一个骁勇善战的游牧民族，被称为"马背上的民族"。他们在公元前 10 世纪之前就生活在中国北方、东北方的广阔草原上。后来，他们不断南侵，严重骚扰了中原人民的正常生活。

匈奴对中原民族的挑衅，最让我们耳熟能详的，就是周幽王烽火戏诸侯。周幽王为了博冷美人褒姒一笑，三次烽火戏诸侯，结果当犬戎攻进周的国都镐京时，无论周幽王如何点烽火，再也没有诸侯相信了，西周王朝也就这样被灭掉了。西周灭亡后，周平王东迁洛阳，开始了周王朝越来越衰败的东周时代。

从此之后，在中国历史的大舞台上就经常可以看到匈奴人的演出了，而且有的时候戏份还很重，直接影响了华夏历史的发展进程。比如进入战国时代，赵国的赵武灵王看北方这些游牧部落能征善战，"来如飞鸟，去如绝弦"，研究后发现是人家的军装比较科学，于是解放思想，大胆革新，给汉人的士兵也穿上了胡人的制服，还学习他们的骑射功夫。最后赵国发展为战国七雄之一。而赵武灵王的这次重大军事改革，就是我们知道的"胡服骑射"。

面对统一后强大的大秦帝国，匈奴人也没退缩，继续骚扰边疆。要说匈奴人真是一所好"学校"，从秦到汉那几百年的历史，华夏大地能人辈出，将星闪耀，大部分都是被匈奴人"训练"出来的。头一个"高才生"就是秦将蒙恬。

当年秦始皇征战六国期间，华夏大地一片混乱，匈奴人趁着没人搭理他们，毫不客气占领了河套以及河套以南的地区（史称"河南地"）。因为这个地区离秦都咸阳很近，所以双方死不相让。让蒙恬名垂青史的战役，就是公元前215年，蒙恬指挥三十万大军将匈奴杀得人仰马翻，溃逃七百余里，将河南地收回。随后，蒙恬将战国时期秦国、赵国和燕国建的防御城墙连接起来，一座西起临洮，东到辽东的万里长城巍然而立。此后，匈奴"不敢南下而牧马"，老实了好多年。

没法到南方抢劫，匈奴也进行了一些内部的建设，很快迎来了一个全盛的时代。匈奴最优秀的首领之一冒顿单于杀掉老爸取得了老大的位置。他吃掉了左邻右舍的游牧邻居后，又开始垂涎南方那些绿油油的水草了。在冒顿统治时，匈奴拿回了河南地，占领了当年蒙恬当作防卫大本营的陕西榆林地区，更厉害的是，他将匈奴的地盘推进到了现在的陕西、河北北部。

匈奴人疯狂南侵的时候，中原大地正逢楚汉战争，等刘邦收拾了项羽，逼他演完了"霸王别姬"后发现，匈奴已经打到了家门口。

公元前200年，不甘匈奴欺凌的刘邦亲自率军讨伐匈奴，结果却在白登（今山西省大同市东北）被匈奴的三十万骑兵围困，整整七天七夜不能脱险，幸亏用了谋士陈平之计才方脱身。当时，陈平带上重礼去见匈奴之妻阏氏，说刘邦如果再继续被围困下去，就会送汉朝的美女给匈奴单于来寻求谅解。阏氏听了，很担心自己的位置会受到汉朝美女的威胁，就劝说单于撤了兵，这才给了刘邦脱身之机。

此后，刘邦明白以汉朝的国力尚不能与匈奴展开武力较量，于是就采取与匈奴和亲的政策，并开放关市贸易以缓和双方关系。汉朝与匈奴之间在汉朝的妥协下维持了相对稳定的形势。

到了汉武帝时期，虽然汉朝美女照送，金钱照给，但匈奴还是经常侵犯中原，杀害百姓，掠夺粮食和牛羊，使北方地区不得安宁。雄才大略的汉武帝一心想要改变这种屈辱的局面。

汉武帝很快就采取了行动。公元前135年，在将军王恢的建议下，汉武帝派王恢、韩安国、公孙贺、李广等将军带领三十万人马，在马邑（今山西朔州市）袭击匈奴，又派人去引诱匈奴进攻马邑。但计谋被匈奴单于识破，未等汉军合围就撤走了。

汉武帝的诱击战没有成功。但是，从那以后，汉朝和匈奴的和亲关系破裂，接连发生了大规模的战争。在这些战争中，涌现出了两名名垂青史的人物——卫青和霍去病。

卫青，河东平阳（今山西临汾西南）人。他出生卑微，后在汉文帝的姐姐平阳公主家做了一名骑奴，每次公主外出时都要伴行。卫青的姐姐卫子夫是平阳公主家的歌女。一次，汉武帝到平阳公主家做客，汉武帝对楚楚动人的卫子夫一见钟情，于是便将其纳入宫中，立为妃子。卫青也因此被汉武帝重用。

霍去病是卫子夫姐姐的儿子，卫青的外甥。霍去病身材魁梧，精于骑射，他在十八岁时就成为武帝的随从，深受武帝喜爱。

公元前129年，匈奴军队侵犯汉朝，汉武帝决定迎头痛击，就封卫青为车骑将军，命卫青与公孙敖、公孙贺、李广四人，各领一万军队抵挡敌军。李广、公孙敖都被敌军杀得大败，被贬为庶人；公孙贺走了很远的路，没有与匈奴人相遇，既无功也无过；只有卫青从上谷出击，杀掉七百敌军，一直追到龙城（今蒙古国鄂尔浑河西侧）。

上谷一战，是汉朝对匈奴作战的第一次胜利。汉武帝大喜，封卫子夫为皇后，加封卫青为关内侯。

公元前124年，河西战役爆发。卫青指挥十多万军队，趁着黑夜将匈奴右贤王团团围住，然后发动攻击。这时的右贤王毫无防备，正搂着

美姜饮酒作乐，见到汉朝军队突然来到，急忙突围逃走。卫青俘获小王十余人，男女一万五千余人，牲畜数十万头。

公元前121年春，汉武帝封卫青的外甥霍去病为骠骑将军，命他率领一万铁骑夺取河西走廊。霍去病从陇西出发，越过焉支山（今甘肃山丹县东），与一支匈奴军队相遇。经过激战，匈奴军队惨败，向北逃窜。霍去病在后面追击了六天，将士们杀掉了匈奴的折兰王、卢侯王，生擒休屠王，还缴获了匈奴人祭天时所用的金人。

这场仗，斩杀匈奴士兵八千多人。

同年夏天，霍去病率军过小月氏（今祁连山）、张掖，进击祁连山，擒获了五个王、五十九位王子，以及单于之母，斩杀三万多人。

公元前119年，汉武帝命大将军卫青、骠骑将军霍去病各带五万军队，分两路进攻匈奴。卫青的任务是进攻匈奴主力，霍去病的任务是消灭左贤王。这就是汉朝军事史上赫赫有名的"漠北之战"。

卫青从定襄郡出发，兵分两路，主力部队由自己统领，东路军则由飞将军李广统领。卫青越过大沙漠，与匈奴单于的大军相遇。他用战车将部队围起来，只派五千精兵与匈奴交战。这时，忽然刮起了漫天飞沙。卫青将主力部队分成两翼，从两侧攻击敌军。

单于见势不妙，带几百人马突围而走。卫青带兵追击，却没有追上单于，只烧毁了单于的粮草。这场大仗，由于飞将军李广迷失路径，没有加入战斗，所以使战斗受到很大影响。

霍去病带领人马从代郡出发，走了两千多里路，终于来到兴城（今内蒙古多伦附近）与左贤王展开一场激战。左贤王被打得大败，仅率数人逃走，损失了七万军队。霍去病追到狼居胥山（在今内蒙古自治区五原西北黄河北岸；一说在今蒙古人民共和国境内），登山向中原拜祭，还在山上立了一座胜利碑。这就是"封狼居胥"成语典故的由来，后世用以形容彪炳的战绩和不世的军功。而中国后来的武将，都以封狼居胥作为自己职业生涯最崇高的目标。比如清朝时，左宗棠抬着棺材出战新疆，出发时的豪言壮语就是："一死何足惧？势必封狼山！"

霍去病封狼居胥造成的局面是"匈奴远遁，漠南无王庭"。从此，

匈奴人永远失去了水草丰茂、气候温暖的河套地区，他们唱着"亡我祁连山，使我六畜不蕃息；失我焉支山，使我妇女无颜色"。意思是汉族人抢了我的祁连山，我没地方放牧牲畜；汉族人抢了我的焉支，我家的女人没东西化妆。焉支山上有一种叫"花篮"的花草，可调成胭脂的亡国悲歌，流窜到了荒凉苦寒的漠北，苦苦挣扎。

到了公元48年，匈奴分裂为南北两支。南匈奴逐渐归汉，北匈奴继续盘踞在漠北。公元89年，东汉联合南匈奴一起夹击北匈奴，取得大胜。又过了几年，东汉的军队在今天的阿尔泰山附近大败北匈奴，使他们落荒而逃，从此，匈奴作为一个整体民族在东方销声匿迹。

此后，关于他们的足迹，中国史书几无记载，而欧洲学者对此记载更为翔实。根据西方史书的记载，公元91年，匈奴开始了史无前例的民族大迁移，他们西迁的第一站是乌孙的地盘，即现在的伊犁河上游一带，第二站是康居，也就是今日锡尔河上游东部，第三站为阿兰国，他们占了阿兰人的地盘。

阿兰国是什么来头呢？

其实它是一个伊朗的游牧部落，一直在里海北岸的草原讨生活，据说他们打仗还是有一下子，曾战胜过罗马兵团。这么个国家怎么说灭就给灭了，匈奴人是怎么做到的呢？

事情的经过大概是这样的。

当年那支向西逃窜的北匈奴，他们一边逃，一边寻找可以安家的草原牧场。天可怜见，因为气候的原因，这时阿兰国原来的领地遭遇旱灾，草原退化，阿兰人便找了个更好的地方搬家躲避灾祸去了。阿兰国原来的地方也就空了出来，流离失所的北匈奴人正好在这里安了家。阿兰人嫌这里条件不好，北匈奴可不嫌弃，相比他们在漠北的遭遇，这里简直像人间天堂了。

安顿下来的北匈奴人，开始调理大汉给他们留下的累累伤痕。大约过了两百年，可能又是气候的原因，这片区域的草原又茂盛起来了。阿兰人一看，还是原来的家园好，于是又想搬回来。可想而知，这是关乎安身立命的大事，能不打仗吗？

恐怖的「上帝之鞭」——阿提拉

· 31 ·

虽说匈奴人躲在这里休养生息了无数代人，但他们骁勇善战的本事一点都没丢，当他们骑上战马重返战场后，很快就将同样号称骁勇善战的阿兰国人吞下了肚子。

经此一战，匈奴人再次回到了历史大舞台！

阿兰国被灭，引发了日耳曼人的不安。日耳曼部落中的东哥特人是阿兰国的邻居，甚至还是盟国。东哥特的实力还是不弱的，从波罗的海到亚速海一线，都是他们的地盘。匈奴人灭掉阿兰国后，不少阿兰人进入东哥特躲避，匈奴打得顺手，很自然地就向东哥特发动了攻击。

东哥特人比阿兰人还不经打，没几年东哥特的老国王就战败自杀了，东哥特人大部分投降，加入匈奴，剩下那部分只好往西跑，找日耳曼老乡帮忙。

东哥特人的西边当然是西哥特人，西哥特人赶紧在东部设防，并在德涅斯特河畔重兵以待，指望着在河边终结匈奴人的西进之路。

或许在和大汉王朝几百年的战争中学会了战略战术，这时的匈奴人打仗，已经不限于傻乎乎地正面对抗了。西哥特人在河对岸杀气冲天，匈奴人非常淡定地走到了德涅斯特河上游，找个水浅的地方，慢腾腾地过了河，很潇洒地出现在西哥特人后方。

被抄了后路还能有好果子吃吗？

西哥特人只好逃入西罗马帝国境内。

打不过匈奴人，不等于也打不过别人。逃亡中的西哥特人于378年在阿德里雅堡大败西罗马军队，由此动摇了西罗马帝国的根基。此时，匈奴人已回到喀尔巴阡山以东的地方进行休整，准备再战。

395年，匈奴人攻入东罗马帝国的色雷斯，大掠而返，次年再次攻入色雷斯，之后迫使东罗马帝国答应每年向匈奴交纳贡税，并允许匈奴在东罗马帝国境内互市。

400年，匈奴人攻入今匈牙利地区追击西哥特人，一直越过了阿尔卑斯山，进入了意大利，抢劫后返回。当他们进入意大利之后，很多难民纷纷往沿岸的岛屿逃难，据说威尼斯就是由这些难民所建立的。

不久，由于匈奴人征战连连，再加上疾病和饥饿，他们的力量开始衰退，同时也变得四分五裂。

凶猛的匈奴人又来到了一个十字路口。

成为匈奴皇帝

就在人们以为匈奴人又一次面临灭顶之灾时，一位传奇人物出现了——他，就是有"上帝之鞭"称谓的阿提拉。

从某种程度上说，"上帝之鞭"这个称号，其实是被匈奴打傻的欧洲人的顿悟。他们认为，匈奴人如此骁悍不可战胜，完全是因为这帮人是上帝派来惩罚他们的。当时的欧洲人消息不灵通，不知道这群所谓如有神助的军队实际上是被东方的大汉军队打得一败涂地的匈奴流民。

这真是应了那句话：东边不亮西边亮。阿提拉的祖先在东方吃尽了苦头，他在西方却成了一位了不得的人物，他使罗马人蒙羞，他使日耳曼人丧胆，具有令西方人沮丧且无奈的强大力量……

根据西方史书的记载，阿提拉大约出生于 406 年，在 418 年，年仅十二岁的阿提拉，被作为议和条约中的人质之一送到东罗马宫廷。这一时期，阿提拉在宫廷接受了良好的教育，同时也从那里学习到罗马人的传统和习俗，还有他们奢华的生活方式。罗马人希望借此使他能在回到匈奴人领地时把罗马文化传扬开去，以增加罗马对周边民族的影响力。而匈奴人则希望通过人质交换，获取更多罗马内部的情报。

阿提拉逗留在东罗马时，曾经一度尝试逃跑，但失败了。于是他开始把注意力集中在研究罗马内部结构上，并专注研究罗马的内政及外交政策。有时，他甚至会通过暗中观察外交官们举行的外交会议去研究这方面的资料。

可以说，阿提拉当时学习到的知识对后来他对匈奴人的统治，以至于他对罗马的征服战役都有极大的帮助。

432 年，四分五裂的匈奴人各部落在罗阿斯的领导下重新完成了统一，罗阿斯成为新建立的匈奴帝国的皇帝。可惜罗阿斯仅仅在皇位上坐了两年，便于 434 年去世。由于他没有后代，便由他的两个侄子阿提拉

恐怖的『上帝之鞭』——阿提拉

和布莱达继承了他对匈奴人的统治。436 年，阿提拉毫不留情地杀死自己的胞兄，成为匈奴帝国唯一的皇帝。这一时期的匈奴帝国又被史家称为"阿提拉王国"或"阿提拉王朝"。

阿提拉具有勃勃野心和高超的政治外交手腕，为人狡猾、残忍。传说他曾自称拥有战神之剑，所以当部下晋见时，如若正面直视他则必须同时后退，否则会烧坏自己的眼睛。

根据西方史书的记载，阿提拉时代匈奴帝国的都城由几所大营堡与村庄而非城镇构成。其中石建筑只有一所，是仿照罗马人的浴室建成的。普通匈奴人居于茅屋或帐篷中，阿提拉及其主要首领，则与其妻妾及随从，住于一木宫之中，木宫在一大营堡内。宫门时常大开，以供阿提拉等人骑马外出。

阿提拉除饮酒极多外，自身生活简单朴素，却能容忍部下的奢侈。他的臣民对他极其敬畏，在他外出巡查的时候，凡见到他必向其欢呼，以示服从；进出宫殿必有华盖迎送；逢宴会还有专为他谱写的赞歌；甚至还有罗马人赠送的私人秘书。

不过，说到阿提拉的长相就不怎么样了，虽然称得上"猛男"，却绝不是"帅哥"。西方史书记载，他身材矮胖，双肩很宽，短粗的脖子上长着一个硕大无比的头颅，有粗硬的黑发和稀疏的胡须，鼻子扁平，一双黑眼睛锐利而阴鸷。

虽然形象不敢让人恭维，但有一点毫无疑问，这肯定是一个东方人的形象。这说明西迁三百年后，匈奴人并没有被其他民族混血的失去了原有的体貌特征。

东罗马的噩梦

匈奴帝国在阿提拉的领导下，势力飞速发展。

早在罗阿斯成为匈奴皇帝之前，匈奴人继 4 世纪末入侵东罗马的色雷斯后，又于 5 世纪 20 年代末入侵东罗马帝国的色雷斯和马其顿，并使两地大受蹂躏。东罗马皇帝西阿多修斯二世费尽力气将他们打回多瑙

河以北，但仍感无法抵挡匈奴，只好用金钱来购买安宁。

此后，根据与匈奴人达成的协议，东罗马自431年开始每年向匈奴纳贡黄金三百五十镑，并允许匈奴人在罗马境内的几个城镇互市，才换得边境的暂时安宁。

但是边境问题毕竟复杂，事实又往往证明金钱不是万能的。在多瑙河以北，紧接着罗马帝国边境的众多小部落，原本都是各自与罗马签订协定从而保持安定的，可是到了432年，罗阿斯在向东罗马帝国要求引渡逃入其境内的匈奴人时，竟同时宣布所有这些小部落都是匈奴的属民，罗马帝国应废除过去与他们签订的所有协定。

西阿多修斯不敢回绝这个强横邻居的无理要求，就派使者到匈奴朝廷争取和平谈判。

等到罗马使者到达匈奴的领地时，罗阿斯已经去世，他的两个侄子——布莱达和阿提拉兄弟俩已经继位为皇帝了。两位年轻皇帝骑在马上与同样骑在马上的罗马使臣谈判，阿提拉要求罗马必须将每年的贡金翻倍，原因是匈奴现在有了两个皇帝。

罗马慑于匈奴的战争威胁，只好接受了匈奴的全部条件，订立了《马嘎斯条约》。"弱国无外交"，这个条约再次证明了这条颠扑不破的真理。

在签署条约后，匈奴人为巩固和加强他们的帝国，便将防守东罗马的边防部队撤向内陆地区。而西阿多修斯二世也借此机会，建立了君士坦丁堡的城墙，并沿多瑙河建立防御工事，增强了东罗马帝国的防御能力。

在接下来的几年间，匈奴人没有再对东罗马帝国进行大规模进攻，而是转向对波斯帝国进攻。但是，当他们在亚美尼亚遭到波斯还击并被打败后，阿提拉决定放弃征服波斯。

440年，匈奴人再次把注意力转到东罗马帝国，并屡次侵扰多瑙河北岸的商市。阿提拉指责东罗马人未履行他们的条约，更声称马古斯的主教亵渎了在多瑙河北岸的匈奴人的皇家坟墓，要挟再次进攻东罗马。不久，阿提拉率领匈奴人横渡多瑙河，把伊利里亚地区（今巴尔干半岛西部地区）和色雷斯地区彻底摧毁，并推进到马古斯附近。可见，条约其实并不能保护弱者，条约反而需要实力的保护，如果实力不足以保护条约，条约并不能约束强者的欺凌。阿提拉的作为，再次说明了这个道理。

441年，阿提拉率领匈奴铁骑先后攻陷了马古斯、费米拉孔、辛吉度努姆（今贝尔格莱德）及塞尔曼等城市。

442年，东罗马皇帝西阿多修斯二世从北非调回他的军队，并任命足智多谋而又勇猛的阿斯帕尔将军为统帅，才暂时遏制了阿提拉的攻势。

此后，西阿多修斯二世认为东罗马帝国已有足够力量对抗阿提拉，便毫不犹豫地拒绝了匈奴人先前的要求。

眼看目的没有达到，愤怒已极的阿提拉遂于443年再沿多瑙河沿岸发动大规模进攻。在战争中，匈奴人首次使用了攻城锤及攻城车等重型装备。

匈奴军队很快占领了整个巴尔干半岛，并沿着尼沙瓦河攻陷了谢尔迪卡、菲立普波里斯等大城市，最后攻至东罗马都城君士坦丁堡。

由于君士坦丁堡城高墙厚，而匈奴人的攻城器具已严重匮乏，所以他们只能对君士坦丁堡采取围而不攻的策略。

在长期围困后，君士坦丁堡城内已粮尽弹绝，难以为继，无奈之下，西阿多修斯二世只好选择投降，与匈奴人订立和约继续纳贡。

由于匈奴人的欲望暂时得到了满足，他们再次撤向内陆地区。

在阿提拉率领匈奴人撤走之后，一连串的人为和自然灾害便接连降临到君士坦丁堡：竞技场上的大暴动，445年至447年发生的严重瘟疫和饥荒，还有差点令君士坦丁堡的巨大城墙被彻底摧毁的大地震。

眼见有机可乘，阿提拉又于447年对东罗马帝国发动了规模更大的入侵。这次谁也阻挡不了，他们一路重挫东罗马守军，并于次年再次杀到君士坦丁堡城下。

东罗马皇帝西阿多修斯二世只得再次低声下气地讨饶求和。448年，双方停战重开谈判，东罗马又一次接受阿提拉的苛刻要求：东罗马将多瑙河以南，西起辛吉度努姆，往东三百英里，南北一百英里的大片土地割让给匈奴，把当地的居民全部撤走；东罗马按期向匈奴交纳贡金，不得拖欠。

此时的东罗马已穷困不堪，对匈奴毫无招架之力，已经到了俯首帖耳只求苟延残喘的程度。不过此后几年匈奴人也果然守约，不再以东罗马帝国为首攻目标，他们改而把注意力放到西罗马帝国的身上去了，东罗马帝国因此得以又存活了将近一千年。这样看来，东罗马帝国当初对于匈奴的妥协还是非常必要和明智的。

匈奴人在攻打西罗马帝国之前，全力征略东欧、北欧和西欧的各个蛮族，从而建立起一个庞大的匈奴帝国。这个帝国的疆域，东起咸海，西至大西洋，北至波罗的海，南至多瑙河和阿尔卑斯山。它已在军事上统一了整个欧洲的北方。境内的各日耳曼部落和其他民族都臣属于匈奴，他们作为附属国都有自己的国王和酋长，平时向阿提拉称臣纳贡，战时出兵参战。这有点像早期松散的联邦制，更和西周时期周天子领导着诸侯各国的体制相像。匈奴帝国结构虽然松散，却是当时欧洲也是世界上最强大的国家，兵锋所及，所向无敌。

此时匈奴帝国的势力极为强盛，阿提拉也成为欧洲最有权势之人。

也就是从这时候起，阿提拉和他的匈奴人被惊恐万状的欧洲人称为"上帝之鞭"。

婚约引发的战争

从 450 年起，阿提拉突然又把注意力转向西欧的西哥特王国，他向原本计划攻打的西罗马帝国表示，愿意与之结盟，共同对付强大的西哥特王国。

然而在西罗马，当时的皇帝瓦伦提尼安三世与他的妹妹霍诺莉娅，却对阿提拉的建议持反对意见。

不过，事情很快就出现了变化。

瓦伦提尼安三世的妹妹霍诺莉娅公主被瓦伦提尼安三世送入修道

恐怖的『上帝之鞭』——阿提拉

院软禁起来。

高贵的公主怎能忍受修道院的清苦与寂寞，一怒之下，她竟写了一封信，命仆人悄悄送给阿提拉，主动向他求婚。

阿提拉在经过深思熟虑后，接受了霍诺莉娅的提议，但同时提出要以帝国的一半管治权作为嫁妆。瓦伦提尼安三世得知后，断然拒绝了阿提拉的要求。

阿提拉怎善罢甘休，当即派遣使者要求瓦伦提尼安三世给予进一步的解释，准备一旦无法获得满意的答复便挥军攻打西罗马帝国。

这一时期，在东罗马帝国执政已长达四十余年的皇帝西阿多修斯二世因堕马而丧生，继承其位的马尔西安停止了向匈奴人的纳贡，因为在经过长年累月被匈奴人和其他蛮族蹂躏后，作为支撑帝国经济命脉的巴尔干半岛已经满目疮痍。同时间，阿提拉统治下的法兰克人王国，在国王死后他的两个儿子爆发了争夺王位的冲突，长子及次子分别向阿提拉与西罗马帝国大公埃底乌斯求援。

派遣到西罗马帝国的使者尚没有得到答复，加上法兰克人的求援，阿提拉决定集结一支庞大的军队进攻西罗马。他从阿兰人、萨克森人、东哥特人、勃艮第人、赫鲁利人等服从匈奴人统治的民族中抽调军队，加上自己领导的匈奴人骑兵，组成一支混合军队攻打西罗马帝国于高卢的领地。

451年春，阿提拉挥师渡过莱茵河进入西罗马的领地高卢，其总兵力据说达五十余万之众，堪称欧洲大陆有史以来规模最大的一支军队！阿提拉将这支军队分为三路，右路通过阿拉斯向西挺进，左路取道梅斯，中路主力直扑巴黎。

阿提拉大军所到之处田园城镇均遭铲平，人员牲畜均遭灭顶之灾。4月，阿提拉大军攻破梅斯城，全城被屠，城池被放火焚毁。5月初，匈奴大军围攻奥尔良城，没想到奥尔良守军实在顽强，竟抵抗好几个星期而不降，不过最后也难逃劫难。

巴黎是唯一幸免涂炭的城市。当时的巴黎是个小镇。镇上的人找了个六岁的小姑娘，带着礼物求见阿提拉，请求他放过巴黎。阿提拉虽然是个蛮族，但毕竟是个叱咤风云的英雄人物，对这个小女孩的要求竟然答应了。小姑娘最后成为巴黎圣女，也是后来另一个圣女贞德的偶像。

西罗马皇帝也许没有看过中国古代的军事著作《三十六计》，但却懂得一有战祸就"走为上"这一计。瓦伦提尼安三世见阿提拉的大军不可阻挡，便带头溜到偏僻的小镇上躲避兵锋去了。

皇帝不在岗，总要有人安排御敌啊，这时西罗马帝国的大公埃底乌斯挺身而出了。

在此之前，阿提拉与埃底乌斯关系极为良好。

说起来二人命运相仿。多年前，年幼的埃底乌斯曾被作为人质交换至匈奴帝国，从而与阿提拉结下了深厚的情谊。

然而国难当头，友谊的小船早就翻了个底儿朝天。

面对旧日老友阿提拉洪水般的进攻，埃底乌斯开始在罗马及周边寻求同盟。好在匈奴人在欧洲的人缘实在太差了，日耳曼所有的部族都怕他们，如果非要在罗马和匈奴之间选择一个敌人，日耳曼人肯定是选择匈奴的，因为他们压根儿就不喜欢这个外来的蛮族。在埃底乌斯的一通游说下，西哥特人、阿兰人、勃艮第人、法兰克人全都抛弃前嫌，跟罗马联起手来组成盟军作战。埃底乌斯奇迹般整合出了五十万人的军队！

451年9月，罗马联军和匈奴人的军队在马恩河畔的沙隆相遇，这是欧洲历史上最著名的战役之一。参战人数超过百万，战局惨烈之至。这也是阿提拉生命中唯一的大败，罗马联军中的西哥特大军在西哥特国王牺牲后，在王子领导下，浴血奋战，扭转了战局。最终，整个战役有十六万人战死。

大败后的阿提拉甚至用木制马鞍堆成小山，自己和嫔妃带着金银珠宝高坐其上，单等罗马军团靠近后自焚而死。不过，最后埃底乌斯放了阿提拉一马，他权衡了一下利害，认为如果除掉匈奴人，就没有人牵制日耳曼人，他们会更有恃无恐地骚扰罗马。非常有远见的埃底乌斯认为罗马最大的祸患不是匈奴人，而是日耳曼人。

此战过后，阿提拉虽然一息尚存，但力量已受到削弱。

452年，当阿提拉重新向西罗马帝国提出与霍诺莉娅的婚姻时，匈

奴人的军队同时越过了阿尔卑斯山侵入了罗马帝国的核心——意大利本土。他的军队摧毁了许多城市，并且把意大利东北的军事重镇亚基利彻底摧毁，使之永久地从地图上消失。

西罗马皇帝瓦伦提尼安三世被吓破了胆，再次匆忙逃往他处，只剩下埃底乌斯死守，但所提供的支援却很少。然而令人意外的是，匈奴人的军队居然在意大利北部的波河自动停止了攻势，并准备撤走。阿提拉接见了由教皇利奥一世和西罗马禁卫军统领特里杰久斯等当时罗马国内身份最显赫的人所领导的议和使节团。在一番商议后，阿提拉决定接受议和条款并撤走，但他也同时警告，如果罗马帝国不接受他与霍诺莉娅的婚约，他会再次入侵罗马。

关于阿提拉突然撤走的原因，历史上说法众多。有人认为阿提拉的军队当时可能受到军粮短缺或瘟疫困扰，也有人认为是他的身体出现了毛病，还有人认为他是受到了某种诅咒……

但无论如何，阿提拉终究是率领着匈奴军队离开了意大利，越过多瑙河回到了自己的皇宫。同时他也筹划着再次攻打君士坦丁堡，以便让东罗马帝国恢复中断了几年的纳贡。

然而，意外再次发生。453年，阿提拉突然逝世。

关于阿提拉之死，说法更为众多。有人认为他是暴病而亡，有人认为他是被人谋害……最被认可的解释出自5世纪古罗马历史学家普利斯库斯的著作。

普利斯库斯在书中记载，453年的一天，阿提拉又迎娶了一位叫伊笛可的日耳曼少女为妾。他们的婚礼是在多瑙河岸边的一座木结构的皇宫里，按野蛮人的仪式和风俗进行的。那位喝得左脚打右脚的皇帝到半夜以后才离开筵席，回到新床上去。他的侍从直到第二天下午仍一直听任他享乐或休息，对他未加干扰，但出奇的安静引起了他们的恐惧和疑心，于是他们大声叫喊企图吵醒阿提拉，无效之后，他们破门冲进了皇帝的寝宫。他们看到发抖的新娘用面纱捂住脸坐在床边，而他们的皇帝早已一命归西。

普利斯库斯还进一步记载道，阿提拉是在睡梦中鼻腔血管破裂，血

液倒流引起窒息而死，原因可能是由于饮酒过多。

根据普利斯库斯和其他西方史书的记载，阿提拉死后，他的士兵们以剪下自己一撮头发和用剑在脸上刺伤口的方式来哀悼他。在葬礼上，匈奴骑士们排着队形，围绕着存放阿提拉遗体的大型丝绸天幕转圈，向这位他们最伟大的领袖唱着丧歌。仪式完结后，匈奴人依照传统，在阿提拉下葬的坟前饮酒作乐。他的遗体分别被放在三个由金、银、铁所制成的棺木中，连同战利品，和那些负责修建坟墓的俘虏一起埋葬。

可怕的"上帝之鞭"就这样怪异地结束了自己的一生。他不是死在疆场上，不是死在敌人的身旁，而是死在卧床上，死在美人的身旁。或许，九泉之下的阿提拉，也觉得自己死得偶然而冤枉……

对阿提拉的评价，历来就没有统一的说法，但多数史学家倾向于认为，阿提拉对欧洲大陆的横扫，固然在一定程度上促成了欧洲各民族的迁移、交流与融合，但他的一生，杀人无数，也毁灭了无数财富和众多城市。据说阿提拉生前有一句口头禅："凡是我的马蹄踏过的地方，连草都不长。"话虽夸张，但却形象地说明了他的残暴与极大的破坏性。

从此消失的民族

阿提拉领导下的匈奴帝国其实是一个支离破碎、结构松散的国家，阿提拉本人也没有能力和愿望对匈奴帝国进行必要的建设，尤其是政权建设、法制建设和经济建设等。他从前统治着的那些如狼似虎、没有任何仁义可言的国王、酋长和将领等，在他死后，便纷纷脱离了匈奴帝国。一些胆大的酋长自立为王，而那些势力强大的日耳曼部落的国王又全都唯我独尊；由许多来自各民族的女人为阿提拉生下的一大堆儿子，像某些大户人家分私产一样，你争我夺地把日耳曼和西徐亚的统治权给瓜分了，而且各自为王，自相残杀。

阿提拉死后，以东哥特人为先导，日耳曼人乘机反抗，企图摆脱匈奴人的控制而独立。454年，日耳曼诸部与匈奴人在匈牙利境内的聂德尔河畔激战，结果匈奴人失败，死亡三万余人，阿提拉的长子埃拉克被杀。此战以后，匈奴人的主体部分退到喀尔巴阡山以东，回到过去七十余年一直留居于南俄大草原的匈奴同族人之中，而匈奴帝国的中心地区匈牙利则落到日耳曼人之手。

此后，匈奴的残余势力尚占据了东欧的一些零星地方。阿提拉的幼子伊尔那克此时也率领着少数匈奴人占据了多瑙河河口以南地区（今罗马尼亚东南和保加利亚东北的沿黑海地区）。另两个匈奴王子占领着东罗马帝国偏西之地。其他还有若干个小群的匈奴人留居于东罗马帝国的境内各处。过了数年，阿提拉的其他后人再图西进，意欲恢复失地，却遭到日耳曼人的坚强抵抗，只能在多瑙河的下游地区抢到几个据点。

461 年，阿提拉的另一个儿子敦直昔克企图重建匈奴的霸权。他起先沿着多瑙河西进，攻击占领着巴诺尼亚的东哥特人，并在其附近的多瑙河畔安营扎寨达十五六年之久。468 年，他率军南下渡过多瑙河，攻打东罗马帝国，结果大败，敦直昔克阵亡。此事成为西方史书关于匈奴人在欧洲活动的最后记载。而中国自南北朝后，也没有了关于匈奴人的任何记载。

从此以后，匈奴民族作为一个整体民族，消失在历史的长河中。

那么，他们去了哪里？他们的后代又在何处呢？

一种说法是，历史上一度强盛的匈奴，在中国北方、中亚乃至欧洲各地不断地进行争战、迁居，再争战、再迁居后，又经过几个世纪与当地居民的混杂、通婚和民族融合，终于在 6 世纪后基本消失，渐渐同化到其他民族之中。

其实，在当时内外交困等诸多因素之下，匈奴人或南迁，或西迁，或滞留中国北方草原，通过婚姻、吞并、臣服、迁居等形式融合到其他民族之中的做法是在情理之中的。所以现在持这种看法的人占大多数。虽然匈奴作为一个民族消失了，但其文化习俗仍部分保留下来了。比如现在流行于蒙古国、俄罗斯以及中国北方地区的"胡笳"就被怀疑为匈奴乐器。

另一种说法是，匈奴自阿提拉之后，在今日欧洲的匈牙利定居下来，并逐渐繁衍、演变为今天的匈牙利人。

经考证，阿提拉当年的大本营就是现在的匈牙利，今日的匈牙利人也时不时地把这段历史拿出来缅怀，并以阿提拉为光荣的祖先顶礼膜拜。

匈牙利著名诗人裴多菲曾在一首诗中这样写道：我们那遥远的祖先，你们是怎么从亚洲走过漫长的道路，来到多瑙河边建立起国家的？从中可以看出，和许多匈牙利人一样，裴多菲也认为自己是匈奴人的后裔。

有人认为，阿提拉的匈奴帝国瓦解之后，一些匈奴部落定居于多瑙河中游。到9世纪初叶，散居在乌拉尔山和卡马河、伏尔加河之间的游牧部落经过南俄草原，迁徙到多瑙河中游和蒂萨河流域。以马扎尔部落为核心的七个部落结成联盟，和定居当地的匈奴人后裔融合在一起，奠定了今天匈牙利的基础。

还有人考证后认为，今天的匈牙利人所使用的语言从语系上说是属于东方的。匈牙利人吹唢呐和剪纸的情形与中国陕北地区的人一样，他们说话的尾音也与陕北口音很相似。

当然以上说法还只是推测，至于匈奴人是否就是现在匈牙利人的祖先，匈奴人是不是融合在了欧洲各国，目前还没有更充分的证据，但愿能有人早日揭开这个谜底。

恐怖的「上帝之鞭」——阿提拉

第三章

"天生的征服者"——
查士丁尼大帝

小 档 案

查士丁尼大帝（？—565年），东罗马帝国（拜占庭帝国）皇帝。他在位期间，多次发动对外战争，重新控制了许多西罗马帝国从前的土地，使东罗马帝国一度处于巅峰状态。他主持编撰的《查士丁尼法典》，成为后世西方各国立法的基石。后人因之认为他是世界历史上最有影响力的帝王之一。

"欧洲法律之父"

查士丁尼于483年（一说482年）出生于色雷斯斯科普里的一个农民的家庭里。虽然出身微薄，但他有个好叔父。

他的叔父查士丁是一个典型的文盲，据说连自己的名字都不会写。但学问跟身份并无必然的联系。查士丁出身行伍，作战勇猛而聪明，因战功升任禁卫军统领，并于518年成为东罗马帝国皇帝，史称查士丁一世。

查士丁一世膝下无子，对自幼跟随着自己的侄儿查士丁尼寄予了厚望，指定他为皇位继承人，并让他从小受到了良好的教育。

从518年起，查士丁尼就协助叔父掌理政务，担任帝国行政指导。

并获得"恺撒"和"奥古斯都"的封号。

527 年 8 月，查士丁一世去世，查士丁尼成为东罗马帝国皇帝，史称查士丁尼大帝（也称查士丁尼一世）。

查士丁尼即位后，首先采取措施巩固帝国的内部，其中最重要也是一生最大的成就，就是制定了《查士丁尼法典》。

在罗马历史上，其法律的规范和完善是比较超前和先进的。例如《十二铜表法》的颁布，标志着罗马法本身已经达到了一定的高度。查士丁尼执政期间，也非常重视法律文献的整理和汇编工作。528 年，他下令编纂《查士丁尼法典》，成立了以法学家特里波尼安为首的法典编纂委员会。《查士丁尼法典》的编撰工作于 529 年完成。此后，又陆续制定颁布了《查士丁尼法学总论》《查士丁尼学说汇编》和《查士丁尼新律》，作为《查士丁尼法典》的续编。

以上四部法典，在 12 世纪被统称为《查士丁尼民法大全》。由于《查士丁尼法典》最早编成，并且是这部《民法大全》的核心，所以一般以《查士丁尼法典》作为《民法大全》的代称。

《查士丁尼法典》共十二卷，卷下分目，每目按照年代顺序排列敕令的摘录，上面标注颁布敕令的皇帝的姓名和接收人的姓名，在敕令的末尾会注明日期。整部法典是为奴隶主阶级服务的，它明确宣布皇权无限，维护教会利益，巩固奴隶主的统治地位；奴隶必须无条件听命于他的主人，不允许有反抗，对不服从者处以重罚或死刑。该法更多的是以约束的姿态针对公民，明确规定人人都应该安分守法，倘若违法，将会按照法律的规定受到严厉的制裁。由此可见，查士丁尼编纂法典的出发点和归宿是一致的，他试图通过规范法律的系统化，来加强皇权的巩固，并以这个法典为基础来挽救奴隶制的统治现状，使法典更好地为奴隶主服务。

《查士丁尼法典》虽在一定程度上保留了奴隶法，但对"父母可以把子女卖为奴隶以补偿自己对他人的冒犯"等条文给予取消，同时肯定了妇女有权利继承遗产。在宗教方面，法典强调了基督教的思想统治，明确规定了君权神授的原则，详细规定了基督教生活的各个方面，对异教徒进行强行镇压政策，甚至对教堂和修道院的规模设计和生活规则等，都有详细规定。

《查士丁尼法典》是世界上第一部比较完备的奴隶制成文法，它的问世，标志着罗马法的发展已经到了极其发达和完备的阶段，对后来的欧洲各国法学和法律的发展意义深远。

该法典与其他奴隶制法相比，其内容和立法技术更为详尽，它所确定的概念和原则具有措辞严格、确切和结论明晰的特点，尤其是提出了自由民在"私法"范围内的人人平等、契约以当事人同意为生效的主要条件和财产无限制私有等重要原则，为后世法律奠定了基础，成为众多国家借鉴和参考的首选法律资料。

有人评价说："以《十二铜表法》为开端，以《查士丁尼民法大全》（《查士丁尼法典》）为主要内容的罗马法，是世界史上内容最丰富、体系最完善、对后世影响最广泛的古代法律。"

这种说法不无道理。《查士丁尼法典》具有资本主义发展初期所具有的现成法律形式，是世界上第一部完备的奴隶制成文法，称得上是现代资本主义法制的先声，也标志着罗马法发展到了相对成熟的阶段，对欧洲各国的法学和法律都有很大的影响。比如，美国的《独立宣言》、英国的《权利法案》、法国的《人权宣言》等，都是在《查士丁尼法典》的基础上，加以改进和完善的。

可以这样说，即便查士丁尼在位时什么事也没有干，单凭这部伟大的法典，都可以让他进入对世界历史影响最大的帝王之列，查士丁尼也因之被称为"欧洲法律之父"。

野心勃勃的征服者

4世纪以后，曾经盛极一时的罗马帝国渐渐分裂为东西两部分。雄踞东部的东罗马帝国的历代皇帝一向以罗马帝国的正统继承人自居，所以一直试图收复失地，重新统一罗马帝国，再现往日的辉煌。但他们也只是想想而已，从未付诸实施。

查士丁尼则不同。作为一名有野心的皇帝和征服者，查士丁尼即位后，就为自己确定了主要的政治目标：收复西罗马帝国的失地，并恢复罗马帝国。在他执政期间，他一直在为此不遗余力地努力。

当时，对查士丁尼复辟计划最大的威胁来自兴起于帝国东面的波斯。二者在历史上一直是死敌。要想往西征讨，收复西罗马丢失的土地，就得首先摆平波斯。

527 年，查士丁尼甫一即位，即任命名将贝利萨留为元帅，向宿敌波斯宣战。528 年，波斯大将扎基西斯率三万大军，于次年在尼亚比斯以压倒性兵力逼退贝利萨留，隔年双方军队在两河流域的德拉城再次会战。当时，贝利萨留的军队少得可怜，但波斯军队犯了愚蠢的错误，他们背城列阵而且不加防范，结果理所当然地遭到惨败。随后波斯军一败再败，但还是于 531 年在卡尔基斯阻挡了贝利萨留的前进步伐。由于谁也吃不掉谁，于是两国经谈判，于 532 年签订"永久和约"，东罗马以支付代守帝国边境费用的名义给波斯一万一千磅黄金。这一和约的签订，确定了查士丁尼的复辟策略，即对波斯以防御为主，以便尽可能保证征服西部地区的战争所需的兵力。

不久，查士丁尼把名将贝利萨留召回君士坦丁堡，决定全力进行西线作战计划，以消灭建立在西罗马帝国旧址上的蛮族国家。当时在西罗马帝国旧址上建立的国家有东哥特王国、法兰克王国、西哥特王国、汪达尔王国等，其中汪达尔王国是众多王国中统治最不牢靠、军事力量相对较弱的国家。

汪达尔人属于哥特人的一支，在蛮族入侵时期，他们经过长期迁徙，乘机在非洲北部建立了一个附属罗马帝国的王国。当时汪达尔人的国王叫希德里希，是个亲罗马派。查士丁尼是个虔诚的教徒，希德里希也投其所好，在自己的国家推广传统基督教。但是汪达尔人原本是信仰基督教中的阿里乌教派。

基督教早期，分成许许多多的派别，它们之间究竟有何区别，实在难以说清。但我们都知道，宗教信仰这东西是很难轻易改变和妥协的。因此，希德里希要强行干涉百姓的信仰，汪达尔人不干了。533 年春，汪尔达人推翻了希德里希的统治，另立葛利麦为王。查士丁尼一看有机可乘，便以惩戒葛利麦为借口，发动了对汪达尔人的战争。

533年夏末，查士丁尼命令贝利萨留带领一支一万五千人的部队进攻汪达尔王国，这支远征军虽然兵力不多，但装备精良、训练有素，他们分乘五百艘战船向西行驶。在西西里岛停留期间，贝利萨留得知汪达尔新国王正在忙着镇压属地撒丁岛人民起义，并不知道东罗马军队已然出动。贝利萨留决定利用这个大好机会，命令士兵立即上船，直接向非洲海岸行驶。同年的9月初，贝利萨留到达距离汪达尔王国首都迦太基仅九天路程的地方登陆，进城时，贝利萨留命令士兵张贴通知，告诉民众东罗马军队此番前来只是讨伐葛利麦，并不会伤害百姓。

得知东罗马远征军到来的消息后，葛利麦大惊失色，他一面派人火速调回远在撒丁岛的主力部队，一面兵分三路向东罗马军队发动进攻，一路在正面阻击，另两路分别从侧面和背后攻击。

贝利萨留毕竟是东罗马名将，他早已识破了葛利麦的伎俩。当实行侧击和背后攻击的汪达尔军还在路上跋涉时，东罗马主力已经与正面阻击的汪达尔军展开了交锋，并很快杀死了指挥官，击溃了整个部队。然后，贝利萨留设下埋伏，轻易将原本准备对他进行侧翼攻击的另一支汪尔达军队歼灭。

当时的通信远不如今日发达，因此由葛利麦亲率的那支准备从背后偷袭东罗马人的军队，丝毫不知前两支兄弟部队已被歼灭，他们按照原计划，一往无前地从后方插入了罗马战阵。

一开始，仗着人多势众，他们取得了上风，东罗马军队有些抵挡不住。谁知就在这时，汪达尔士兵们看到了让他们目瞪口呆的一幕：他们的统帅葛利麦居然一屁股坐在了地上，抱着一具尸体痛哭不已。

原来，葛利麦的弟弟跟他一起参加了战斗，却不幸身亡。手足情深的汪达尔国王居然不管这是你死我活的战场，抱着弟弟的尸体就哭个没完没了。更骇人的是，哭完后他直接就在战场上给他弟弟举行了葬礼。汪达尔士兵发现国王这个熊样，自然也跟着崩溃了。

见此情景，贝利萨留乘机发动进攻，一举击溃了汪达尔军队。9月

15 日，东罗马军队不费周折地进入了迦太基城。

战败后的葛利麦重新整顿部队，当远在撒丁岛的主力赶回时，他聚集了数量为东罗马人数十倍的军队，向迦太基城发动进攻。贝利萨留早就做好了城防工事的维修加固，所以汪达尔军要想攻进去也不容易。见此情景，葛利麦只好退兵到离城几十里的特里卡梅伦，等候东罗马军队主动出击。

此时的东罗马军队也陷入了困境，军中一部分由非罗马人组成的雇佣军由于没有仗打，失去了掠夺战利品的机会，他们因之对贝利萨留非常不满。贝利萨留使用各种安抚手段，好不容易才使这些雇佣兵答应暂时不叛变。但他们同时声称会在战争中保持中立，然后再根据战场形势帮助获胜希望大的那方。在这种情况下，贝利萨留决定拼死一战。

12 月中旬，贝利萨留率领两千名骑兵和全部的步兵向特里卡梅伦发动进攻，两军之间只隔着一条小河。贝利萨留首先派一小队假装进攻汪达尔军队的阵型中央。汪达尔军队立即还击但并不追击。第二次，东罗马军队继续假装发动进攻，汪达尔军队依旧很谨慎，不进行追击。见时机已成熟，贝利萨留当机立断，派出所有的骑兵，发动了真正的攻击战。汪达尔军队抵御不住，阵脚开始摇摆起来，在一旁观战的雇佣军也加入东罗马军队的行列中来，汪达尔军队全线崩溃。

被吓破了胆的葛利麦顾不上指挥残余部队，悄悄逃跑了，但他几天后就被东罗马军队俘获并押往君士坦丁堡。贝利萨留踌躇满志地班师回国，查士丁尼为他举行了隆重的凯旋仪式。

北非拿下后，查士丁尼的下一个目标是发动对东哥特人的战争，夺回意大利。

一般来说，发动战争都得要有借口，也就是要"师出有名"，方才能"得道多助"。东哥特人还真不错，很快就非常配合地给了东罗马出兵的理由。

从前，东哥特国王狄奥多利克（493—526 年在位）一度与东罗马维持着比较友好的关系，到他晚年时，虽然与东罗马人有了一些摩擦，但狄奥多利克还是尽量避免与之发生正面冲突。狄奥多利克死后，其十岁的外孙阿特拉里克成为国王，实权则掌握在母亲阿拉马松塔手里。

阿拉马松塔自幼接受罗马教育，服装打扮也学罗马妇女，佩耳环头饰。她是东哥特人中亲罗马派的代表。

但受罗马文化影响较小的东哥特军事贵族则主张对东罗马采取更强硬的政策。由于这一派人势力强大，因此他们轻慢阿拉马松塔，不让她用罗马文化教育年轻的国王，而让国王同东哥特武士一起习武练兵。

534年，阿特拉里克酗酒而死，阿拉马松塔更加地位不稳。她以前就曾经同查士丁尼暗中联系，这时便派密使赴君士坦丁堡，表示要把意大利交还东罗马。为巩固自己的地位，她又立表兄弟狄奥达特为国王，企图以他的名义继续掌握实权。哪知狄奥达特也不是省油的灯，他翻云覆雨，反把阿拉马松塔囚禁，后又把她处死。

查士丁尼得知阿拉马松塔被处死的消息后，勃然大怒，迅即以此为借口向东哥特兴师问罪。

这时的东哥特当然不是东罗马的对手，惊恐万状的狄奥达特只好向查士丁尼求和，尽管他提出的求和条件已无限接近于投降，但查士丁尼还是轻蔑地加以拒绝，挑起了历时近二十年的"哥特战争"。

535年9月，东罗马军队占领了达尔马提亚。12月，贝利萨留统帅八千人登陆西西里岛。当时这里居住着许多西罗马人的后裔，他们从内心深处多倾向于东罗马，除少数东哥特贵族外，一般人对这次战争并无很高热情，他们所关心的是如何避免或减少战争对自己的祸害。因此，他们只是象征性地抵抗了几下后就投降了。

翌年6月，贝利萨留攻入意大利本土，包围了那不勒斯城。

眼看危险日益临近，文弱的狄奥达特早已六神无主，只好派人与东罗马密议投降。不久，那不勒斯失陷。愤怒的东哥特人废黜并处死了狄奥达特，推举战士出身的维提吉斯为王。

536年11月，维提吉斯率领东哥特主力离开罗马，北上集中到拉温那，以便对付与东罗马结盟来攻的法兰克人，并防止罗马城居民从内部作乱。

维提吉斯的北上之举实在是一条下下策，他不仅错误地以主力去对付次要的敌人（法兰克人此时已答应同东哥特人媾和），而且因为强迫罗马城居民宣誓效忠东哥特，并将一大批罗马元老当人质押解到拉温那，激化了同罗马人的矛盾。维提吉斯代表了东哥特军事贵族的利益，他们这一部分人虽抗敌坚决，但是文化落后，目光短浅，看不到意大利罗马人同东罗马的矛盾，不善于利用自狄奥多利克时代以来东哥特人与意大利罗马人千丝万缕的联系，致使东哥特人在意大利陷入了孤军作战的窘境。536 年 12 月，贝利萨留进军罗马，罗马教皇和居民献城投降。人数不多的东哥特守军不战而走。

537 年 2 月至 538 年 3 月，维提吉斯率军反攻罗马。当时东哥特军队号称十五万，其中又多数是骑兵。

贝利萨留对东哥特人的反攻事先有所准备，早已贮存了足够多的粮草，修整好了城墙。东哥特人拙于射箭，东罗马士兵却善于使用强弓硬弩，给攻城者以极大杀伤。

东哥特人屯兵城下，久攻不克，粮草、士气都发生了问题，又有恶疫来袭，不得已只好同贝利萨留休战三个月。这以后，东罗马援兵到来，维提吉斯只好匆匆撤离罗马一带。

围攻罗马的失利大伤东哥特人的元气，但维提吉斯依然拼力统率部下又继续苦战了两年。

540 年，贝利萨留率军围攻拉温那。眼见局势越来越糟糕，狡诈的维提吉斯想出了一个办法。他派人告诉贝利萨留，说他如果愿意当东哥特国王的话，他们愿意停止抵抗。维提吉斯的本意是想借机挑起贝利萨留和查士丁尼的矛盾，自己好从中渔利。

贝利萨留想了想，表示同意。于是东哥特人打开城门，欢迎贝利萨留前去加冕。没想到贝利萨留进得拉温那城后，不但没有加冕，反而将维提吉斯等人抓了起来，毫不客气地占领了拉温那。此后，东哥特的其他城市相继投降。至此，东罗马在形式上收回了意大利。

虽然贝利萨留收复意大利有功，但查士丁尼听说他曾答应做东哥特

人的国王后，对他起了疑心，将他召回了国内。

542年，残存的东哥特人卷土重来，他们在新国王多迪拉的领导下，很快又占领了罗马等地。眼见意大利得而复失，查士丁尼只好又派贝利萨留前去镇压。然而由于之前查士丁尼对贝利萨留已起了疑心，所以只给了他一支小规模的军队。这场战争相比之前第一次与东哥特人作战更加残酷，整个意大利都陷入战火之中，双方使用的手段异常残暴，而且一直打到549年仍然不分胜负。

由于查士丁尼始终对贝利萨留不放心，因此就在549年这一年，他又将贝利萨留召回君士坦丁堡，转由纳西斯担任意大利战场的指挥官。

回到国内的贝利萨留遭到了人生最大的劫难。

不久，查士丁尼将莫须有的罪状安在贝利萨留的身上，说他疑似谋反，还贪污。这个罪名在中国古代肯定是抄家灭族，查士丁尼稍微比中国古代那些专制帝王"人性"化一些，只抄家没杀人更没灭族。贝利萨留征战多年，过手的财富无数，他作为一名罗马统帅，往自己家搬一点也无可厚非，所以查士丁尼这次抄家发了笔小财。根据西方一些史料的记载，查士丁尼虽然没杀贝利萨留，但是弄瞎了他一只眼睛，让他乞讨终老。565年，罗马帝国历史上的一代名将贝萨利留在落寞中死去。

说起来，查士丁尼和贝利萨留这对君臣还真有些奇怪的缘分，查士丁尼娶了个妓女，而贝利萨留的老婆也是风尘中人。贝利萨留少年得志，仪表堂堂，无论是北非，还是意大利，他都是一个征服者，他征服的不仅是对方的军队，当然也顺带征服敌方的女人。可不论是何地的美女对他投怀送抱，他都坐怀不乱。他打仗将老婆带在身边，对老婆的忠诚度似乎还大于对查士丁尼这位皇帝。

安东尼娜在嫁给贝利萨留之前曾经有过一次婚姻，还有一个儿子，直到后来，连安东尼娜前次婚姻所生的亲生儿子都出来指控她的淫乱了，贝利萨留才终于有点相信，张罗着要"收拾"自己的老婆。安东尼娜更聪明，早就跟皇帝查士丁尼的老婆狄奥多娜打成了一片，在这位闺蜜皇后的调解下，贝利萨留两口子和好如初。不过因为皇后这层关系，

安东尼娜还是帮着贝利萨留解决了不少问题，否则他犯功高震主之罪，恐怕会死得很惨。

贝利萨留的一生，是悲壮的一生。他无限忠诚于的皇帝怀疑他，他无比挚爱的老婆背叛他，在战场上从不畏死的他，居然无比平静地接受了这两件屈辱的事，而且毫无怨言，更甭提反抗之类的了。做人做到这个份上，真让人无语。

再说代替贝利萨留征讨意大利的纳西斯，其实是个宦官。相比贝利萨留的高大英俊，纳西斯又老朽又瘦小。但这位公公虽然貌不惊人，情商却是一流的。作为查士丁尼的主管太监，他能当皇帝一半的家，另一半当然是皇后当家。纳西斯最大的特点就是为人慷慨，有事没事总喜欢给人钱，随身还带着大量银票，碰到大臣侍卫什么的，见面就发。所以纳西斯在京城的人缘相当好，人气相当高。

当时也确实找不出更好的人来了，因此查士丁尼决定让纳西斯前去带兵，反正打不打得赢仗不知道，但可不可靠那是清楚的。

纳西斯可不是贝利萨留那样的人，皇帝给什么兵就要什么兵，给多少人就要多少人。他出征前直接就对查士丁尼说了："打仗不是小事，像贝利萨留那样寒酸的配置，这仗肯定是没法打的，陛下看着办吧。"

查士丁尼不敢怠慢，在不影响帝国防御的前提下，几乎调用了全罗马的军事资源，绝对是贝利萨留当初做梦都想统帅的规模。

纳西斯比贝利萨留还有一个优势，贝利萨留治军，当然是以军纪约束，纳西斯不用，一听说他要带兵打仗，许多贵族子弟居然上赶着要求参军，军队中的军官士兵也都知道他出手大方，重情义，所以也都死心塌地愿意给他卖命。

纳西斯没有让人失望，他主持的那场著名的塔吉纳战役还真取得了胜利。

胜利的原因与纳西斯的谋划和指挥密切相关。从出发开始，纳西斯就放弃了贝利萨留一贯的航线，他绕道登陆，甚至冒险穿越了当时东罗马人的仇家法兰克人的领地。多迪拉在港口严阵以待，结果他设防的码头没有见到东罗马的战舰，东罗马军队神奇地出现在身后。纳西斯占得了先机，在亚平宁山脉中部的一个叫塔吉纳的村子，两军相遇，各布战阵，预备开打。

纳西斯出征的时候，已经年近七旬，有着一个老人家的沉稳和谨慎。在塔吉纳两军对阵时，罗马的军队远多于东哥特的军队，可他就是不愿贸然出击，只管排好队列，等待东哥特人先动手。

东哥特人平时打仗也不含糊，但这次比较奇怪，他们也迟迟不动手。不但不动手，战场上还出现了很惊人的一幕。只见东哥特的国王多迪拉，换了一身黄金盔甲，披着紫袍，骑了一匹装饰得花里胡哨的战马，跑到两军中间的空地上开始表演杂技！一会儿凌空耍大刀，一会儿单脚直立，一会儿跳民族舞，一会儿唱流行歌曲……

我们不妨设想，如果是贝利萨留那样的将领看到这个画面，他会怎么处理呢？以他的刚猛，估计由不得多迪拉把全部表演完成，要么大军呼啸而去，要么会派神射手一箭将他射个对穿，最友善的反应也应该是射死那匹战马，让多迪拉摔个四仰八叉吧。

老人家毕竟是老人家，纳西斯什么都没做，他带着淡淡的笑看着精彩的演出，偶尔还跟着打打拍子。

终于表演完了，多迪拉回到军营换掉戏服，开始进攻。原来，富有艺术天赋的他，之所以出卖色相，以帝王之尊给东罗马将士来了一场即兴表演，目的就是等两千名骑兵赶过来与大军会合。等他看到骑兵终于到达后，战争自然也就开始了。

不管知不知道多迪拉这套拖延把戏，纳西斯都不需要有任何反应，因为罗马军队的实力强太多了，尤其是经过几轮大战，罗马军团中的重装骑兵越打越顺手。最关键的是，开打之前，纳西斯已经向所有将士展示了一把银票，意思不言而喻，打赢了，这笔钱大家想怎么花就怎么花。重赏之下必有勇夫，这实在是最刺激的战前动员了，罗马人顿时士气如虹。

哥特兵冲进了东罗马军队布下的"月牙"战阵，中间不能突破铁骨铮铮的重装骑兵，两边的罗马射手箭矢如蝗，哥特兵掉头想跑，又遭到无情的追击，多迪拉当场被刺死。纳西斯真会来事，他第一时间便将东

哥特国王带血的长袍命人快马送给查士丁尼，皇帝龙心大悦。

553年，东罗马在维苏威火山一带将最后集结的东哥特死硬分子消灭，这一次，东哥特国家是彻底灭亡了。而东罗马历时二十来年，在两位名将共同的努力下，终于将意大利重新回归罗马的版图。

就在553年这一年，西班牙的西哥特王国发生内战，大臣阿那塔其推翻国王阿吉拉，自立为王。他请求查士丁尼派兵来支援他，结果东罗马军队借机占领了西班牙东南部的许多城市，这是查士丁尼为恢复旧罗马帝国大一统局面而向西扩张的极限。

查士丁尼经过数十年的战争，终于让自己的梦想接近实现。他也因此被人们称为"天生的征服者"。然而，综观人类的历史，穷兵黩武者是不会有好下场的，查士丁尼又何曾能例外……

"永远不睡觉的恶鬼"

为了实现自己的人生理想和政治目标，查士丁尼常常彻夜不眠，费尽心机，几乎到了发狂的地步，以致当时有人惊呼："查士丁尼不是人，而是个永远不睡觉的恶鬼！"

确实，查士丁尼根本就是一个闲不下来的人。这不，他一边忙着东征西讨，一边还忙着另外一大把事。比如，搞基建。查士丁尼信仰虔诚，所以最爱建教堂、修道院，以及配套的设施。

现在土耳其的伊斯坦布尔有无数著名景点，最亮丽醒目的自然是圣索非亚大教堂。圣索非亚大教堂初建于君士坦丁大帝时期，后来"尼卡暴动"时被烧毁，到了查士丁尼时期，他征召了一万民工，花了六年时间才将之重建完毕。

圣索非亚大教堂是典型的拜占庭式建筑，尤其是马赛克、大理石柱子以及内景装饰布局等，都极具艺术价值。查士丁尼一直监督教堂的建造，一直到完工参与落成仪式。

圣索非亚大教堂一直保持着世界最大教堂的地位长达一千年之久。它的建造既代表了古代晚期的建筑成就，也是拜占庭式建筑的突出杰作，深

『天生的征服者』——查士丁尼大帝

深影响了正教会、天主教会等。相比以往用混凝土修建的罗马建筑，圣索非亚大教堂主要是采用砖块。整座教堂一共使用了一百零七根柱子，柱头都采用华丽的科林斯柱式，为防止柱子开裂，在柱身上还加了金属环扣。教堂内最大的圆柱高达 19 ~ 20 米，直径有 1.5 米，主材料为花岗岩，重量足达 70 吨。这一点与查士丁尼的功劳密不可分，当初修建时，查士丁尼下令将黎巴嫩、巴勒贝克等地的八个科林斯柱式拆掉运来修建教堂。

走进圣索非亚大教堂会感觉空间非常广阔，结构相对复杂。在教堂的正厅处覆盖有一个直径为 31.24 米、高达 55.6 米的中央圆顶，是意大利首都罗马著名的万神庙圆顶直径的四分之一，但高度却多了四分之一。圆顶下面有连绵的拱廊，40 个拱形窗户能够巧妙地引进光线，使室内看上去缤纷多彩。由于圣索非亚大教堂经过多次维修，圆顶看上去并不是绝对的圆形底座，而是呈现出椭圆形，直径 31.24 ~ 30.86 米。

要想在立方体的建筑上建出圆形的穹顶，圣索非亚大教堂就是通过帆拱的方式解决的，四个三角凹面砖石结构把圆顶之一架设在大厅之上，圆顶的重量通过穿隔分散角落的四根巨型柱子上。所以放眼望去，整个圆顶就仿佛是在四个大拱形之间浮起来了。在第二层回廊里，能见到设置成马蹄形的回廊，环绕着教堂的正厅一直延续到后殿。通常情况下，上层回廊是由皇后或宫廷人员使用，那里还有许多的马赛克壁画。在室内的地面上有许多五颜六色的大理石，还有金色的马赛克，这些装饰品不仅掩盖了柱墩，且增加了教堂的外观美。

圣索非亚大教堂除了以大圆顶闻名于世外，还有一个特点也足以吸引全世界各国的游客前往一观，那就是教堂内的马赛克布置得非常华丽，不仅数量很多，而且每幅图画惟妙惟肖，富丽堂皇。这些马赛克有描绘圣母玛利亚、耶稣的，也有描绘圣人、帝王及皇后的，还有的几何马赛克纯粹是用来装饰用的。面对富丽堂皇、精美粉饰的大教堂，查士丁尼当年也由衷地连声赞叹说："所罗门，我已经超越了你！"

马赛克是一种极为古老的装饰艺术之一，是使用小瓷砖或者小陶片拼凑出色彩鲜艳的图案。早期，希腊人喜欢用黑白两色搭配图案，只有

富贵人家才会请来工匠，购买材料精心搭配这种奢侈艺术。发展到希腊晚期的马赛克，开始使用小碎石片。到罗马帝国时代，马赛克的使用已经相当普遍了，无论是一般的民宅，还是公共建筑的地板、墙面，都会采用这种方式来装饰，给人一种富裕奢华之感。

马赛克的黄金时期是伴随着基督教徒来到罗马而逐渐兴盛的，由于最初的基督教徒在罗马受到镇压，他们只能在地下室集合开会，由于不少民众并不识字，只好通过绘画的形式来展示宗教教义，如此一来就有了描述耶稣基督故事的玻璃马赛克壁画。到了君士坦丁执政期间，他对基督教的大力推崇，使得马赛克装饰得到极大的传播。

君士坦丁堡后来被穆斯林占领后，圣索非亚大教堂被改成清真寺，这恐怕是地球上唯一由基督教堂改建的清真寺，穆斯林都不忍心推倒重建，可见圣索非亚教堂的华美程度。现在圣索非亚大教堂是基督教和伊斯兰教共有的博物馆，历史文化价值非常高。

查士丁尼当然不只建教堂之类，他还重建城市，开辟输水管道，加固防御工事，建造孤儿院、旅店等。而且，他还鼓励发展贸易和手工业，中国的丝绸业也是在这一时期传入东罗马，并成为该国重要的财源的。

查士丁尼时期，东罗马控制着东西方的商道，按说利润也不错，但是查士丁尼很快发现，最赚钱的生意他插不上手，什么生意呢？是贩丝，也就是贩卖中国丝绸。

中国人最聪明的事之一就是养蚕吐丝，南北朝以前，这项技术绝对是世界上最尖端的科技之一。丝绸自从进入欧洲，就让穿惯麻衣的他们疯狂了，居然还有一种布料能这样柔滑，这样飘逸。

在很长一段时间内，丝绸到底是怎么来的，是古代中国国家级机密，从不告人。而西方人一直认为，有一种会长出丝的树。从前，华夏各朝只许出口丝成品，而不准任何人将蚕卵带出国境。就因为这样的保护，丝绸成为顶级奢侈品，一磅丝绸进入欧洲，绝对能卖出同等重量黄金的价格，而这门生意，被长期把持在波斯人手里。查士丁尼总是和波斯人打仗，和真丝的贸易是有很大关系的。

据说有一天，有两个印度和尚求见查士丁尼，他们自称曾经在中国的南朝梁国打工，当时的梁国在今江苏一带，正是蚕桑重地。印度和尚告诉查士丁尼，丝这东西，是一种叫蚕的东西吐出来的，而那棵树，是蚕的粮食，叫桑树。技术门槛并不高，只要查士丁尼给的工钱合适，两个和尚就可以去中国出趟差，把蚕种和配套的技术给弄回来。查士丁尼自然大喜过望，当即催促印度和尚赶紧出发。

南朝时期，中华大地上佛教盛行，两个印度和尚装模作样的，谁知道他们是商业间谍呢。他们想出钱学养蚕缫丝，自然有人心甘情愿地教这两位天竺高僧。所有该学的都学完了，两个和尚便开始偷东西了。这些行脚僧不都喜欢拿个竹杖嘛，这些蚕卵就被他们仔细地藏在手杖里。可怜当时的中国南北朝一片混乱，谁还管这事。于是，两个和尚间谍顺利地把他们想要的东西带出了中国境内。

552年，查士丁尼欣喜若狂地收到了这份金贵的礼物，中国的蚕宝宝就这样开始在君士坦丁堡吐丝了，被中国人垄断了千年的技术，稀里糊涂就失去了。不久，君士坦丁堡成为西方的蚕丝工业中心。

娶了个好老婆

中国有句俗话，每一个成功男人的背后都有一个女人。这话用在查士丁尼身上也是极为恰当的。

查士丁尼的老婆叫狄奥多娜，是个驯兽师的女儿。从她后来与查士丁尼一生的关系来看，她还真从父亲的身上学了一身的好"本领"。当然，她"驯"的不是猫熊老虎，而是自己的老公。

我们知道，罗马人喜欢娱乐，比如常常看角斗；希腊人也休闲，最先办的奥运会。反正不管是希腊还是罗马，聚众娱乐都是生活的重要部分。东罗马兼容这两家，在聚众娱乐上自然也不落后。他们玩得更新潮，他们玩赛车！不是今天的一级方程式，而是一种双轮马车，由四匹装饰华美的骏马拉着疯跑。

希腊人参加活动，喜欢身体力行，罗马人尤其是上层人物，自恃身

份，很少亲自下场，张牙舞爪地给人看，所以赛车活动基本就是，上层人物出钱，下层人士经办。

最开始的赛车比较简单，一辆红车，一辆白车，后来为了比赛好看，又增加了绿车和蓝车。

有比赛就会有追随者，也就是"粉丝"，当时这个东罗马最狂热的运动更是吸引了帝国中从皇帝到马夫的所有人。渐渐的，喜欢某种颜色或支持某种颜色车队的人，因为共同的爱好走到一起，抱团甚至结党。慢慢的，"绿党"和"蓝党"的势力越来越大，社会各阶层都加入其中，一般说来，搞艺术的肯定不会和掏下水道的为伍，因此，两派慢慢地就成为一些特定阶层的结合体，多多少少有了点现代党派的意味。

不同的党派（或叫群体）自然笼络着不同的阶层，"绿党"是比较低层阶级的代表，而"蓝党"则以政客、贵族居多。比如驯兽师这个行业就是属于"绿党"那一派的。大家都知道斗兽是罗马传统文化，驯兽自然也是个非常体面的工作，比现在马戏团的地位高多了。查士丁尼的皇后狄奥多娜就出生在一个驯兽师的家庭，她父亲是一位驯熊师。

这位驯熊师傅生了三个女儿，个个花容月貌，狄奥多娜是二小姐。一家人原本生活得很幸福，不幸的是这位父亲在大女儿七岁的时候就死掉了。驯熊在当时是份美差，薪水福利都挺优越，师傅一死，觊觎这个职位的人不少。驯熊师傅的太太赶紧找个男人再婚，想达到继承老公事业的目的。不过呢，哪里都有腐败，负责这个人事安排的"绿党"官员将这个职位给了别人。太太觉得自己孤儿寡母，不能被白欺负了，所以找了个公共场合，带着三个女儿，打扮得孤苦伶仃的，希望有好心人能帮她们讨一个说法。谁知明明应该保护她们的"绿党"采取了无视的态度，非常冷漠，反而是"蓝党"觉得她们可怜，熊太太一家安排了适当的职位。这些人情冷暖被清晰地记在狄奥多娜幼小的心灵里，待到后来登上大位，童年的这段回忆影响了她很多决定。

狄奥多娜三姐妹陆续长大，对这三个全无背景的孤女来说，美貌是她们唯一的资源。先是大小姐成为罗马娱乐圈当红的交际花，狄奥多娜则在大姐身边充当丫鬟，等她自己进入花样年华，也一样开始抛头露面，自动进入了娱乐圈。

做演员不是狄奥多娜的强项，她既不会唱歌也不会跳舞，玩乐器也不拿手，只好走了一条丑星的路线，那就是，演哑剧出洋相，供人取笑。不过因为她本身是个绝色美女，而且深知男人的心理，因此随便一搔首弄姿，就能传出一种无限的风情。看到这样一个尤物，罗马人自然竞相追逐，狄奥多娜很快就艳名远播了。

虽说在当时的罗马，人们对私生活的态度比较宽容，但如狄奥多娜那般行事，时间一长也会搞坏名声，因此狄奥多娜感觉到了舆论压力。她有了从良的心思，便跟一个小官员到了外地。没想到这个小官员不久后就抛弃了她。要养活自己，还有了一个私生子。过了一段时间，仍然生活窘迫的狄奥多娜费了好大劲儿回到了君士坦丁堡。她决定从此好好做人，踏踏实实过日子，于是靠纺羊毛维持生计。

所谓"浪子回头金不换"。狄奥多娜这样的女人突然安分守己了，自然会让很多男人感动，其中也包括查士丁尼。二人因为偶然的机会结识后，很快便坠入爱河。就在查士丁尼登基为帝的前两年，二人结为夫妻。

其实当时的罗马法明文规定，曾经做过娼妓的女人是不能跟元老院议员结婚的。但查士丁尼不管不顾，依然正大光明地将狄奥多娜娶进了家门。等到他自己做了皇帝后，干脆借他叔叔的名号颁布法令，废除了上面那条罗马法，并规定，娼妓只要真心悔改，跟谁结婚都不能拦着。此后，查士丁尼举办了一个盛大的婚礼，正式让狄奥多娜成为准皇后。似乎觉得这还不够，到了登基那天，查士丁尼居然还让自己的老婆与自己一起坐上了皇位，让她和自己一起接受官员和子民们的膜拜。

狄奥多娜有这样的资格吗？就在所有人都大感疑惑时，这位漂亮的皇后很快就向世人证明，她无愧于她的位置。

话说当时东罗马帝国的蓝绿两党互相看不惯，就跟今天那些支持不同球队的球迷一样。可惜当时这些赛车"粉丝"没有网络这个平台可以发帖子对骂，所以就把赛车场当成了发泄情感的是非之地……

每当举办赛车活动时，这两个党派都会争吵不停，并上升为辱骂与殴打。"蓝党"取自大海的颜色，象征他们富有冒险精神，最初主要是

一些海员参加，后来也有市民、贵族和元老院中的议员加入队伍中。这个党派对正统基督教虔信不疑，大力支持皇帝的中央集权。而"绿党"取自春天原野的颜色，主要是因为他们来自农民阶层，也有不少富商加入其中。这一派的人主张地方自治。除这两个党派外，还有分别依附于"蓝党"和"绿党"的"红党"和"白党"。

532年的一天，是罗马人的一个节日，这天照例将举行赛车狂欢。就在比赛进行当中，"蓝党"与"绿党"一如从前发生了冲突。由于当时查士丁尼夫妇都在场，他们很快成为谩骂的对象。"绿党"指责查士丁尼登基为帝后，待人蛮横骄纵，对市民手段残忍，尤其是对"绿党"人士迫害严重，而且还偏袒"蓝党"。支持查士丁尼的"蓝党"见皇帝受辱，立刻跳出来反击。很快，谩骂变成了群殴。

事发两天后，为了惩戒肆意破坏社会秩序的带头者，查士丁尼下令逮捕了一些在事发时闹得最凶的人，有一些人还被判以死刑。其中有两个人在施行绞刑时，绳子断了三次，在场围观群众见状，便要求把这两个人释放以免除死刑。刽子手当然不能答应，但就在他们准备执行第四次绞刑时，蜂拥而上的群众抢走了这两个死囚。

这两名死囚恰好一人为"蓝党"，一人为"绿党"，于是两党联合起来，要求皇帝宽恕这两人。他们奔向皇宫所在的梅塞大道，高声呼喊"尼卡"（希腊语"胜利"的意思）。

第二天，示威者把皇宫包围，要求罢免君士坦丁堡行政长官和皇帝侍从长。皇宫守卫前来驱散示威群众，导致不少民众受伤。在奥古斯都广场附近闻讯赶来的居民也加入了示威队伍。面对发怒的民众，寡不敌众的守卫队退回到宫内。

示威者见无法冲入皇宫，便在城内的各个角落放火，包括元老院、圣索菲亚大教堂、亚历山大浴场等，君士坦丁堡将近四分之一的建筑在这场大火中化为乌有。

皇宫被围困三天后，查士丁尼决定在赛车场发表演说，以平息民众的怒火。然而由于民众情绪失控，不断向皇帝和皇后投掷石块，还大声辱骂皇帝为"蠢驴、伪君子、下流胚"等脏话。查士丁尼见势不妙，只好在守卫队的保护下狼狈逃回皇宫。民众于是将一位叫伊帕迪奥斯的人从家中拉出来，推举为新皇帝，还给他戴上一个金项圈作为皇冠。

这位被皇冠加头的家伙是谁呢？原来他是查士丁尼的叔叔当皇帝之前的那个皇帝的侄子！也就是说，查士丁拿了人家的皇位，现在又被别人拿回去了。

君士坦丁堡作为首都，地理位置得天独厚，尤其适合逃跑，当年建城的时候，皇宫中就建了水道与大海相连，皇帝的龙船停在皇宫门口，从宫内就可以直接上船出海，想去哪儿去哪儿。查士丁尼眼见连新皇帝都被选出来了，心想：看来是凶多吉少了，那就收拾细软，赶紧逃吧。

这时候，皇后狄奥多娜拉住了他，这个出身卑贱的女人说了一段今天听起来依然掷地有声的话。

她说："哪怕只有逃跑才能求得安全，我也依然不选择逃跑。头戴皇冠的人是没有资格在失败时苟且偷生的。我也始终相信，我不再被尊为皇后的那一天是永远不会到来的。如果你想逃，陛下，那就祝你好运。你有的是财富，你的船只也已经准备停当，没有人拦得住你。但对我来说，是一定要留下来的。我欣赏那句古老的格言——紫袍是最美丽的裹尸布！"

听完狄奥多娜的这番话，查士丁尼羞愧难当，立即决定留在首都。

接下来，狄奥多娜帮助皇帝策划了一系列镇压之举，她一边让太监总管带着现金离开皇宫去打点"蓝党"的领导人，以换取他们对皇帝的支持，一边命令贝利萨留带领一支刚从波斯作战返回的部队穿过冒烟的废墟，兵分两路，悄然出现在暴民面前，顺利地实施了镇压之举。

在查士丁尼处理暴动后的异己势力时，狄奥多娜也在一边为其出谋划策，尽到了一个"贤内助"的责任。尤其是在"尼卡暴动"中，狄奥多娜临危不惧、镇定自如，完美地诠释了"女人能顶半边天"之说。

不幸的是，548年，狄奥多娜因患癌症去世，这对查士丁尼而言是一个重大的损失，不过他随后的十多年统治还是比较成功的。

狄奥多娜皇后不仅聪明能干，而且美丽聪慧，在后世许多艺术作品中，她都成为创作的主题。最为著名的是一幅名为《皇后狄奥多娜及其侍从》的镶嵌画，镶嵌在今日捷克的圣维塔列教堂内。画中的狄奥多娜皇后表情庄重，头戴皇冠和华丽饰品，身着高贵服饰，似乎时刻睁着一双大眼睛注视着欣赏画作的人。画中的人物看似正在前行，却给人留下一种静态的感觉。整幅作品大多采用的是天然的彩石，夹杂着大块白色、黄褐色、浅红色和小块的金黄色、紫色，生动美幻之感油然而生。如果你有机会去捷克旅游，不妨前去观瞻一下这位美丽而聪明的皇后的画像。

破碎的复国梦

在查士丁尼发动的一系列所谓复辟之战中，我们不得不承认他相当成功，他不仅使东罗马帝国进入了全面的法制时代，而且对军队战术进行了改进，一改以往军队以步兵阵推进为主的战术，建成了无与伦比的装甲骑兵团。对东罗马民众而言，他是一个非凡的君主，也是上帝赏赐给他们的一颗明珠。

世事难料，就在查士丁尼横扫北非、征服意大利的关键时刻，眼看昔日罗马帝国的辉煌就要重现之时，一场空前规模的瘟疫（鼠疫）从天而降，使他一心要复国的梦想瞬间变为了泡影。

由于这场瘟疫爆发时适逢查士丁尼在位，因此后人又将之称为"查士丁尼瘟疫"。由于其影响范围随地中海而向西延展，使众多地中海沿岸的国家和地区也饱受疾病折磨之苦，因此又被称为"地中海瘟疫"。

瘟疫在 541 年涌到了埃及，然后由埃及出发，一部分沿着尼罗河传播到亚历山大城，进而传播到埃及全境，另一部分则北上来到了东罗马。

西方史书记载了此次瘟疫在东罗马都城君士坦丁堡出现时的一些诡异景象：当人们正在相互交谈时，便不能自主地开始摇晃，然后就倒在地上；人们买东西时，站在那儿谈话或者数零钱时，死亡也会不期而至。而最早感染瘟疫的是那些睡在大街上的贫苦人，瘟疫最严重的时候，一天就有五千到七千人，甚至上万人不幸死去。

极大的恐惧瞬间笼罩在东罗马帝国的上空，死亡人数很快就突破了二十万，甚至人们没有足够的土地来埋葬尸体，不少尸体只能堆放在街

上和野外，整个东罗马都弥漫着浓浓的尸臭味。就连查士丁尼本人也险些因感染瘟疫身亡，每个人的脸上都写满了恐惧。

为了防止瘟疫的进一步扩散，查士丁尼下令修建巨大的能够埋葬上万具尸体的大墓，并以重金雇用工人掩埋尸体。那时，大量的尸体，无论男女老少，贫穷还是富贵，都被埋葬在了一起。

这场瘟疫导致四分之一的东罗马人死亡，君士坦丁堡死亡人数更高达总人口的百分之四十，并由此引发了严重的饥荒和内乱。东罗马帝国本是一个农业大国，人口的锐减，导致粮食收获季节无人收割；手工业工匠停止了工作，放弃了交易，整个城市处于瘫痪状态，通货膨胀现象日益严峻。544年，查士丁尼出台了一系列限价政策，取得了一定的成效，但食品短缺问题依然存在，昔日辉煌的君士坦丁堡一下子陷入死气沉沉状态中。

内忧外患彻底粉碎了查士丁尼大帝曾经的雄心壮志，但他并没有就此放弃，而是采取措施缓解压力，如缩减医生和教师的工资，停止首都一切的娱乐活动，以此来缓解政府财政压力。

虽然查士丁尼一度命人开仓赈粮救济市民，但由于国库日益空虚，反而引来市民为争夺粮食而发动暴乱。560年，有人谣传查士丁尼病死，首都民众纷纷抢劫面包等食物。可以说，瘟疫的流行，在一定程度上动摇了东罗马帝国的统治基础，这也是查士丁尼统治中后期国家动荡不安的原因之一。

瘟疫的流行也对军队造成了很大的影响。当时正值东罗马帝国与波斯交战，军队中因瘟疫流行，导致大量士兵病倒或死亡，作战接连失利，甚至波斯与其他蛮族人也受到了瘟疫的袭击，双方被迫停战。频繁的战争加上瘟疫的袭击，使得查士丁尼晚期，在国内几乎没有可以服兵役的人了。

总之，对查士丁尼而言，瘟疫的突发让他雪上加霜。虽然梦想就在眼前，但这场瘟疫却断送了他所有的辉煌与荣耀，东罗马帝国从此元气大伤，一蹶不振，逐渐走向了崩溃的边缘。

当然，话又说回来，就算没有这场恐怖的瘟疫，东罗马的崩溃也应当是难以避免的。

查士丁尼这个人，可谓才能出众；他一生的作为，可谓轰轰烈烈。可惜，他的理想、他的活动都背离了历史前进的方向，他的事业也就不可能真正成功。他非但没有能够重建昔日无比荣耀的罗马帝国，反而把东罗马推向了深渊。

由于连年的争战耗去了东罗马大量的人力、物力和财力，查士丁尼只能加紧对人民的盘剥。在他统治时期，光是新设税种就达十八种之多。纵使如此，到查士丁尼晚期，东罗马的国家财政仍不免破产。而且，重税盘剥激起了人民的强烈不满，使得东罗马境内暴动频频，帝国处于风雨飘摇中。

565 年 1 月，查士丁尼在内忧外患中还算平静地死去。然而他的继承人查士丁二世却无法平静下来。他在即位后曾经惊呼道："我们的国库空虚，负债累累，达到极端贫困的境地，军队也趋于瓦解，以致国家遭到蛮族不断的侵袭与骚扰……"这就是查士丁尼留下的残破局面。

就在查士丁尼死后没多久，东罗马帝国在西方的领地相继丧失。568 年，意大利北部和中部被伦巴德人侵占。过了十多年后，东罗马在西班牙的领地被西哥特人收复。查士丁尼恢复罗马帝国的梦想至此彻底破灭。

而伴随这一悲哀局面的，是得知他去世的消息后，君士坦丁堡的居民们纷纷敲锣打鼓，上街欢庆。

倘若查士丁尼九泉有知，不知该作何感想？

「天生的征服者」——查士丁尼大帝

第四章

所向披靡的"欧洲之父"——
查理大帝

小 档 案

查理大帝（742—814年），法兰克王国国王。他建立了囊括西欧大部分地区的庞大帝国。800年，其由罗马教皇加冕为"罗马人的皇帝"。他在行政、司法、军事制度及经济生产等方面都有杰出的建树，并大力发展文化教育事业，有"欧洲之父"的称誉。

乱中即位的年青帝王

查理大帝又称查理曼，于742年出生在法兰克王国埃斯塔勒市一个贵族家庭。祖父查理·马特是墨洛温王朝大权实握的宫相。父亲丕平三世（即人们俗称的矮子丕平）原为法兰克王国大臣，后在教皇的支持下，于751年废黜了墨洛温王朝的末代国君，取而代之，创造了卡洛林王朝。

就这样，九岁的查理成为法兰克王子。

虽然那个时代的日耳曼人普遍重武轻文，就连贵胄们也极少学习文化知识，但查理的母亲却极有远见地为儿子请来不少老师，教授他各领域的文化知识。除了学习文化知识，查理还在父母的熏陶下成为虔诚的

基督教信徒。

753年，查理被父王指派迎接来访的罗马教皇。当他率领法兰克王国的教俗贵族们站在西欧的最高宗教神权领袖面前时，年仅十一岁的他镇定自若，彬彬有礼而又不失王者风范。而当他目睹父王竟然为教皇充当牵马人时，在他年幼的心灵内，便埋下了利用神圣宗教为王权服务的种子。

在参与王国政事的同时，查理还跟随父王南征北战。754年，他随父王大军征服伦巴德人，随后又兵发阿奎丹公国，均获完胜。查理也在战场上磨炼了身心意志，积累了实战经验和临阵指挥能力。就在当年的早些时候，即754年1月6日，父亲丕平三世带领查理及其兄弟卡洛曼一道拜访了罗马教皇斯蒂芬二世。

这次拜访的目的很明确，丕平三世请教皇为他们父子三人涂油加冕，这样，法兰克王国便有了三位国王。丕平此举，乃是因循日耳曼人惯用的"诸子分封制"，也即国王将自己的王国分成几部分，父子共治天下。如此这般，国家大权牢牢掌握在父子兄弟手里，不再有王权外泄之虞，但它也极易造成统治者各自为政以致父子异心的萧墙之乱来。甚至，一朝国王驾崩，兄弟之间互相倾轧招致血光之灾者比比皆是。768年，丕平三世去世，查理和卡洛曼兄弟俩分治法兰克王国。很快，"诸子分封制"的弊端便在两兄弟身上充分体现出来。

也就在768年，一直试图独立的阿奎丹公国又一次发动叛乱。这个位于法国西南部的公国曾先后被查理·马特和丕平三世镇压过，此时，阿奎丹公爵卫法尔瞅准查理兄弟分治之机，扯旗造反。

查理和卡洛曼一同率军前去平叛。谁知，卡洛曼未动一刀一枪便领兵回国。查理只得独自扫平叛乱，但他并未受兄弟撤兵影响，最终打败卫法尔，重新征服阿奎丹公国。而卡洛曼的撤兵之举，实则将他推上了怯懦、狭隘的不利地位，使其声誉大大受损。相反，他的兄弟倒从他这一愚蠢行为中受益匪浅。日耳曼人一向崇拜勇士，查理独自平定阿奎丹叛乱，在国人心目中树立了光辉形象。

当查理班师回国，稳步筹划与兄弟的权力之争时，769年，卫法尔

所向披靡的「欧洲之父」——查理大帝

卧病而终，这使阿奎丹公国反叛分子再度蠢蠢欲动。终于，卫法尔那已出家多年的父亲胡诺尔重登公爵之位，联络公国内所有激进分子，再度造反。查理迅速出动讨伐大军，闪电式击溃胡诺尔叛军。叛军一路逃至比利牛斯山下的加斯科尼，查理率军随后赶到，他立即命令加斯科尼公爵交出叛军，并且，通过与加斯科尼公爵签订条约而将其纳入法兰克王国辖内。

查理兄弟的明争暗斗，令他们的母亲、摄政的贝尔特拉达再也坐不住了，她出面调和两个儿子的关系。查理先假意应允母亲所求，背地里却派遣手下人秘密潜到卡洛曼的地盘，散播卡洛曼将不顾手足之情欲发兵攻打兄长的谣言。与此同时，他还大肆收买卡洛曼辖区内的贵族。

没过多久，卡洛曼辖区一片混乱，人们以讹传讹，谣言铺天盖地，百姓惶惶然之余对卡洛曼顿生怨恨。就在这种氛围下，771年12月，卡洛曼病重猝死，他的妻子携幼子逃往伦巴德避难，原本一触即发的内战烟消云散。查理立即进入兄弟的领地，旋即完成法兰克王国的统一，成为这个国家唯一的国王。

不过，关于卡洛曼的死因，他是否真患病，是否死于疾病，人们一直有诸多猜疑，至今仍被作为未解之谜来反复提及。

南征北战的常胜之师

查理真正掌握大权后，为了扩大王国的版图、掠夺财富和劳力，开始了大规模的扩张战争。

查理率军征战的头一仗，是征伐意大利北部的伦巴德王国。查理的第一个妻子就是伦巴德国王的女儿，但这时已被他离弃。他出兵伦巴德可能还想抓获在伦巴德国王庇护下的反叛他的弟媳、侄子以及一些追随者。不过，查理打出的理由是应罗马教皇安德里安的请求。

773年至774年，查理亲率大军，翻越高耸入云的阿尔卑斯山，进攻伦巴德王国。他采取分兵奇袭、围困逼降的战术，经五次大战，彻底打败了伦巴德人，俘虏了他们的国王、他过去的岳父，占领了他们的全部领土。随即，查理进入罗马，受到教皇热烈而隆重的欢迎。他向教皇重申了他父亲许下的诺言，把意大利中部奉献给罗马教皇。意大利南部的本尼文托公国在查理的武力威逼下成了法兰克王国的附庸。他的弟媳和她的子女落入查理手中，销声匿迹，不知所终。

778 年以后，查理进攻西班牙地区的阿拉伯人，把他们赶到厄布罗河以南，占领了西班牙的大片土地。787 年，他出兵巴伐利亚，兼并了这一地区。788 年至 796 年，他又通过多次战争击败阿瓦尔人，占领了多瑙河中游一带。

查理对外作战历时最久、规模最大的要数与萨克森人的战争了。

萨克森人与法兰克人有着比较接近的血缘关系，他们同属日耳曼人，不同的是，萨克森人一直保留着日耳曼人的传统宗教信仰，而不像法兰克人那样全面接受了罗马文明的熏染。这主要是由于自蛮族大迁徙以来，萨克森人一直盘踞在德国北方，与罗马鲜有接触的缘故。

萨克森人粗犷彪悍，作战勇敢，他们不时地侵犯法兰克边境地区，抢掠财物，甚至残杀法兰克人。

772 年，查理以此为理由向萨克森人宣战，开始了他对萨克森人的第一次征伐。当然，查理如此大张旗鼓地出兵萨克森，还有其更重要的理由：将萨克森人占据的广阔地区纳入法兰克王国版图，进而一统日耳曼人的所有部落和王国。

为了掩饰这一野心昭彰的目的，查理打起了传播基督教福音的旗号，宣扬此次进军萨克森意在为同胞塑造一个文明社会。怀着如此美好的意愿，查理挥师北上。然而，令他意想不到的是，他这一次征服居然从 772 年一直延续到了 804 年，先后进攻了十八次之多。此仗持续时间之久，难度之大，位列查理所有征服战争之首。

初次进入萨克森的法兰克军队，在战事进展上可谓势如破竹。贪生怕死的日耳曼贵族们闻听查理大军压境，纷纷开城投降。几乎没费多少力气，查理便在一年内令威悉河流域的萨克森人手中都捧起了《圣经》。

773 年夏，就在萨克森战事空闲之际，查理接到了当时的教皇哈德良一世的邀请，引兵前往伦巴德。临行前，查理在萨克森布置了传教士

和军队，以保证自己对被占领区的绝对控制。谁知，他前脚刚走，萨克森人立即叛乱。774年，查理在伦巴德称王后，马不停蹄地回师萨克森。在接下来的数年内，查理把主要精力投入到巩固征服成果上。在莱茵河及其右岸支流美茵河之间的军事要道上，查理命人修造了大量的皇家行宫庄园和军事工事，著名的帕德勃恩行宫即建造于此时，每当日耳曼有战事时，这里就是查理的驻跸之处。

777年，查理开始将萨克森划分成几大传教区，每个教区均设立主教，以此在军事征服的基础上进一步加强思想控制。不过事情紧接着又出现了变化。

778年，查理远征西班牙的军队在撤退途中，于比利牛斯山脉的隆塞沃山口遭到伏击，近两万人的断后部队全军覆没。

不过，这本来是一次挺窝火的失败，但是经过后人添油加醋的口口相传，居然演变成了一个可歌可泣却并不真实的悲壮故事。

这个故事大致上是这样的：

想当初，上帝保佑的英勇无敌的查理大帝，亲率大军翻越比利牛斯山脉，去征服不信上帝的摩尔人。查理大帝的大军勇不可当，一路所向披靡，攻占了很多地方。

当查理曼一路前进，准备进攻摩尔人的老巢萨拉戈萨的时候，他留下他的侄子——勇猛顽强的罗兰骑士留守隆塞沃。

就在这个时候，查理麾下的将领盖内隆，被魔鬼迷住了心窍，贪生怕死，要和异教徒摩尔人议和。这个叛徒勾结了异教徒，用十万人的军队围困住了罗兰骑士的三万军队。

面对数倍于己的敌人，罗兰骑士毫不畏惧，更不吹响号角向前方的查理告急，而是亲率大军奋勇冲杀，消灭了敌人的十万大军。敌人实在抵挡不住勇猛的罗兰骑士，不得不又派了二十万大军前来进攻。当罗兰的军队只剩下他本人和一位叫奥利维的扈从时，他才吹响了号角。

远在萨拉戈萨前线，时年已经两百多岁的查理听到号角，立刻率领大军返回救援，但为时已晚，罗兰骑士已经阵亡。查理击退了敌人，处决了叛徒，并从此把罗兰骑士当年从天使那里得到的宝剑杜兰达尔授予

像罗兰一样勇敢的骑士。

这个不真实的故事就是大名鼎鼎的法兰西民族史诗《罗兰之歌》的主要内容。

作为法兰西民族最早的文学作品，《罗兰之歌》的口头创作从 10 世纪左右开始，到 1090 年前后成书，后来一版再版，直到现在。

《罗兰之歌》之所以把查理和罗兰编造成神话人物，主要是当时基督教神权势力越来越强大，同时基督教和伊斯兰教在西欧的争斗愈演愈烈。为了宣扬基督教的力量，吃了场窝囊败仗的查理就变成了两百多岁的老妖精。

但事实毕竟是事实，当查理战败的消息传出后，先前被法兰克军队征服的各个地区，都弥漫起躁动不安的气息。本已逃亡丹麦的萨克森人首领韦杜金德，此时趁机返回萨克森，积极号召萨克森人起来反对法兰克人的统治。

紧接着，韦杜金德将威悉河入海口处的不来梅教区的教堂捣毁，将主教驱逐，恢复萨克森人的传统宗教信仰。然后，他率军直逼莱茵河，向法兰克军队开战。

不过，令韦杜金德失望的是，他的同胞中有相当一部分贵族已被基督教拉拢到查理那边，所以，还没等查理动手，萨克森人中的那些亲法兰克的贵族便与当地法兰克驻军一起消灭了叛乱军队。韦杜金德则幸免于难，仍旧逃往丹麦，而他手下那些未战死的四千五百名起义者，则被交给了查理。这一次，法兰克国王开杀戒了。779 年，在阿勒尔河畔的费尔登，查理命令将这四千五百名起义者尽皆斩首。

此后，为了进一步预防萨克森人的叛乱行为，查理扶植萨克森人做当地伯爵。同时，他还强制推行《萨克森异教区法规》，设立法庭，以法令的形式强调基督教教会和法兰克王国统治神圣不可侵犯的地位。此外，他还采取了一些比较残酷的政策，比如，可以接受私人检举，不经开庭审理便可置被检举者于死地。

政策严厉了，统治加强了，但萨克森人中仍有不惧死亡者。782 年，韦杜金德再度领导其子民与查理对抗，结果，于 783 年被查理的法兰克钢铁之师两度痛击到再无还手之力，以至于日后一提及法兰克骑兵，萨克森人便胆战心惊。

在查理威慑力的重压下，韦杜金德终于改信基督教。可事情还没完，792年，查理在讨伐阿瓦尔人时失利，随即，萨克森北部边境起了叛乱，并迅速向南扩展。查理立即用兵镇压，直到804年，法兰克军队才最终歼灭北方的起义军。之后，查理向北部地区大量移民，并将所有心怀叵测者流放至边境处的斯拉夫人那里。一切停当之后，历时三十二年的萨克森征服战才宣告结束，查理终于占领了莱茵河以东的广大地区。

此外，查理还在地中海战胜摩尔人，占领科西嘉和撒丁两岛；在大西洋沿岸控制了布列塔尼和弗里西亚，并打败了诺曼人从海上的侵袭。

查理之所以打了无数胜仗，几乎是战无不胜、攻无不克，最主要的是他拥有一支随时可召集起来的、装备精良训练有素的强大军队。他建立了统一的兵役制。他的军队的中坚是骑兵，是由宣誓效忠于他的领取采邑的附庸组成的，还有人数几乎和骑兵相同的由贫苦百姓组成的步兵。打仗时，他的部队组成一个个方阵的战斗队形前进。弓箭手走在最前列。率领这支军队的查理，有让人一见就心惊胆战的威严。

一位见过查理大军的人这样描绘查理和他的军队："他头上戴着铁盔，手上罩着铁手套，他那铁的胸膛和宽阔的肩膀掩蔽在一副铁的胸甲里，左手高举着一支铁矛，右手永远停放在他的无敌的铁剑上面，他的盾牌整个是铁的，他的战马也是铁颜色，并有一副铁石心肠。所有走在他前面、走在他身旁、走在他后面的人，整个军事装备都是尽可能地效法他。田野和空地上都充满了铁，连太阳的光芒都被铁的闪光反射了回去。"

面对这位铁的统帅率领的铁的部队，许多对手几乎不战而降。

查理治军严厉，赏罚分明。平民立了战功也一定得到奖赏；贵族子弟违反军纪同样受到处罚。在与萨克森人的战斗中，有一次，有两个部卒组成了一个猛攻队，非常勇敢地破坏了一座极其坚固的城堡的城墙。战后，查理委任其中一人为莱茵河和阿尔卑斯山之间地区的长官，赐给另一人一块土地，而这两人入伍前原本是奴隶。

与此同时，有两个贵族子弟担任守卫国王帐篷的职务，却在一天晚上喝得酩酊大醉，像死人一样躺在地上，被夜里起来巡视的查理发现。天亮后，查理召集显贵们开会，问他们，对那些向敌人出卖法兰克国王的人，应处以什么惩罚？这些显贵们不知发生了什么事，齐声回答应当处死。这下把那两个玩忽职守的人吓得要死。查理看到他们已知自己错误的严重，并已达到教育大家的目的，便只是严厉斥责了他们一顿，从轻发落。这说明，查理治军，不仅严厉，而且很讲策略。对于那些临阵脱逃者，无论是贵族还是平民，一律处死，决不宽恕。

当然，查理之所以不断获得胜利，还因为他的对手相对来说较弱，大都是些矛盾重重、没有联合起来的较落后民族。实际上，查理从未遇到过在人数、装备和训练上和他旗鼓相当、势均力敌的敌人。

当然，查理的胜利和他的军事才能、他的不屈不挠的毅力和他那令人惊奇的无比旺盛的精力是分不开的。他从不打无准备之仗。每一次战争之前，他都要收集有关敌人的详细情报，调查敌方的兵力配置、兵器的种类和作战方法。战斗时，他往往兵分几路、从不同的方向发动攻击，打乱敌人的阵脚，然后集中力量攻击敌人要害，一举获胜。

查理在位的近五十年中，一共进行了大小五十多次战争，通过南征北掠的军事扩张，查理迫使许多部落和部族都做了他的臣民，并把法兰克王国的版图扩大到西至厄布罗河，北抵北海，南到意大利，东迄易北河的广大地区，成为土地广袤、雄踞西欧的第一个封建大帝国。

开创"加洛林文艺复兴"

查理大帝不仅武功赫赫，而且在治理国家方面也颇有作为，堪称一代杰出君王。

坐在帝国最高贵的宝座上，查理开始大力加强中央集权统治。他首先想到的是建立帝国都城。在日耳曼人的历史中，他们没有固定都城，通常是国王和教俗贵族们在王国内到处巡游，于各地随时处理政务。这

种模式，若在小国尚可维持，但对于疆土甚广的查理帝国来说，已呈掣肘之势，更何况，它与王权的神圣与高贵更是格格不入。

查理一直想要建造一座堪与君士坦丁堡比肩的都城，789年，在他出生之地亚琛的荒野上，他的梦想得以实现。794年，查理定都亚琛，虽然这座城市被称为"新罗马"，但那座最为显眼的亚琛大教堂却有着十足的拜占庭风格。这是一座宫殿和教堂的混合建筑，其整体建筑模式由查理钦定。它以早期基督教建筑式样为基础，融入了拜占庭和希腊－罗马的古典风格，进而创造出一种独特的"加洛林风格"：为教堂主建筑搭配外部地下室、半圆形后殿以及带有塔楼的堡垒式结构。这种宫廷教堂的建筑模式一度被欧洲教堂建筑奉为圭臬。

在中央行政方面，查理指派专人掌握财务、文书、军事、司法和宗教等事务，其职责类似后来的各部大臣。同时他还经常派出由贵族组成的检查团，在帝国范围内巡回视察，以监督中央政令的实施、各级官员和教士的表现，并受理和裁决重大司法案件。

在地方行政方面，查理把帝国划分成四十八个郡，原有的部落大公大部分被消灭了，郡的政务由查理任命的伯爵治理。不少伯爵是查理的亲信。大部分伯爵是原来的地方上的大贵族，拥有大量地产，在地方上很有势力。伯爵是终身职务，但也常被撤换。

有一个故事说明了伯爵的任免完全取决于查理曼的好恶。

有一次，波斯派使臣给查理带来许多礼物。查理亲切地接见了他们，并和他们谈得十分融洽。于是，他们便借酒壮胆，向查理告起状来。他们说："皇帝陛下，您的威权诚然伟大，但比起流传于东方各国的关于这方面的报道，却要小得多。"

查理曼感到奇怪，反问他们："你们为什么会有这样的想法呢？"

他们乘机回答："我们波斯人、印度人、帕提亚人以及所有的东方居民对您比对我们自己的统治者要畏惧得多。马其顿人、希腊人对于您凌驾一切的伟大感到的恐惧，超过了对爱奥尼亚海的波涛的恐惧。我们一路上经过的所有的岛屿上的居民对您也都是倾心归附。但是，就我们看来，您本国的贵族，除非是在您面前，对您是不那么敬重的。因为，当我们作为远客来到他们那里，并且请求他们看在我们打算晋见您的份上，给我们一些照顾的时候，他们对我们毫不在意，反而把我们赤手空拳地打发出去。"

查理一听，勃然大怒，下令把这些使臣所经过的地方的伯爵全部免职并罚交大量款项。这些免职者可能也想不到竟会由于一次外事活动礼貌不周而丢官吧！

其实当时伯爵的权力是很大的，他们拥有对所辖地区的行政令权。他们负责执行国王敕令，征收赋税，维持治安，征集物资和劳役人员，召集并指挥军队。因此他们有很强的分离倾向。

查理为有效控制伯爵和限制地方滥用职权，作了种种努力，采取了不少措施。他规定一个伯爵只能管理一个郡，伯爵要经常向国王参观述职。他和伯爵建立领主和附庸的关系，他授予伯爵采邑，伯爵们则要向他宣誓效忠。

802年，查理设立了被称为"皇帝的眼睛"的巡按使，全国被分为若干巡按区，并每年都向各巡按区派出数批巡按使，通常一地两人、一教一俗。巡按使是查理派往一个特定地区巡察的官吏，除传达国王旨意外，还设有自己的法庭，仲裁重大案件，甚至有权依法罢免伯爵，负责监督地方的财政司法和教会、行政。巡按使是查理曼派驻地方的钦差，成为地方和中央联系的重要纽带。

查理还在边界地区设立权力更大的统领几个伯爵区的边区，同时任命亲信担任边区侯。侯爵是比伯爵更高一级的官吏。

查理还向大量没有担任伯爵的地方贵族授予采邑，使他们成为"国王的附庸"，其中有一些还享有"特恩权"，不受地方的管辖，有司法、征税等权力。他们对地方伯爵起了一定的监督和钳制作用。

查理在中央设立了私人秘书机构——秘书部，成员大都是教士，他们主要负责为国王草拟法令、文书、颁发文告、管理档案。这些人地位不高，作用却很大。查理还经常不定期召集一些教士、学者、宫廷学校教师、侍从人员和进宫参观的地方官吏及贵族开会，讨论国事。查理保留了地位最高的中央机构公民大会，即"五月校场"（因大会于每年五

月在校场召开而得名），但实际上却把它变成了主要由僧侣和世俗贵族参加的贵族议事会。会议的召开和讨论的内容，都取决于查理的个人意愿。770 年至 813 年，查理共召开了三十五次公民大会。会议对查理唯命是从，很少出现反对意见。但公民大会给查理的个人集权统治多少抹上了一点儿集体意志的色彩。

查理帝国是由许多种族不同、语言各异、发展水平不一、法律和传统习惯差异甚大的地区组成的。因此，要维持和巩固这样一个帝国，就必须制定一部可通行全国，不论哪个地区、哪个种族都必须遵守的法规。查理为此花了不少精力。他下令把帝国领域内一切部族的法律和规章都收集起来，未形成文字的要以文字保存下来，并对原有的法律进行整理，增补所缺少的部分，调和它们的不同、订正内容或文字方面的错误。他一共颁布了六十五个敕令，包括一千一百多项条款，其中有政治的、刑法的、教会法规的、民事的、道德的、宗教的和家庭事务的，触及社会生活的各个角落。查理力图通过这些敕令，统一法规，将全国真正联结在一起。查理还改革了审判制度，建立了陪审作证制，但又规定任何人也不得以任何借口出席法庭为无理的人作辩护。

查理的统治也是一种神权统治。他本人既是虔诚的基督教徒，也是基督教罗马教会的太上皇。他以教会保护人的姿态，极力维护和提高罗马教会的权益。他每征服一地都会强化当地的基督教势力，如征服萨克森人后强迫他们皈依基督教。他不仅重用主教、修道院长，分封他们土地，还让他们拥有地方行政权。最初，这些教俗封建主由查理任免，后来则变成终身职位乃至世袭。查理开创了中世纪欧洲社会王权、教权和贵族权并立的特殊模式。同时，他还极力维护罗马教皇的统治地位。

查理虽然未受过高深的教育，但为了巩固封建制度，他也十分注重文化教育的发展。他下令建立一批学校以培养青年人才，还督促教会和修道院担负起教育的责任。他在 798 年颁布的《普通告诫》中，要求各教区都"要设立学校教孩子读书，要在每一个主教区和每一个修道院里教授赞美诗及其曲调，教授歌咏、计算和语法，要让教士们都有一丝不苟地订正过的书。"在一封写于 794 年至 799 年间的给一位修道院院长

的信件中写道："由基督的恩典托付给我们管辖的主教区和修道院，除了应遵守修道纪律和宗教生活外，还应当对于那些被上帝赋予学习能力的人因材施教，热心地教他们读书写字。""让我们挑选那些有决心、有学力、并有教授别人的欲望的人来承担这一任务。"

通过设立地方小学，以及主教区和修道院所提供的略高一级水准的教育，查理希望能给基督教徒一些基本的宗教知识和文化知识，同时又能吸收并教育一批能胜任工作的教区教士。当然更希望能给那些贵族出身的、将来要担当世俗和教会的高级职务的人足够的训练和教育。

查理对学校的课程和内容也做了规定，主要是基督教义和语法修辞、辩论、算术、几何、天文、音乐等内容的所谓古代七艺。他在805年发出的一份指示中还列出这样一些内容："阅读、歌咏、书写以使他们文通字顺，还有法律、医术和其他学科……"他还让人给学校提供学习用的课本，英国神学家和诗人阿尔克温就为查理编过语法教材，他修正的"圣经"，成为当时全国通用的《圣经》课本。

查理还大力扶持对古典著作的整理和研究，使不少珍贵的古籍得以保存。他礼聘欧洲各地的著名学者前来讲学，他本人也率先垂范，勤奋学习各种知识。由于这些努力，在查理帝国范围内一度被湮没的文化重新走向繁荣，被后人称为"加洛林文艺复兴"。

令人生疑的"加冕"事件

800年12月25日，这一天是一年一度的圣诞佳节，罗马全城洋溢着欢乐祥和的节日气氛。

在圣彼得大教堂，一群人正在做礼拜，气氛庄严肃穆。教宗立奥三世突然把一顶皇冠戴在了一个金发碧眼、身材高大的日耳曼人的头上，并且高呼："上帝为查理皇帝加冕！这位伟大的、给世界带来和平的罗马人的皇帝，万寿无疆，永远胜利！"

随后，罗马的贵族们也跟着欢呼，"奥古斯都·查理！奉上帝之命戴上皇冠！上帝保佑我罗马人的皇帝，并赐予他和平和胜利！"这完全是一副罗马帝国时期元老院给皇帝加冕的派头。

这个日耳曼人再三推辞不过——假意推辞，心向往之——只好接受加冕。从此，他就被尊称为"罗马人的皇帝"。

这位"罗马人的皇帝"，就是赫赫有名的查理大帝。

自从查理这个从前被视作"蛮族人"的国王被罗马教皇破天荒地加冕为"罗马人的皇帝"后，法兰克王国便被称为"查理帝国"，欧洲历史由此翻开了新的一页。

然而，关于查理加冕称帝的问题，历史上一直存在着不同的说法。

有人认为，就查理本人来说，他根本无意加冕，那只是教皇一厢情愿的报恩行为。当时的法兰克王国历史学家、政治活动家爱因哈德在自己的书中曾记录道，教皇立奥三世本想用这样的方式给查理一个意外的惊喜，但他的做法并没有得到预期的效果，反而使查理感到突然和无所适从。查理觉得"皇帝"这样的称号太令人反感了，自己并不需要被授予这些所谓的荣誉。他更担忧这个加冕背后的无穷隐患：东罗马人对于他的皇帝称号肯定会万分仇恨，这甚至会对法兰克王国产生不可估量的后果。查理事后后悔地说："如果知道教皇的计谋，就不会在那天去教堂，尽管那是一个伟大的节日。"

这里有必要弄清楚，所谓的教皇立奥三世报恩是什么意思呢？原来，查理做法兰克国王时，罗马教廷内部的倾轧斗争很激烈。795年，教皇阿连德一世逝世，立奥三世以阴谋手段登上教皇宝座，与教廷中有势力的大贵族发生矛盾，遭到强烈反对。于是立奥三世便向外寻求援助。他致函查理，表示忠诚，以换取查理的支持。796年，查理在给立奥三世的复信中表示自己强烈支持立奥三世为新教皇。

但是，罗马的贵族对日耳曼人包括查理在内，一向极为蔑视，称他们为"蛮族人"。因此，立奥三世的求援行为遭到罗马大贵族更大规模的反对。799年4月25日，罗马贵族首领以教皇对法兰克人软弱为借口，将立奥三世逮捕入狱，倍加虐待，几乎使立奥三世致盲致哑。后来他在法兰克使臣的帮助下设法逃了出来，偷偷溜到罗马城向查理"鸣冤叫屈"。查理勃然大怒，于800年12月亲率大兵护送立奥三世回罗马，

帮助立奥三世复位，并对反对立奥三世的人处以重刑。立奥三世对查理由此感激涕零，视同再生父母，不惜抓住一切机会报效查理的恩典。

依此看来，查理大帝主观上是不愿意被加冕称帝的。他被拥为"罗马人的皇帝"，当是教皇立奥三世单方面的报恩行为。用今日流行的话说，他是"被加冕"的，其情形大约与中国宋朝开国皇帝赵匡胤，在陈桥被人突然穿上黄袍拥立为帝相似。

很多学者也相信这一说法。这是因为记述该事的爱因哈德从二十岁起便被查理聘请到宫中掌管秘书，参与机要，一生中大部分时间都跟随在查理左右，深得查理的宠信，他的记载应该是比较可信的。

如果说爱因哈德所言是真，那么查理不愿意称帝，除了顾忌东罗马人的仇恨外，还会不会有别的原因？各界普遍认为他忌讳的是教皇立奥三世。

教皇主动给他加冕表面上看来是报恩，但同时也趁机夺回了一些权力。查理虽然是个纯粹的基督徒，但他也并不希望教会干预政权，为此，他曾刻意保持了"法兰克及伦巴德国家"的称号，当立他的儿子为王时，查理还亲自主持了这一神圣仪式。

不过，就如更多中国史学家怀疑赵匡胤的"陈桥兵变""黄袍加身"根本就是一场早就预谋好的阴谋外，现代西方许多历史学家对查理所谓"偶然加冕"一事也表示怀疑。

有人认为，查理既拥有至高无上的权力，又能严密控制局势，绝不可能容许心非所愿之事发生，也不会有人敢做冒犯查理的事。而且，在立奥三世给查理戴上皇冠时，立即便受到在场的罗马贵族和僧侣的热烈欢呼和拥戴，显然这一事件是经过精心策划的。

因此，爱因哈斯说查理对"加冕"一事事前毫无所知，而纯粹是一场心非所愿的偶然事件，显然让人难以置信。

看来，查理"加冕"的真相究竟如何？是教皇得奥三世别出心裁的偶然性举动，还是经过精心策划的历史事件？这一历史谜团，尚需认真研究、考证，才能揭开。

当然，不管查理是否愿意罗马教皇为他加冕，他在实质上已经成为古罗马帝国的合法继承人和基督教世界的保护者，这次加冕是中世纪历史上的一件大事，影响极其深远，它奠定了教廷和王廷对西欧进行双重统治的政治思想基础，开创了中世纪教皇为皇帝加冕的先例。

从此，查理不再仅仅是日耳曼人的国王，他还必须负责管理西欧基督教世界的所有事务。

一个重视家庭的好男人

跟他那个天生矮小，被称为"矮子丕平"的爹不同，查理长得人高马大。1861年，他的棺椁被考古学家打开，通过丈量尸骨和进一步推算，人们得知他身高一米八四。这个高度在今天的西欧或许算不上出类拔萃，但是在生活水平低劣、普遍营养不良的一千多年以前，西欧成年男子人均身高还不到一米七的情况下，查理曼的这个一米八四身高，据说排得进当时身材最高的百分之一的人群中。

查理目光敏锐，说话声音清晰，走路脚步稳重。他喜欢穿本民族的服装。麻布制的衬衣、衬裤、镶丝边的外套、带袜带的长裤等都是他喜欢的服饰。冬天，他则用水獭皮和貂皮做的短上衣来保护臂膀和胸部。他经常佩戴着一支剑。剑柄和剑带是金的或银的。在重大节庆或接见外国使臣的时候，他通常使用的是一把镶宝石的剑。每逢节日，他就会穿起织金的袍服、缀有宝石的靴子，还在外衣上系上金束带，头上戴着分外耀眼的黄金和宝石的王冕。但是除了在重要的日子里，他一般不注重外表的装扮，他平素的装束和普通人没有什么区别。

查理从小就培养了很好的控制能力，十分重视健康状况。在饮食方面，他非常有节制，对饮酒尤其如此，他憎恶任何人特别是自己和朋友们酩酊醉态。另外，他也很少举行盛大的宴会，杜绝大鱼大肉和铺张浪费。平日里，他一般只吃四道菜，有时候会有一些猎人给他带来烤肉，这就是他对生活的改善了。夏天，他的生活就更有规律了，他从来不忘记在午饭之后吃一些水果，喝一口饮料，然后再休息两三个小时。这样的生活习惯，他一直保持了很多年，所以他直到晚年都没生过大病。

对那些被压迫和被奴役的人来说，查理大帝是个不折不扣的暴君，然而，对家人来说，他是个和蔼可亲的人。查理大帝非常孝顺自己的母亲。他二十六岁丧父继位，后来就一直和母亲生活在一起，对她尊敬备至。直到娶妻生子了，他也没有冷落自己的母亲，甚至比以前更加孝顺了。母亲去世后，查理把她安葬在他父亲埋骨的圣德尼大教堂里，经常去缅怀她。

查理大帝很重视亲情。他只有一个妹妹，名字叫吉斯拉。查理对妹妹也像对母亲一样，爱护备至。吉斯拉是个虔诚的基督教徒，一直住在修道院里。后来，她在查理之前去世。这让查理非常伤心。

查理大帝先后共娶过四个妻子，有三个儿子和十多个女儿。他的第一次婚姻并非他愿意的。当时他还年幼，于是遵照母亲的意愿和伦巴德人的国王德西德里乌斯的女儿结婚，目的是加强国家之间的联盟。在结婚之前，查理和妻子从来没有见过面，即使在结婚后，他们也没有培养出感情来。短短一年后，他们最终还是因为感情不和而离婚了。

随后，查理娶了士瓦本族高贵的希尔佳特，生了三个儿子和三个女儿。

他的第三个妻子是东法兰克人法斯特拉达，为他生了两个女儿。查理对法斯特拉达感情很深，非常宠爱她，但红艳多薄命，婚后几年她就病逝了。

法斯特拉达死后，查理又娶了阿勒曼民族的柳特加尔德为妻，她没有替他生下孩子。柳特加尔德死后，他又与马德尔加尔达、格尔苏因达、雷吉纳和阿达林达生了几个子女。

查理非常重视儿女们的教育问题。他除规定孩子们必须学习文化知识和礼仪外，还命儿子们掌握骑马、打猎和使用兵器的本领，令女儿们学习纺织技术。每逢他空闲下来时，便会出现在孩子们聚集的任何场合，他们一同吃饭，一同外出巡游。这些安享天伦的举动令他在孩子们眼里一直是一位慈祥的父亲。但他一直把漂亮高贵的女儿们留在身边而不允许她们出嫁的行为，却为他光辉的形象加上了品德缺陷的污点。不过，查理毫不理会这些猜疑，他依然自得其乐地在儿女们中间享受天伦

所向披靡的「欧洲之父」——查理大帝

之乐，一直到他去世，他的女儿们仍围绕膝前。

查理不仅对家人感情至深，对朋友也无比忠诚和尊重。当他闻听好友兼罗马教皇阿德里安一世的死讯时，泪如泉涌，哭得不能自已。他这种真挚感情的迸发，经常被人们用来与他在战场上的残忍相对比，人们既盛赞他在前一种情形中表现出来的高贵品质，却又为他在后一种情形中展现出的暴戾而胆寒。

人们不禁想问：他到底是一位仁慈的君主还是一位嗜杀成性的帝王？不过，无论怎样，在各时代人们的心目中，查理依然是圣主的典范。

到了晚年，查理的身体每况愈下，去世前的四年，他经常发烧，最后，一只脚也跛了。但即使这样，他还自行其是，而不听医生劝告，他甚至有些憎恨医生，因为医生劝他为了健康放弃他所酷爱的烤肉，改吃煮肉，这让他无论如何也接受不了。

813年的一天，他自知来日不多了，便把仅存的儿子阿基坦国王路易召到首都来，然后召集全国的法兰克贵族，让他们同意由路易和他共同治理国家，并继承皇帝称号。查理把皇冠加戴在路易头上，让大家称他为皇帝和"奥古斯都"，向他朝贺。查理的这一决定得到在场的人的热烈拥护。

查理的这一行为也充分说明了，在他的眼中，他自己是高于教皇的，皇权是高于神权的。决定由谁来继承自己的皇帝之位，或如何分配自己的帝国，都是自己的家事，是无须考虑教皇的意见的，即使加冕这样代表上帝的神圣的事，也无须劳驾教皇，自己也完全有这样做的权利。这时的教会还只是查理的工具，还无法与世俗政权分庭抗礼。倒是路易有点心虚，他继位之后，仍不放心，在816年让教皇替他重新加冕。可见，他已经没有他父亲那样傲视一切的气度了。

查理给路易加冕后，又把儿子打发回阿基坦去了。他自己虽年迈体弱，疾病缠身，却仍不改旧习，还要到郊外去打猎，而且乐此不疲，一去就是一个秋天，直到冬天来临才罢休。

不久，查理染上了严重的热病，并且一病不起。他按法兰克人的传统，实行禁食，想通过这种自我锻炼来恢复健康。但结果他又并发了肋膜炎，病情更加严重复杂。他却仍继续坚持禁食，只偶尔喝点东西来维持体力，这样，一直延续到 814 年的 1 月 28 日才咽下了最后一口气，享年七十二年，在位四十七年。

查理死后，他所拓展的帝国在 843 年被他的三个孙子瓜分，这就是后来法兰西、德意志和意大利三国的雏形。由此，查理大帝被后人称为"欧洲之父"。

所向披靡的「欧洲之父」——查理大帝

第五章

"北方雄狮"和"白雪之王"——古斯塔夫

小 档 案

> 古斯塔夫（1594—1632年），瑞典国王、统帅，军事改革家。为谋求波罗的海霸权，他先后同丹麦、俄国和波兰进行战争，并取得胜利。1630年，他率军参加三十年战争，获"北方雄狮"称号，但不幸在吕岑会战中阵亡，终年三十八岁。时至今日，他依然被视为瑞典历史上最杰出的国王。

乱世登基的国王

以写《诸世纪》预言集而闻名于世的法国"预言家"诺查丹玛斯曾经预言，16世纪末、17世纪初，北欧将出现一头狮王，傲视欧洲大陆，作出惊天动地事业，可惜此人将英年早逝，命丧德意志。

几十年后，诺查丹玛斯的预言果真成为现实。他预言中的那头"狮王"就是古斯塔夫。

1594年，古斯塔夫出生在瑞典首都斯德哥尔摩。他是瑞典国王查理九世的长子。古斯塔夫自幼受到作为王位继承人的良好教育和严格训练。在系统的文化教育的基础上，他掌握了法语、意大利语、荷兰语、西班牙语、俄语和波兰语，谙熟欧洲文学、历史学、政治学。特别是在

他悉心钻研军事学的同时，他为自己选择了享有盛名的将领——纳索的莫里斯作为自己心目中崇拜的英雄偶像。

古斯塔夫的父亲十分注重对他进行实践训练，他自幼随父游历，参加政治活动和军事活动，十三岁时代父宣读即位誓词，十六岁时参加卡耳马战争，表现英勇。他还经常与外交使节会谈，获得了作为统治者的许多实际经验。

1611年，父亲去世后，十七岁的古斯塔夫成为瑞典国王。当时，年轻的古斯塔夫面对的是十分复杂的形势。他的堂兄，时任波兰国王的西吉斯孟一直宣称自己才是瑞典王位的合法继承人，并得到一些瑞典贵族的支持。而从他祖父古斯塔夫·瓦萨时代就结下的瑞典和丹麦的矛盾，从他伯父约翰三世时代结下的瑞典和波兰、俄国的矛盾，此时仍剪不断，理还乱。瑞典与上述三国之间剑拔弩张，战争一触即发。

在国内，因他父亲在位时对西吉斯孟的支持者进行了清洗，制造了"林雪平血案"，使得国内的贵族反对势力强大。而丹、波、俄三国的连年战争，已使得瑞典国内民穷财尽。

总之，用"危机四伏"来形容古斯塔夫继位时的处境，是再确切不过的了。

面对严峻的形势，年轻的古斯塔夫没有退缩。他首先降服了国内的贵族，这中间，一位重要人物——奥克森斯蒂耳拉发挥了重要作用。

奥克森斯蒂耳拉是个非常杰出的人物，年仅二十八岁即已成为参政会头号人物，在他的努力下，贵族和国王之间签订了史称"古斯塔夫·阿多夫宪章"的一系列条款，规定国王不得掠夺贵族的领地和财产，不得随意逮捕贵族等，以换取贵族对国王的效忠。古斯塔夫的妥协一方面是形势所迫，但另一方面也与他将事业的重心放在对付国外的敌人上有关。

奥克森斯蒂耳拉后来成为一代名相，当古斯塔夫在外搏杀时，他负责内务，当古斯塔夫战死后，他又接管军队继续作战，一时成为后世欧洲君臣效仿的典范。

除了要收拾国内乱局，刚一即位时古斯塔夫还遭到世仇丹麦、俄国的先后袭击。但总算损失不大，最终经过一番努力，他终于迫使俄国签订了"斯托尔波沃"条约，确保了瑞典对波罗的海地区的占有。

咬紧牙关挺过刚刚即位时缺兵少银、人心不稳的六年之后，古斯塔夫终于长长舒了一口气。1617 年 10 月，他在乌普萨拉大教堂举行了迟到六年的加冕仪式。

在这六年间，这位年轻人已崭露出娴熟的外交才能和在国内消除宿怨的非凡能力。他的坚强个性也博得了社会各阶层人士的钦佩和拥戴，从而为他最终成为"北方雄狮"和"白雪之王"奠定了雄厚的政治基础。

改革中催生的欧洲强国

17 世纪初的瑞典，是个人口稀少、远离欧洲商道的北欧穷国。为了振兴经济，古斯塔夫制定优惠政策吸引外国人（主要是荷兰人）来瑞典开办企业，开采瑞典丰富的铜、铁矿藏，并以此为基础发展坚实的军火工业。为增加财政收入，古斯塔夫还将当时的税收从实物税改为货币税。

收入增加、财政宽松后，古斯塔夫就开始了最引人瞩目的军事改革。

第一，古斯塔夫实行义务兵役制度。先前欧洲各国的军队都是雇佣军，纪律性和忠诚度很差，古斯塔夫实行征兵制后，战斗力明显加强了，纪律也明显好于其他国家的军队。

第二，古斯塔夫还是欧洲历史上最早让士兵统一军装的统帅。统一的装束，有利于提高军队的凝聚力、自信心、自豪感以及纪律性。

第三，古斯塔夫对作战时的方阵进行了改造，将作战面拉长，纵深减少，有利于火器密集地发挥威力。

第四，古斯塔夫在军队装备上进行了大量的改进。他利用本国丰富的铁矿和铜矿资源，用先进的生产技术制造大炮，从而成为欧洲第一个使用大炮的君主。他还用一种只有三磅重的新式轻型步枪普遍装备军队，并不断学习和引进先进武器制造工艺。

第五，在部队编制上，古斯塔夫效仿荷兰军队的小型战斗序列和简化的组织原则，强调轻便、灵活和快速，改善骑兵组织。同时，建立新型军需制度，减少辎重和行李，使军队行动能够迅速机动。

第六，最值得一提的是，古斯塔夫建立了一支先进的骑兵部队。

在古斯塔夫所处的时代，欧洲实际上只有两种骑兵，一种是胸甲骑兵，即穿着厚甲的重骑兵，另一种是火绳枪骑兵，有点儿近似于早期的卡宾枪骑兵。由于武器的缘故，火绳枪骑兵的作用就是进行远程射击，掩护暴露的侧翼，攻击对方的胸甲骑兵以及承担一些己方胸甲骑兵无法承担的特殊任务。火绳枪骑兵额外的装备也相对多一点：胸铠，背甲，一对手枪以及不戴面罩的头盔。

当时的西欧国家包括古斯塔夫的敌人们，他们的骑兵部队都主要由这两种骑兵组成。

作为北欧国家，瑞典其实从来就不是一个骑兵强国。从维京时代开始，这里就以出产剽悍的步兵著称。连绵漫长的海岸线，众多的河道湖泊，注定了在这个国家水上交通才是更有效的运输方式。当时的瑞典乡间，大多密林覆盖，道路网络也还处在比较原始落后的阶段，不适宜骑兵通行。

过于严寒的气候也使得这里出产不了什么好马。当时曾有人记载，瑞典的马实在是太胖了，又由于它们比较矮小，因此它们的体格就显得太粗壮，从而大大影响奔跑能力。

其时瑞典的骑兵们还面临的一项难题是，作为骑兵所必备的一些装备，瑞典的军工厂居然无法生产出来，必须得从荷兰或日耳曼地区进口，即便是骑兵们的护甲，在 17 世纪 20 年代的时候还是必须大量依赖从国外购买。

可以说，当古斯塔夫立志整改瑞典骑兵的时候，他面临的是这样一个烂摊子：全国只有一队胸甲骑兵，基本由本国贵族出于对国王应尽的义务而组成，但事实上在战争中完全派不上用场；而其他一些瑞典骑兵，其实就是一群装备、战术、技术都糟透了的火绳枪骑兵。

1621 年，古斯塔夫以一种大刀阔斧般的改革精神开始收拾那些素质有待提高的瑞典火绳枪骑兵，他取消了这些骑兵们的火绳枪，而只配给他们一对燧发枪（这种实用型的手枪由法国的马汉于 16 世纪中叶制造出来）和一把骑兵剑，并给他们穿上了护胸甲、护背甲以及不戴面罩的头盔。据说古斯塔夫创立这种骑兵是因为深受波兰战役中瑞典骑兵表现不佳的刺激，但他可能也是基于一种更深层次的考虑，既然瑞典本国用于冲锋、肉搏、主攻的胸甲骑兵都没多少，那为何还要保留这么多只是对胸甲骑兵起到支援、掩护作用的火绳枪骑兵呢？

事实上，古斯塔夫新建的骑兵部队更近似于 17 世纪前欧洲大陆曾流行一时的全能型轻骑兵，这种轻骑兵的优点在于其能力全面，他们既可以发动袭击，参与战争主要任务，也可以承担其他任何战场职责，这种全面型骑兵是当时其他欧洲国家的骑兵都不完全具备的，以至于许多欧洲人都不知该如何称呼古斯塔夫发明的这种新型骑兵。对于古斯塔夫骑兵部队中经常担负突击冲锋任务的，人们曾称之为胸甲骑；其后面经常用于火力支援的，人们还是称之为火绳枪骑兵；但最终，雷特（实际上就是骑兵、游侠之类的意思）骑兵成为人们对这种独特轻骑兵的正式称呼。

这种轻骑兵的招募方式采取的是志愿兵制，即自愿原则。相对于伤亡率更高的步兵，成为这种潇洒的骑兵是当时许多瑞典年轻人的梦想，而且其阵亡率也相对较低，因此骑兵的招募从来没出现过欠缺兵员的情况。

与步兵一样，这些骑兵根据地区不同划分成不同的军团，虽然刚开始的时候，这种骑兵在瑞典全国范围内还只有区区的几个连，不过到了1627 年的时候，该种骑兵已扩充到了五个地区级骑兵团，每团下辖四个连的规模，到了 1631 年的时候，每团已经扩大到拥有八个连，每连拥有一百二十五匹战马的规模了。与步兵一样，少量骑兵部队留下来防御瑞典本土，大部分骑兵则奔赴国外作战。

当这些瑞典骑兵于 1626 年出现在对波兰人的战场上的时候，他们还相当缺乏武器、装备和战马，很多日耳曼人也不看好他们。不难想象，当这些高大的瑞典壮汉骑在那些矮壮，甚至有点肥胖的瑞典马上时，其形象是很难让人对他们产生足够的信心的。因此许多人对瑞典骑兵嗤之以鼻，甚至将其形象作为笑料。尽管后来瑞典通过在波兰及其邻国购买一些战马缓解了这种窘境，但直到布莱登菲尔德战役的时候，神圣罗马的将军提利还在对他的部下们说："瑞典骑兵的战马太差了，小子们，你们的马比他们强多了，还战胜不了他们吗……"

布莱登菲尔德战役后，日耳曼中部地区的大门向瑞典人敞开，通过大量征集日耳曼马，瑞典人缺战马的窘境才大大缓解。但直到古斯塔夫离世，这个问题都还没有得到彻底解决。但无论如何，古斯塔夫对瑞典骑兵的改造，都为欧洲军队的正规化建设带来了深远的影响。

此外，古斯塔夫还建立了一支舰队和运输船队，不仅确保了瑞典军队在波罗的海的贸易安全，而且还建立起了一个更加宽面化的军事补给通道。

就这样，古斯塔夫通过一系列的改革，将瑞典推上了欧洲强国的地位。

赢得人们的仰服

当改革初见成效时，古斯塔夫将波兰当作自己的试验品。从 1621 年起，古斯塔夫几度进军当时隶属波兰的立沃尼亚，夺取了首府里加，并于 1626 年取得关键性的沃尔霍夫会战的胜利，破天荒地征服了当时被认为是"天下无敌"的波兰骑兵，第一次展现了其军队严明的作战纪律和新型军事技术所铸成的战斗力。

对波战争的胜利，既壮大了军威，也使瑞典成为影响欧洲政局的举足轻重的大国。这一地位的确立，再次助长了古斯塔夫成为"北方雄狮"和"白雪之王"的野心。

当能力和经验达到巅峰状态的时候，古斯塔夫终于在"德意志三十年战争"中，为他自己，也为瑞典取得了空前的荣誉和威望。

德意志三十年战争自 1618 年起，至 1648 年结束，是由神圣罗马

「北方雄狮」和「白雪之王」——古斯塔夫

帝国的内战演变而成的全欧参与的一次大规模国际战争。这场战争是欧洲各国争夺利益、树立霸权以及宗教纠纷加剧化的产物，实际上也是一场德意志统一与分裂势力的大搏杀，在前两个阶段——捷克阶段（1618—1624年）和丹麦阶段（1625—1629年），在神圣罗马帝国的杰出军事家华伦斯泰和提利的领导下，英国、瑞典、丹麦、荷兰、瑞士和大部分德意志诸侯等组成的新教联盟均遭到惨败。这时，欧洲各个新教国家都把目光投向位处北方的瑞典，年轻的瑞典国王古斯塔夫扮演德意志新教救世主的时机已经成熟。

胸怀大志的古斯塔夫也不遑多让。1630年，古斯塔夫率领一万三千名瑞典士兵，在德意志登陆，正式开启了三十年战争的第三阶段——瑞典阶段。此时，神圣罗马帝国军队的总司令华伦斯泰已经被迫辞职，古斯塔夫的对手是接任总司令的提利伯爵。

战争开始阶段，古斯塔夫采取稳扎稳打的策略，巩固波罗的海沿岸地区作为后方基地，然后沿着奥得河一步步上溯，在一些小的战役中打败神圣罗马帝国军队。

从1631年开始，因形势所迫，原来保持中立的德意志新教国家勃兰登堡和萨克森先后倒向瑞典一边。古斯塔夫眼看形势对自己十分有利，便开始放心大胆地攻入德意志心脏地带。这年9月，瑞典和萨克森联军主力同提利的神圣罗马帝国军队主力在莱比锡附近的布莱登菲尔德相遇，一场惊天地、泣鬼神的战斗即将打响……

提利亲自指挥的十七个步兵大方阵部署在了神圣罗马帝国军队战线中央，他在左右两翼摆开骑兵，其中布置在左翼的是帕本海姆统领的约五千精锐骑兵，正对着瑞典军右翼巴纳尔元帅。神圣罗马帝国军队人数虽然较少，但是顺风背向阳光，占有天时之便。

在背后阳光的映衬下，提利骑着一匹纯白色战马来到战线中央。万众瞩目中，他的脸色自信傲然，威风凛凛。看着他高大的身影，神圣罗马帝国的将士们爆发出一阵欢呼声。他们的眼神中充满了崇拜和爱戴，因为他们的提利伯爵从没有在任何重大战役中失败过，神圣罗马帝国的士兵相信他，就像相信自己手中的兵刃。几轮欢呼过后，帝国士兵们眸子中燃烧起浓烈的杀气，仿若已经站在战场上，手上沾满了瑞典人的鲜血。

看着神圣罗马帝国军队不可一世的气势，古斯塔夫脸上的表情出奇的宁静。

瑞典军总共有五万五千人左右，战线中央由古斯塔夫亲自坐镇，右翼布置的是巴纳尔元帅的队伍，左翼由霍恩元帅统率，中央和右翼前方还部署着炮兵，由炮兵司令托尔斯滕森带领。在霍恩元帅的左边，是阿尼姆指挥的萨克森军。瑞典军的步兵和骑兵是混编在一起的，步兵中包括了火枪兵，这样的编制有利于将军队的机动性和火力配合起来。但就目前的对阵来看，谁也没有必胜的把握。

清晨的薄雾打湿了瑞典骑士们的脸颊，他们轻抚着鼻翼上的水珠，眼睛仍然傲视前方，身下的马匹抖动着身体，想要让自己更加清爽一些。另一边，步兵阵营中，火枪兵们仔细检查着手中的枪杆，手脚麻利地分装着袋中的火药，时不时看一眼身旁的伙伴有没有准备好，然后继续进行手上的工作。

这时，各营将领走了过来，检查大家的军容和装备，进行了简单的战前训话："今天一战，你们必须拿出所有的力量和勇气！火枪兵听从指挥，然后统一发射，一刻也不许慢，一刻也不许快！步兵们，你们要在火力的支援下尽快接近对方的阵营，要保证你们的速度和气势！都听明白了吗？"

"是的！"士兵们高声回应。

不远处的古斯塔夫满意地点点头，下达了开战的命令。

布莱登菲尔德会战，正式开始了。

双方的炮火抢先一步，在战场上绽开一个个的响雷。先是零零星星的几个大坑在两边阵营附近裂开，随后，炮声陆陆续续变得密集起来，炮火的攻势加强了。火光遮天的战场下，士兵们被炮灰和灰尘呛到了喉咙，但冲锋的命令还未下来，他们岿然不动。

"继续炮火攻击，要不了多久提利就撑不住了！"古斯塔夫沉稳地坐在战马上，对身边的将领吩咐道。很显然，古斯塔夫对自家的火力攻

击非常自信。

过了一会儿，两边的炮火更加密集了，一发接着一发，没有停顿。借助炮火的掩护，提利和古斯塔夫派出了小股骑兵冲向战场。短暂交锋之后，彼此都不恋战，纷纷又撤了回来。他们的目的，只是为了试探对方的薄弱环节，而非进行拼死搏斗。

渐渐地，提利一方的炮火减弱了。古斯塔夫见此机会，命令己方炮火进行更猛烈的攻击。

刹那间，震耳欲聋的炮声响彻天空，神圣罗马帝国军队的士兵有的刚听到炮声，就被脚边炸裂的泥土模糊了视线，还有的运气不好，躲避炮弹不及，一瞬间就陷入了血肉被撕裂的疼痛。但为了保持阵型不变，他们并未躲避，仍然站在自己的位置上，静静地忍受着死亡带来的恐惧。

两个多小时过去了，瑞典军的大炮却还在不断地喷射出炮弹。原来提利只有二十六门大炮，瑞典的火炮比他多一些，关键是瑞典炮兵的素质优势充分发挥了作用，他们的射速和火力密度几乎是神圣罗马帝国炮兵的三倍。罗马帝国阵线中几乎每打一发炮弹，都要遭受三发瑞典炮弹的回击。

终于，神圣罗马帝国军队左翼的骁将帕本海姆按捺不住了，他在没有接到统帅命令的情况下，一马当先，擅自率领自己的黑甲轻骑兵向巴纳尔发起冲锋。但是帝国骑兵的手枪火力远远不是严阵以待的瑞典长枪火力的对手，第一次冲锋被击退，冲在最前面的帕本海姆本人也受了伤。

但是，不信邪的帕本海姆又冲了上去，完全不顾第一次冲锋被击退的失败，毫不畏惧。就这样，帕本海姆一连发动了七次冲锋，炮弹的轰鸣声，骑士们的厮杀声，一波高过一波，相互纠缠在一起。当他发动最后一次冲锋的时候，瑞典这方的巴纳尔将军被激怒了，他对这个傻瓜式冲锋的帕本海姆嗤之以鼻，决定给他个教训。巴纳尔将军带领麾下的士兵冲向了帕本海姆的骑兵，两位将领眼睛都瞪得溜圆，拼杀在一块儿。

慢慢地，神圣罗马帝国的左翼骑兵被打得灰头土脸，开始往后撤退。

见此情状，生气至极的提利只得派兵出击，去解救这个两次破坏掉作战计划的帕本海姆。他下令，帝国右翼骑兵对联军左翼萨克森军队发起冲击。一时间，战场上双方的骑兵碰撞在一起，马蹄声阵阵，兵刃相接的响声夹杂在其中，如果不是旗帜分明，真是很难在混乱中分辨哪个是敌人，哪个是同伴。

遭遇敌人攻击的萨克森军衣甲鲜明，他们举起武器抵抗了一会儿，便纷纷缩回了阵营，难道是在假装败逃吗？看着他们逃走的神圣罗马帝国右翼骑兵们迟疑了片刻，还是追击了上去。而事实证明这根本是一支不折不扣的混饭吃的队伍，萨克森军在追击下一哄而散，溃不成军，连一次像样的抵抗都没有，败退下来的他们没有夹着尾巴远离战场，而是跑到了瑞典战线的后方，他们瞧了瞧，相互交换了几个眼神，没有在心里作过多挣扎，就厚颜无耻地伸出手，顺手牵羊地抢走了瑞典军后方营盘的粮草。

营盘的留守部队原本不是瑞典人，都是神圣罗马帝国各邦的雇佣兵。他们看到萨克森军突然跑到后方来抢夺粮草，不知什么原因，但也无心抵抗，顿时作鸟兽散。

古斯塔夫完全没料到自己的后方会先出现问题，他下令将士们赶紧稳定住自己手下的部队，不要让更多的士兵溃散。就这样，被萨克森军的不抵抗行动牵连，瑞典这边一下就丧失了三分之一的兵力，丧失了原本的优势。

瑞典军将士们的脸色由晴转阴，变得异常难看，他们纷纷望向古斯塔夫，此刻这位统帅的神情更加凝重。

因为更糟糕的事情发生了，由于先前巴纳尔将军带领麾下部队冲了出去，这时联军的左翼部队完全暴露出来。如果神圣罗马帝国军队在这个时候从左翼的空隙攻入，势必会片刻席卷瑞典全军。

身经百战的提利也看出了这个机会，当下心中大喜，马上下令从战线中央调主力向联军左翼移动，准备一举击溃古斯塔夫部署的战线。他要集中兵力给瑞典人致命一击，但他的军队没有预备队，所以他必须把中央的方阵步兵集结起来，全部投入突破口。

神圣罗马帝国军队的步兵们大声怒号着，迈着整齐快速的步伐向前挺进，犹如黑压压的一片钢铁机器，挥舞着手中的利刃企图将面前的一切障碍物砍杀在地。

就在这危急时刻，古斯塔夫迅速作出了反应。在他的果断指挥下，瑞典军队在体制和士兵素质上的优越性发挥了关键作用。

古斯塔夫命令霍恩元帅把左翼兵力向侧面旋转呈直角，让攻击阵营换了个方向，从而能面对突破的神圣罗马帝国军队，这样就在瞬间形成了一道新的防线掩护中央。原先的左翼阵营布置能够继续发挥效用，他的步兵、火枪兵和骑士们也做好了迎战的准备。

与此同时，古斯塔夫自己亲率部分中央二线兵力驰援左翼，以保证战斗力的加强。由于瑞典军队的机动性和服从性相当高，完成整个部署只用了大约一刻钟，而相对应的，神圣罗马帝国军队中央的步兵大方阵行动起来却比较缓慢。等他们赶到突破口时，瑞典军已补上了突破口，唾手可得的战机就这么消失了。

当神圣罗马帝国军队中央的步兵大方阵背着沉重的甲胄来到了目的地时，瑞典军的火枪兵立刻发动了火力攻击。在火力的掩护下，瑞典军的步兵冲入了敌阵中。

本来就行动力不够的神圣罗马帝国军队步兵，一下子被突如其来的火力震慑到了，厚重的甲胄一下子成为他们躲避火舌的阻碍，不一会儿，他们就被轰退挤到一起，不然就是被冲上前来的步兵刺倒或砍倒在地。瑞典军左翼阵线总算是稳定了，和神圣罗马帝国军队的步兵大方阵进入了僵持阶段。

见此情形，古斯塔夫又回到了中央，迅速命令右翼和中央部队向神圣罗马帝国军队发动反攻，倾巢调出了中央步兵主力的神圣罗马帝国军队这时没有兵力可以抵挡。可怜那些留守在阵营里的孱弱之兵，只能拼死迎接着瑞典骑兵们的铁蹄，抱着脑袋慌乱逃窜。解决完这些没有战斗力的敌人，瑞典军的所有部队往提利的主力步兵压上，没有给他们撤退或者扭转战局的机会。

无论提利和他的士兵们有多么不甘心，帕本海姆有多么后悔，他们也只能接受失败的现实。

布莱登菲尔德战役的结局使整个欧洲大为震惊。古斯塔夫的"北方雄狮"和"白雪之王"形象由此被正式树立起来。

布莱登菲尔德战役后，瑞典军队控制了易北河西岸，并继续南下，占领了从曼海姆到布拉格一线以北的神圣罗马帝国领土。古斯塔夫计划建立德意志诸侯同盟，作为瑞典和哈布斯堡王朝的屏障。1631 年冬，他在德意志诸侯簇拥下，在美因兹和法兰克福举行觐见礼，被推举为盟主和统帅。此后，他统领新教同盟的六支军队南进，以实现占领中部德意志和南部德意志的更大野心。

1632 年 3 月，军事行动开始。古斯塔夫进入纽伦堡，4 月强渡累赫河，再次击败神圣罗马帝国军队；5 月进入巴伐利亚，通向慕尼黑，显然是想直捣哈布斯堡王朝的权力核心——奥地利世袭领地。

但是，要指挥这些拼凑起来的数国军队，古斯塔夫已显得力不从心，而且远离本土，其军队的一些弱点也开始暴露出来。

同时，由于古斯塔夫军队的顺利进展也威胁到了法国在南德的势力范围，法国人对这位"北方雄狮"和"白雪之王"能否事成之后杀一个回马枪收拾盟友也不得不加以防备。

在这种情况下，法国不仅停止了对古斯塔夫的援助，而且还采取军事行动，占领了莫尔河上的桥头堡特里尔和科布伦茨，在阻止古斯塔夫的同时，与之开始争抢地盘。

种种客观和主观原因，使得古斯塔夫这位"北方雄狮"和"白雪之王"终于走进了自己为自己挖好的坟墓……

1632 年 11 月初，古斯塔夫率领瑞典与新教诸侯联军，与提利伯爵率领的德意志部队在吕岑相遇，双方展开了决战。

这时传来一个不好的消息。原来神圣罗马帝国著名的统帅华伦斯泰已经在 1632 年 4 月被重新任命为总司令，而且他重新整顿了一支军队，首先攻击了捷克，占领了布拉格，这对瑞典的盟友萨克森来说是个沉重的打击。

古斯塔夫只好用围魏救赵的办法向维也纳方向佯攻，但华伦斯泰显

然不是一般的军事将领，他根本没有回援维也纳，而是继续向萨克森攻击。这一来，古斯塔夫也就只能回援萨克森。

于是，华伦斯泰与古斯塔夫这两位三十年战争中的"并世双雄"再一次面对面地展开了一场决战。

当时华伦斯泰拥有一万八千人，六十多门火炮；古斯塔夫拥有一万九千人，也是六十多门火炮。双方从兵力上和装备上来说旗鼓相当。

华伦斯泰沿着吕岑至莱比锡大道北侧构筑防线，把骑兵放置在两翼，中间是步兵方阵，把八千巴伐利亚军队布置在附近的哈雷。古斯塔夫在15日赶到后就在大道的南侧布阵，并且与华伦斯泰采取了一样布阵方式，也是骑兵位于两翼，步兵位于中间，所有火炮都位于中间阵前。

16日上午，双方开始互相用火炮攻击，稍后，古斯塔夫命令右翼骑兵冲击呼伦斯坦的左翼，并成功将华伦斯泰的左翼击溃。但古斯塔夫的左翼也被华伦斯泰打得溃不成军。古斯塔夫于是带领位于二线的骑兵上前支援左翼和中央步兵方阵，但就在这时，华伦斯泰派出的一小股精锐的德意志部队从背后成功偷袭了瑞典军。

当天天气并不利于作战，到处都弥漫着浓雾，这很容易让人看不清战场的情况，甚至分不清对面的究竟是自己人还是敌人。因此，德意志部队的偷袭导致瑞典军队产生了一阵混乱，而恰恰是这阵混乱，使得古斯塔夫竟然中弹倒地，战后人们才在草丛中找到已经死去的国王。

但素质很好的瑞典军队并没有因为失去统帅而溃败，伯恩哈德公爵立即担负起了指挥全军的任务。瑞典军队最终成功地以伤亡五千余人的重大代价取得了这场战役的最后胜利。

虽然古斯塔夫未能善始善终，但他卓越的政治、军事、外交才能，以及他在欧洲战史上曾经写下的辉煌，成为后来者研究的热点。特别是他开创的军事制度并没有随他而去。在此后一百年中，瑞典的军事实力一直强大无比，俨然波罗的海地区的霸主。虽然今天的瑞典已非昔日的超级军事强国，但古斯塔夫影响犹存。由于他在历史上首次将"职业化""正规化"和"现代化"引入军队和战争，其军事创新成为欧洲军队的标准和楷模，其"全新战术"影响西方军事达一个多世纪之久，由此被西方人称为"现代战争之父"。

可以这样说，无论在欧洲军事史上还是在世界军事史上，勇猛无敌、才华横溢的古斯塔夫都是一位极具影响力的伟大统帅，"现代战争之父"这一至高荣耀的桂冠足以使他矗立巅峰，傲视群雄。他的赫赫威名和汉尼拔、亚历山大大帝、恺撒、腓特烈大帝、拿破仑等帝王名将一样，已成为西方顶级军事统帅的代名词。直到今天，人们仍然以仰服的口吻称他为"北方雄狮"和"白雪之王"。

一位值得称道的好父亲

古斯塔夫堪称同时代欧洲最杰出的君主之一，然而十全十美的人生不可能存在。古斯塔夫内政通融，外交斐然，战争也在他的掌控之中，他在处理帝国事务上没有什么遗憾，但瑞典国民都清楚，他的遗憾在宫廷——直到17世纪20年代，古斯塔夫正值盛年，尽管已经结婚多年，但仍然没有子嗣。他的王后曾经为他生下两个孩子，都是公主，但更不幸的是这两个小公主都先后夭折了。在那个时代，对一个蒸蒸日上的强大帝国王室家族来说，继承人问题十分严重，关系帝国未来的命运。因此，这不能不说是一大隐忧。

古斯塔夫其实也不仅仅是一个军事天才，他和王后玛丽雅的爱情，也算得上是一段美丽的传奇故事。如同电影中描述的情节一样，当时，贵为一国之君的古斯塔夫就像后来的俄罗斯彼得大帝一样，隐姓埋名，装扮成一名普通的军官，来到德国的布莱登堡学习。结果爱情就像童话一样在不经意间发生。

尽管当时的古斯塔夫是个平凡的"低级军官"，但这个北欧男人有着海盗一般伟岸、桀骜不驯的魅力，习惯了宫廷生活的公主显然被他这种不一般的气质所吸引——这是一种任何身份都无法掩盖的魅力和光芒。这名普通军官和美丽迷人的布莱登堡选帝侯的妹妹、公主玛丽雅·伊莱诺拉互生情愫，双双坠入爱河。当古斯塔夫表露了真实身份之后，年轻英俊的国王最终把美丽的公主迎娶回了自己的城堡。

遗憾的是，婚后的玛丽雅王后却感到生活并不如想象中的那般如意。气候影响着心情，水土不服加上思乡之情更是让她苦不堪言。

为了爱情，玛丽雅公主离开故土，嫁到陌生的异国他乡，尽管贵为王后，锦衣玉食自不在话下，但她却始终摆脱不了内心的忧郁和压抑之感。瑞典地处欧洲北部，气温全年偏低，雪花纷飞的冬季更是漫长而寒冷。这让远道而来的玛丽雅王后感到这个国家是那么的冰冷和空旷，非常不适应。

此外，当时的瑞典尽管是欧洲强国，但那是古斯塔夫一手塑造的，而在人文思想上，在德国、法国这样的欧洲文化中心看来，瑞典仍然不过是个远离欧洲文明的北方荒蛮地带。瑞典人也的确如此，其实那时候的瑞典人多数仍然是农夫，古斯塔夫所建立的帝国实际上是一个以农民为主体的军事化农业帝国。玛丽雅很快就厌倦了这些，这和德国宫廷相差甚远，尽管她仍然爱着他们的国王，但瑞典像是一个黑白片的世界，这让她感到烦躁。她的脾气与日俱增。

玛丽雅王后从心里不喜欢这里的人和生活，丈夫的厚爱没能阻止她的心情一天天变差，加上古斯塔夫几乎长年征战在外，不能时时陪伴左右，王后的心情更坏了。

为了发泄内心的抑郁，玛丽雅王后还醉心于斯德哥尔摩宫廷灯红酒绿的奢侈生活，然而悲哀的是，极尽奢华的日子却并没有使她得到解脱，反而增加了夫妻间的隔阂，因为古斯塔夫向来主张节俭朴素的宫廷生活，对于王后的奢侈以及肤浅，他感到不满而又无可奈何。

也许是由于以上种种原因，他们先后失去了好几个孩子——不仅仅是失去两个小公主，其间王后多次怀孕但又流产。这个原本端庄的女人后来变得荒淫无度，这其实才是导致她不断流产的主要原因。

王后频繁的流产让瑞典人苦恼不已，他们敬爱的国王怎么连个儿子也没有？尽管古斯塔夫作为君主，表现称职而卓越，对帝国的贡献也无人能比，但如果国王和王后始终没能拥有属于自己的孩子作为继承人，按照当时的王室继承规则，他们这一家族将不得不让出王位。

惦记着王位的人比比皆是。与王室沾亲带故的其他家族已经在翘首企盼。古斯塔夫内心危机感重重，但坚韧刚毅的个性使得他绝不会轻易认输。每一对平凡夫妻都会非常盼望能够早日享受儿女绕膝的快乐生活，孩子给父母带来的幸福感和满足感，是其他任何丰功伟绩所无法代替的，即便贵为国王，对天伦之乐的期盼，同样也是极为强烈的。古斯塔夫确信自己将会是一个称职的好父亲，他比任何人都更加热切地盼望着上帝能恩赐给他一个美丽的孩儿。

或许是国王的诚心以及瑞典臣民的祈祷产生了作用，几年之后的1626年，瑞典王室传来了王后再次怀孕的好消息。平静的湖面再次激起波澜，这次的继承人能否顺利出生，健康成长？人们的内心躁动起来，惴惴不安中又盛满希冀。举国上下都在关注着这位未来王位继承人的降生，古斯塔夫更是在兴奋和不安中翘首等待。

不用说，按照当时欧洲王室的继承传统，如果这位继承人是位王子，那真是最好不过了，他将理所当然地继承父亲王位，将"北方雄狮"和"白雪之王"的精神发扬光大，做一名英明神武的帝国君主。然而如果碰巧是位娇贵的公主，那么关于未来的可能性就多了起来。对此，人们就不敢妄加揣测了。因此，对于这个尚未出世的王室后裔的性别，整个国家和宫廷都格外关注。

当时的瑞典人对星象占卜之类的事极其相信，无论国家大事，还是个人问题，都喜欢观星象来问吉凶。据说当时全瑞典最著名的星象师经过占卜后，言之凿凿地预言王后这次将为瑞典王室添一位小王子，这一消息令举国上下振奋不已。

1626年12月8日，期待中的日子如期来临。瑞典宫廷内外如同即将举行盛大的典礼一样，王公显贵和衣衫褴褛的农民都纷纷来到王宫附近，他们在等待王后的分娩。这种场面足以说明继承人问题已经是一件国家大事，关系着这个帝国的命运和希望。

一声响亮的婴儿哭声传来，守候在外的人们似乎都听到了分娩室内的人们在惊叹这个婴儿浓重的毛发，于是人们都认为果然如占卜师所言，一定是个男孩。这条消息迅速在人群中传开，"王子出生了！"

守候在前宫的古斯塔夫自然也听到了这个消息，他的兴奋又立刻助

长了人们欢腾的气氛，早已准备好的宫廷宴会随即展开，王公贵族们接二连三地上前恭贺古斯塔夫，整个国家沸腾了——王子的顺利诞生，对一个长期实行君主继承制的国家而言，实在是件了不起的大事，这标志着王权的后继有人和国家未来的希望，更何况小王子的父亲是备受人民爱戴的古斯塔夫呢。

但就在这一片欢腾的气氛中，另一条消息如同欢腾闹剧中的黑暗影子，突然笼罩了整个宫廷，宫廷刹那间变得安静下来。原来分娩室这时才传出真正的消息，刚刚诞生的根本不是王子，而是一位哭声响亮、浑身长满浓密毛发的公主！这种荒唐可笑的事情竟然降临在这种近似神圣的时刻，这真让人受不了。然而这却是实实在在的事实。

人们一时手足无措，场面开始有些混乱。整个宫廷也立刻从热闹非凡中冷却成了一盆死水，人们都在等待国王给他们带来最后的消息。

古斯塔夫一时也不知如何是好，他显然也被这个突如其来的消息弄蒙了。就在这一尴尬的时刻，国王的姐姐，一向头脑清醒、处事冷静的卡特琳娜公主打定主意后，明白无论是男孩还是女孩，都必须当场弄清孩子的性别，否则将为这个孩子将来继承王位留下后患。她立即抱着新生的婴儿，镇定自若地来到古斯塔夫面前，卡特琳娜公主把孩子送到国王的手臂中。人们屏住呼吸，静静等待国王的反应。

望着新生儿娇嫩可爱的面庞，国王内心不禁一颤，多年来他内心一直多么渴望着身边能有一儿半女的陪伴，现在上天终于恩赐了这个天使一样动人的女儿。此刻，除了深深的感激和无尽的疼爱，占据他心灵的，只有发自内心的、强大的、初为人父的幸福感。

古斯塔夫小心翼翼地抱好孩子，无论男孩还是女孩，这都是他的天使。深谙政治的古斯塔夫显然不会因为这点小小的误会而暴怒，他立即以一种特殊的方式让大家牢牢记住了这次不同寻常的诞生。

实际上此时的瑞典国王已经被置于这样一种境地：要么他不因性别而对这个孩子寄予厚望，并且深信不疑；要么，他因为这是个女儿而把希望寄托在漫漫无边的未来，希望王后还能给他生个儿子。古斯塔夫毕竟是一代旷世君主，他稍稍思索片刻之后就用异常肯定的声音为这个孩子定下了基调:"感谢万能的主,仁慈的上帝! 感谢我的姐姐! 我相信,我的公主将会和男孩儿一样出色,不,还要更杰出才对!"

这等于给了这个新生女婴一个确定无疑的身份——她就是瑞典未来的国王,瑞典未来的希望。接着,古斯塔夫当众宣布:他已为手中的婴儿取名克里斯蒂娜,克里斯蒂娜将会是瑞典未来的王位继承人和统治者。

瑞典臣民被国王一锤定音的口气所感染,也欣然接受了克里斯蒂娜,他们由衷地祝福小公主能够健康成长。

接下来为继承人诞生而准备的庆祝宴会继续进行,而且依然隆重热烈,古斯塔夫看来是有意营造热烈隆重的场面,这无疑是在告诉整个欧洲,瑞典将有一位和他一样出色的女王,他希望整个欧洲都能承认这位女王的地位。

克里斯蒂娜公主一天天地茁壮成长。毫无疑问,这个幸运的女孩儿得到了来自父亲古斯塔夫国王最多的爱。一方面,是亲情使然,血脉相连使得父女二人格外投缘,作为唯一的孩子,国王为把她培养成一个合格的继承人倾尽全力;另一方面,是克里斯蒂娜自幼就显现出来的突出个性,也博得了父亲的格外赞赏。

和一般娇生惯养的王室女孩子不同,克里斯蒂娜从小就表现出了顽强倔强的性格和过人的胆识,恐怕这主要得归功于对父亲血统和个性的继承。从幼小的女儿身上看到了自己的影子,古斯塔夫自然倍感欣慰。他更加坚信自己当初的判断没有错,这个孩子将比男孩儿更加出色,前途不可限量,选择克里斯蒂娜作为王室继承人,实在是正确无比的选择。他相信,她将是一位出色的君主。古斯塔夫仿佛看到了女儿掌管下帝国的美好未来。

有了这样的信念,古斯塔夫对女儿的疼爱中又增加了一份赞赏和希冀,同时,对公主的教育也更加高标准、严要求了。克里斯蒂娜从小受到的教育和训练,一点也不比一位王子差,甚至更加严厉和完善。

古斯塔夫认为,应当从小就培养克里斯蒂娜的王者风范。因之,克里斯蒂娜从小就适应了各种或重大或危险的场合,变得更加无畏无惧,

胆识超乎常人。

正是在古斯塔夫的精心培养下，克里斯蒂娜日后成为瑞典历史上最杰出的女王之一。在他的统治下，瑞典国泰民安。

虽然古斯塔夫未能目睹女儿治下的盛世瑞典，但若九泉有知，他应当也是会感到欣慰的。

第六章

励精图治的沙皇——彼得大帝

在游戏中谋政的小小少年

1672 年 5 月 30 日，俄国沙皇阿列克谢·米哈伊洛维奇因为又添了一个儿子而感到喜悦，这个儿子是他的第二个妻子娜塔利娅·纳雷什金生的，他给这个儿子取名彼得。这位沙皇的第一个妻子玛丽亚·伊莉尼奇娜·米洛斯拉夫斯基给他生了许多孩子。可是说来奇怪，女孩儿个个长得结实健壮，男孩儿们却没一个不是瘦弱多病，

五个男孩儿中有三个幼年夭折，剩下的两个儿子，大的叫费多尔，1672 年刚满十岁，可是他的两条腿肿得寸步难行，经常有几个大夫随侍在侧，还有几个宫里豢养的医生整天不离开他的内室和卧房。小的叫伊凡，他的身体也不见佳，眼睛近视得很厉害，虽然已经五岁有余，说

起话来还是口齿不清，词不达意，智力发育比同龄儿童相差很远，父亲对他也不抱多大的希望。

小彼得四岁时，老沙皇猝然病逝。根据俄国传统，彼得的哥哥费多尔继承皇位，成为新沙皇。为了巩固皇位，消除政敌，新沙皇的母亲米洛斯拉夫斯基家族对宫廷进行了大规模的清洗，彼得和他的母亲被赶到莫斯科近郊的一个村镇。

1682 年 4 月，多病的费多尔去世，他没有儿子，也没有合法的继承人。

于是，伊凡和彼得两位皇子背后立刻聚集起两大阵营：米洛斯拉夫斯基家族和伊凡的同胞姐姐索非亚公主支持伊凡；纳雷什金家族的人则拥立彼得继承沙皇之位。对比两派势力，很明显，前者在朝中根基又深又稳，而且索非亚公主一向有很强的权力欲，她对沙皇之位垂涎已久。于是，索非亚公主及其母后家族故意制造纳雷什金家族与射击军之间的矛盾。结果，纳雷什金家族阵营中的多数人死于射击军之手，纳雷什金家族于是提出伊凡和彼得同为沙皇，但由索非亚公主摄政，来处理国家大事。

纳雷什金家族的提议得到了多数人的同意。然而摄政后的索非亚也不客气，她借助射击军的力量扫荡了纳雷什金家族，以后又把射击军控制在自己的股掌之中，由此开始了长达七年的统治。

失势的彼得母子，被迫迁居京郊的普列奥布拉任斯科耶村离宫。在这远离京都的乡间，彼得度过了他那传奇式的少年岁月。这是一个半是沙皇、半是王子，同时又是顽童的奇特的混合时期。作为沙皇，他必须同伊凡一道履行公事、装潢门面，参加教堂的礼拜仪式，"接见"外国使节，在相关文件上签字；作为王子，他还必须按规定学习文化，接受皇室的各种教育。

由于庄严的活动并不那么频繁，加上负责他学习的启蒙先生也非执教严格的饱学之士，这就使得他有可能更多地扮演顽童的角色。乡间的广阔天地，与农家子弟不分尊卑的交往，冲淡了宫廷传统陈腐思想的束缚，使他的身心在无拘无束的环境中获得健康的发展。彼得把大部分的

时间用来干自己爱干的事。有三种令他着迷的事，对他的未来产生了重要影响。

第一，是他从童年时的游戏中逐渐培养起了对军事的浓厚兴趣。在彼得的周围有一批和他年龄相仿的男孩子，他们有的是贵族的孩子，有的是马夫、奴仆们的孩子。他毫不顾及这些孩子的身份，整日和他们滚在一起进行战争游戏。

开始时，他们常常用木制的圆形炮弹袭击修道院的墙；或者亲手搭起一些小堡垒，然后向它们发起攻击。到了十六七岁时，他已经不满足于指挥那些只会砍石头摔泥巴、光着脊梁在田野里骑着小马驹的儿童兵团了，和他一起玩耍的同伙也长大了，他们组成了一支朝气蓬勃的队伍。他从被闲置的奴仆、侍从中招募新兵，一些年轻的贵族也加入进来。他们建立了兵团领导机构，彼得任命了一批军官，木炮换成了军用大炮，部队装备了许多新武器。他们每天在田野里游戏。彼得一会儿担任鼓手，一会儿又做将军，反复体验着军队里各种不同的角色和职务，了解从将军到士兵的各种活动。

就这样，彼得于不经意间拥有了日后亲政的军事支柱。

第二，是他对手工劳动表现出惊人的热爱。不像他那笃信上帝、气质文静的父皇，彼得从小就喜欢干手艺活儿，热爱体力劳动。他经常熟练地操刀弄斧、抡锤打铁。至成年时，彼得已精通十二种手艺，备有木匠、铁匠、石匠所使用的全套工具。

他对劳动非常投入，技艺也很高超，许多不知道他身份的人，一旦弄清真相，往往惊讶不已。

这种素质培养了彼得的吃苦耐劳精神，扩大了他的交往范围，对他以后重视学习先进的应用技术，也产生了重要影响。

第三，是他对西方文化有了最初的接触。普列奥布拉任斯科耶村紧靠外国侨区。生性好奇的彼得常在伙伴的陪同下，到那里领略异国风情。很快，他在那里有了许多西方朋友。他同他们一起聊天、喝酒、抽烟、跳舞。其中有人把西欧的文明讲给他听，也有人教他一些自然科学知识和炮术。在这些朋友中，荷兰人廷麦尔曼、苏格兰人戈登、瑞士人莱福尔特都从不同方面影响过少年彼得。特别是思想开朗、大胆坦率的莱福尔特，最讨彼得喜欢。他善于组织轻松愉快的晚会和各种别出心裁的娱乐活动，诸如公开嘲弄教会的游戏等，来启发彼得的革新意识。在一次活动的高潮中，他还在特意挖成的池塘里搞了一次模拟海战，激起了彼得对大海和船只的兴趣。

侨区的自由风尚和开放生活给彼得留下了深刻的印象，使他本能地意识到俄罗斯的封闭落后。他开始向往西方的文明和文化。这些都诱导并坚定了他日后同俄国旧传统决裂的信念和决心。

随着小彼得渐渐长大，母亲娜塔利娅觉得应该为他娶一个妻子了。

她认为，一旦儿子成亲，他势必变得成熟起来，再也不会不务正业了。再者，根据俄国风俗，男孩娶妻说明他已成年，所以彼得自然不需要索非亚来庇佑，他完全可以担起沙皇重任了。如果这样，彼得母子便可离开离宫成为克里姆林宫的主人了。

于是，未满十七岁的彼得与美丽的叶芙多基娅·洛普西娜结婚了。可是，新婚仅一月有余，彼得便又开始忙他的航海事业去了，把妻子一个人丢在家中。事实证明，他们夫妻的关系一直到离婚都很冷淡，虽然洛普西娜于1690年生下了儿子阿列克谢，但仍没能挽回彼得的心。

离宫边，娜塔利娅为彼得入主克里姆林宫着急；而皇宫那边，索非亚也在积极筹备政变事宜，她欲将彼得及其随从一网打尽，从而使自己可以加冕称帝。

1689年8月初，索非亚召集射击军头目密谋政变。8月7日，就在她发动政变前几个小时，几名拥护彼得的射击军士兵将索非亚欲发动政变的消息透露给了彼得。彼得闻讯后逃往谢尔盖圣三一修道院。8月9日，他的母亲和妻子在部分射击军军官的保护下也来到修道院。

得知政变计划已经泄露的索非亚不得已向彼得伸出橄榄枝，但是知道事情真相的莫斯科军队内部开始松动，大部分军人倒向了彼得一边。就连被索非亚派往圣三一修道院寻求和解的大主教也临阵倒戈，留在了彼得身边。

眼看莫斯科军方势力几乎一边倒地拥护自己，彼得趁势写信给伊凡，表明自己欲与兄长一起除去索非亚的权力。最终，索非亚被强行押往新圣母修道院成为修女，其同党也或被流放或被处死。

1689 年 10 月 6 日，彼得成功入主克里姆林宫。年仅十七岁的他，因七年类似流放的生活历练，已成长为一个性格坚定、遇事冷静、智慧与冷酷并存的帝王。至于伊凡，他并未废黜这位形同虚设的"第一沙皇"，而是向国人宣称他将视皇兄如父亲。

不过这时的彼得并未改变从前的习惯，虽然索非亚已倒台，但他依然沉迷于昔日的战争游戏，对履行沙皇的传统职能缺乏热情。除了必不可少的宗教活动和皇家庆典，他很少在宫廷露面，依旧常住普列奥布拉任斯科耶村的离宫，过着轻松、自由，有机会与下层人打交道的生活。

自从 1690 年秋天，他组织了第一次少年军团与射击军的实战演习以来，这种使新军与旧军处于对立地位的"交战"，就成为他的习惯。他喜欢射击军扮演战败者的角色，兴致勃勃地观看两军骂阵，继而短兵相接，接着进入激烈的"厮杀"，最后是射击军的辎重车队和军旗为对方虏获、司令被俘，演习在礼炮齐鸣、双方举杯共饮的皆大欢喜中结束。

彼得对海战和船只的兴趣依然未减。佩列雅斯拉夫尔湖宽阔的湖面，已成为他进行海战操练的场所。一座规模不大的造船厂，也在 1692 年建立起来。彼得经常亲自参加造船劳动。操练和造船交替地吸引着他的兴致，以致宫廷高级官吏不得不经常前往现场劝驾，请他回莫斯科应付时有发生的国事活动和外交礼仪。

由于佩列雅斯拉夫尔湖的水域毕竟有限，随着新船的下水，湖面就有些拥挤，也妨碍规模更大的操练。彼得开始渴望宽阔的大海和真正的海船。

怀着这一愿望，1693 年，彼得率大批随员来到北方海港阿尔汉格尔斯克。这是当时俄国唯一同西欧保持着有限贸易往来的海口。在这里，彼得第一次看见运来呢绒、服饰和染料的真正海船——来自英国、荷兰和德国的海船。另外一些同类型的船正等着装载俄国的木材、皮毛和其他土特产。

励精图治的沙皇——彼得大帝

他也第一次乘上一艘不大的快艇，作了一次较短的海上旅行。咸涩的海风飘逸着盐的芳香，向站在船头的彼得迎面扑来。面对波涛汹涌、一望无际的大海，他神情激动、思潮起伏、感慨万端。这就是他朝思暮想的真正的大海！

只有最勇敢的人，才敢于在这里搏击风浪，只有胸怀广阔的人，才能领略这壮观、动人心魄的风采。海天茫茫，涛声不已。人们的视野可一无阻挡地远达水天一色的尽头，但谁也不能在上面行走，马也不能在上面奔驰。这是个禁区，除非你有船。

"俄国需要的是水域！"年轻的沙皇喃喃自语。

的确，俄国需要的是水域。17世纪的俄罗斯依然处于封闭状态，辽阔的领土事实上切断了和海岸的联系。莫斯科公国历代沙皇通过内陆蚕食政策，缔造了一个规模空前庞大的帝国，但是积久成习的"抗海本能"，使它的臣民固守着僻居内陆的祖辈传统，而对航海生涯缺少热情。除了白海的阿尔汉格尔斯克是仅有的港口之外，俄国缺少任何足以同外部发展贸易和交通的出海口。而且白海一年有四分之一的时间被冰块封冻，不得通航，限制着俄国本来有限的外部联系。

只有打开一条通向海洋的道路，特别是拥有同西欧国家交往的海上通道，才能打破俄国的封闭落后。这是彼得在巡视阿尔汉格尔斯克之后，得到的最大感悟。

大海充满了诱惑，也充满了挑战，只有拥有海船的人才能征服大海。巡视归来的彼得决心在阿尔汉格尔斯克建造海船，他把这一重任交给了该地总督阿普拉克辛。此人为未来的海军上将，彼得海上事业的执行人。第二年6月，彼得登上刚刚竣工的俄国海船，再度出海。途中遇到狂风暴雨，使他险些葬身鱼腹。

两次海上遨游，虽有不同感受，但都激发了他对大海的深沉热爱，对海洋的向往开始成为他的生活，也是事业的一个重要组成部分。

1694年1月，彼得的母亲娜塔利娅去世，彼得伤心欲绝。他一个人来到普列奥布拉任斯科耶村的离宫。在那里，他一边沉痛缅怀自己的母亲，一边向过往的军事游戏生活道别。

从此，彼得将真正撑起俄国的兴国大业。

向西欧先进国家学习

17 世纪末的俄国极为落后。国内政治腐败，贵族把持朝政，任人唯亲，贪腐遍地。农奴制经济危机重重，饥民丛生，内乱纷纷。军事上经常遭到波兰、土耳其等强邻的进攻，射击军缺乏战斗力，经常参与反对沙皇的叛乱；文化教育方面更为落后，全国没有一所世俗学校，居民识字率不到三成。面对这样的内忧外患的严重情况，彼得下决心改变俄国的面貌。

1696 年，彼得下令组织一个庞大的"俄国大使团"，去周游欧洲各国。俄国曾经是一个国门封闭的国家，彼得以前的历代统治者中，只有基辅罗斯大公伊兹雅斯拉夫于 1075 年到普鲁士的莱茵河畔的城市美茵茨与普鲁士国王亨利四世会过面。因此，当 1696 年 12 月彼得向大贵族组成的国家杜马宣布，他将亲率"俄国大使团"出访欧洲时，俄国宫廷传来一片反对之声。

面对宫中的反对之声，彼得毫不退缩。他任命瑞士驻俄国使馆外交官勒福尔特为"俄国大使团"的第一团长，任命著名的外交家、曾参与中俄尼布楚条约谈判的费多尔·阿列克塞耶维奇·戈洛文为第二团长，任命通晓多门语言的杜马书记官普罗科菲·沃兹尼茨为副团长。而在大使团中，彼得仅仅是普通的一员，他为自己确立的官职是陆军下士。他特命工匠制作一个特制的沙皇印章，印章画面是在一个海军服役的木匠，周围是木匠工具，边上写着这样一句话"我是寻师问道的小学生"。

彼得亲自为大使团制定了出访路线图：哥本哈根、阿姆斯特丹、柏林、维也纳、罗马、威尼斯、伦敦。

彼得为"俄国大使团"确定了多重使命：第一，游说欧洲各国，联合对付俄国南部的主要敌人——奥斯曼土耳其帝国；第二，招贤纳士，广泛地引进各方面人才为己用，向沿途各国招募水手、船长、水兵以及能工巧匠；第三，为创办新式海军和陆军，购买新式火炮、来复枪以及

造船所用的起重设备、淬火所用高炉、导航仪器等；第四，大使团成员还包括三十五名"留学生"，彼得即是其中一员，任务是学习各国的造船技术、武器制造、军事地形学、战术学、指挥学等。

彼得还亲自制订了留学计划：在第一个单元里必须学会军舰的驾驶、指挥和维修等。在第二个单元里所有的"留学生"必须学会造船技术，然后每个人必须选择一个专攻的方向。

1697年8月，荷兰造船业的中心城市萨尔丹来了一名俄国留学生——二十五岁的陆军下士彼得，他不仅干起活来堪称行家里手，而且特别爱学习和钻研造船技术，总是非常虚心地向荷兰师傅提出问题。

一个月过去了，彼得的学徒期限到了，彼得的荷兰师傅以及他的工友都一致推举他为"优秀工匠"，造船厂的厂长还亲手给彼得披上大红的绶带，颁发给彼得"优秀工匠"证书。后来，当地人才知道这个彼得即是俄国沙皇。

在学习造船活动的空隙时间，彼得还特意游览了荷兰的名胜古迹，参加了各种节日庆典和交际活动，观看戏剧演出，并参观了一位教授的生物解剖室。

总之，他不放弃对一切使他感兴趣的新鲜事物的了解、学习，这里充满生机的文明生活，吸引着他的全部注意力。

但是，随着对荷兰应用造船技术的掌握，使团的成员开始向往与造船技术相关的高深理论，于是他们把行动的目标转向了较之荷兰更为发达的英国。

1698年1月11日，彼得率领三十五名留学生乘船来到英国伦敦。一踏上英国土地，彼得便走火入魔似的不放过任何提升他造船水平的学习机会。于是，人们常常看到一个身材高大的人有时打扮成工人，出现在造船厂，潜心学艺；有时又混在水手群中，细心观看英国皇家海军的军事演习。

彼得生怕浪费时间而虚度此行，所以，除了研究造船业，他还到英国皇家学会、格林尼治天文台、牛津大学等地参观。这时，他以学者自居，竟与当时的著名科学家牛顿和数学家弗哈森结交，更有甚者，他使弗哈森同意移居俄国，将其数学理论应用于航海学校的教学上。

此外，彼得也接触到英国宗教界人士，从他们那里，他了解到英国政府如何处理政权与宗教间的关系。这时的他对俄国宗教改革方案已成竹在胸。

…………

就这样，彼得率领俄国大使团出访欧洲整整十八个月，行程所及，有瑞典的里加，库尔兰公国的米图和里博，普鲁士的哥尼斯堡和德累斯顿，荷兰的海牙、赞丹和阿姆斯特丹，英国的伦敦，神圣罗马帝国（奥地利）的维也纳，波兰的拉瓦鲁斯卡等，行程数千公里。

彼得先后与瑞典王室、普鲁士的霍亨索伦家族、勃兰登堡选帝侯腓特烈三世、汉诺威女选帝侯索菲亚夫人及其女儿勃兰登堡女选帝侯索菲娅·莎洛特、荷兰政府的三级会议代表、英国国王威廉三世、神圣罗马帝国皇帝利奥波德一世、萨克森选帝侯兼波兰国王奥古斯特二世等重要人物进行了会面。在彼得的亲自挑选下，俄国政府聘请了海军、陆军、教育、艺术、数学、物理、医疗和建筑等各个方面的专门人才。

大使团回国时带回了彼得亲自挑选的俄国最需要的和他本人最感兴趣的东西，有各式武器，如弹药、大炮、手枪，有各国男女的服装和帽子、烟斗、指南针、圆规、多脚仪、各国的地图册、阿姆斯特丹的《自鸣钟》报、旧的船锚、牙科的手术器械等，还有各种奇形怪状的花花草草、鲸鱼须、烘干的鳄鱼和鸟的标本，甚至还有装在大玻璃罩中用酒精浸泡着的婴儿和畸形人标本。有的柜子上面还特意标明是彼得本人的私人物品。

通过与欧洲先进国家的比较，彼得真正看到了俄国的极端封闭和经济方面的极端落后，他决心尽自己最大的努力来学习西方的文化、科学、工业及行政管理方法等。

大刀阔斧施行改革

就在 1698 年底，当彼得返回俄国时，面对几位前来问候的大臣，

彼得突然操起手中的剪刀朝他们的胡子剪去。

位高权重的谢英大元帅最先接受这一"殊荣",号称"公爵皇帝"的罗莫丹诺夫斯基接着也失去了他的美髯,在场的大臣们无一例外地告别了自己的胡须。几天之后,当然这不再由沙皇亲自动手,大小廷臣纷纷舍弃了自己的胡子。

体面人物失去了胡须,在俄国非同儿戏。因为留须是俄国最古老的传统之一。东正教认为,胡须是"上帝赐予的装饰品",是仪表威严、品格端庄的象征,剪除胡须的行为是一种大逆不道的罪孽。但是,彼得正是选择这一传统禁区,向传统挑战。他把剪胡须提高到普及新文明的高度,作为一种国策来推行。他明文宣布:剪胡子是全民族的义务,必须强制执行;除了宗教界,任何居民要留胡须,必须交纳留须税。

这件旨在改变俄国人外观的举措,看起来似乎微不足道,但实质上是彼得"西化"改革的开端。它表明,一个民族的外观正是其精神风貌的体现。崇尚守旧象征的胡须,将成为反对新事物的抗议标识。因此,新的变革必须从革除守旧传统的象征开始。

正是从剪胡须开始,彼得正式拉开了一系列改革的序幕。这场以军事改革为中心的多方面改革,史称"彼得一世改革"。

彼得一世的改革可划分为两个时期。1700年开始的与瑞典人的战争成为变革的真正"发动机"。开始时彼得在许多方面都是下意识地行事,取决于一时之间的需要。对资金、食品、船舰、武器、训练有素的人的需要都要求进行变革,不仅是在军队里,而且整个管理、财政、工业体系都是如此。最重要的是,无论如何都要打赢这场战争。因此首批变革颇为匆忙,缺乏深思熟虑。

与瑞典人的战争行将结束时,大约在1716年,彼得又开始了第二阶段的改革。这次的改革具有较为系统的性质,已经变得合乎情理。

远赴欧洲期间,彼得曾悉心研究丹麦、瑞典、法国和其他一些国家的国家结构,企图将这些知识运用于俄国。对于所收集到的有关各国国家机构的描述和章程,他都加以仔细地研究和运用。结果,俄国中央和地方管理、立法、司法、财政、城市和教会管理等方面的改革,全都以欧洲各国的经验为依据。

不过，彼得在这方面的改革也有其自身的特点。某些情况下，他照搬西方具体机构和机关的结构及工作原则，另一些情况下，却又走的是仅仅对其中某些部分进行选择后加以运用的道路，这些部分不致妨害俄国固有的根本特征：君主专制制度、兵役制度和农奴制基础上的土地所有制。这种选择，彼得名之曰"符合俄罗斯国情"。

据说，有一次彼得对模仿与照搬划定界限的方法时称："英国式自由在我国有如豌豆抛到墙上，是无地容身的。必须了解百姓，懂得如何驾驭他们。"

因此，俄国的许多举措都与加强国内严厉的警察秩序、对违反现行法律严加惩处相结合。

史学家通常认为，彼得的改革是以军事改革为核心的，这一点在战时尤为突出。

1699年的义务兵役制，是军事改革的起点。其目的在于扩大军队的兵员。1705年和1710年，彼得又先后两次颁布敕令，将服兵役的义务由一般农户和工商户，扩大到所有纳税阶层。这一制度，始终使俄军保持着一支庞大兵员，并可源源不断地得到补充。

为了提高部队的军事素质，彼得十分重视按新战术原则对士兵进行严格训练。除了经常性的实战操练之外，彼得还亲自参加文案的编纂，制定了陆、海军条令，用新战术原则有目的地训练和武装部队。

《陆军条令》公布于1716年。它是西欧军事思想和俄国军事经验相结合的产物。彼得为编纂条令煞费苦心，甚至在出国旅行期间，还抱病对条令进行大规模地修订和补正。

条令全面地反映了俄军在战争年代所采用过的全部新战术，对快速突进、两列横队射击、肉搏战等作战方法作了具体阐述；对部队的组织管理、编制原则和服役期限也作了明确规定。

此外，条令同时也是一部刑事法典，对违犯军纪、破坏军队秩序的行为，也规定了详细的惩处措施。

《陆军条令》对此后百余年来，俄国军事的发展产生了重要影响，

培养和训练出了诸如鲁勉采夫、苏沃洛夫、库图佐夫等高级军事将领，使俄军成为一支在欧洲具有较大威慑力量的武装部队。

《海军条令》公布于 1720 年，是彼得海军建设经验和成就的汇集。条令根据俄国的具体情况，并参照英国、荷兰、法国、丹麦、瑞典五国的海军法规制定。它对于发展较为年轻的俄国海军起了重要的指导作用。

为了强化海军建设，在完成海军条令的制订工作之后，彼得又集中精力投入《海军部章程》的编纂工作。在长达两年多的时间里，他亲自动手，数易其稿，终于使俄国海军在编制、军阶、官兵的权利和义务方面，形成完整的法规依据。

为了用最先进的武器装备武装陆海军，彼得大力发展冶金工业、军火工业和造船工业。这些工业门类的出现和发展，既受军事需要的推动，也对整个经济生活发生着深刻影响。

到 1725 年，俄国已有大型工场二百三十多所。其中冶金工业产品不仅满足了军队需用，而且开始向外国出口。

军事工业的发展必然要促进民用工业的发展。因为保证军需供应和加强国防，原本是摆脱落后的手段，而且只有在本国经济实力充分发展的基础上，才有可能实现对外政策的目标。

所以，彼得已不再简单地通过扩大铸币和增加捐税来解决军队的需要，而是接受西方的经验，重视发展工商业，甚至农业的发展，来提高国力，达到富国强兵的目的。

为实现这一目标，彼得一方面鼓励外资在俄国兴办企业，希望经过一段时间的经营再转交俄国人承办；另一方面则直接从国外聘请有经验的技师，由他们帮助兴办官办手工工场。彼得两次出游西欧，都负有这一使命，并收到显著效果，体现了经济改革浓厚的"西化"特点。

此外，彼得十分注意发展私营工商业。这不仅体现在他多次颁布地方自治法令，刻意保护工商业者的政治权利和利益，而且反映在他直接采用各种优惠办法，诸如贷款、津贴、免税和垄断等措施，鼓励私人投资、兴办企业。

为了解决发展工业所需要的劳动力问题，彼得采用强制手段，征用大批农奴进入工场，从事工业生产。1721 年，他颁令规定工场主有权购买农奴和整个村庄。1722 年又规定，逃进工场做工的农奴，不再归还原来的主人。这样的强制措施，基本解决了农奴制条件下工业生产劳动力不足的问题。

　　自 1696 年开始，俄国加紧开发乌拉尔地区不可胜数的天然财富。那里有如雨后春笋般出现了许多公私冶金厂。彼得时代首屈一指的工业家当数尼基塔·杰米德奇·安图菲耶夫，这是一个办事机灵的图拉枪械技师，后来拥有大批制铁厂和炼铜厂。乌拉尔地区的工业为俄国的铁产品赢得世界声誉，被公认质量极佳，而价格却出奇的低廉。

　　1719 年实施《矿产优惠法》，根据该法，沙皇的任何臣民都可以畅行无阻地在任何地面，包括已归属他人的土地上建立工厂，而不必考虑其所有权。

　　国家机关在鼓励企业家的同时，也对私有工厂里的一切所作所为进行严格的监督。厂主若破坏既定的规章，可以剥夺其所有权。虽然这种做法某种程度上抑制了企业家的主动精神，阻碍了劳动力和商品市场的发展，但仍然在很大程度上推动了俄国经济的发展。

　　彼得进行了大规模的政治改革。政治改革的目的，是建立完整的中央集权统治，剥夺贵族杜马会议的职能，代之以参政院，下设十一个委员会，负责具体工作；罢黜大教长，代之以宗教院，使教会成为国家政权的一部分；划分行政区域，将全国分为五十个省。1714 年颁布《一子继承法》，用来巩固贵族土地所有制，改善国家财政并扩大文武官员的来源。1722 年颁布了"官秩表"法令，取消了国家机构中按照门第升擢的旧规，代之量才施用、论历取仕的新制度。彼得还颁布了一个"职能表"，将文武官员分成十四个不同的等级，所有的官员不论门第出身，都要从最低一级做起，靠功绩晋升。

　　彼得十分重视保障中央政府机构正常运作的监督机制。经过多年的探索，他在 1722 年成立了以元老院总监察官为首的监察署，实现了由独立于被监督机关的国家要员督促和检查政务活动的机构创新。这不仅

对揭露违法事件，而且对防范违法事件的发生，提供了制度化保证。出身风琴演奏家家庭的雅古任斯基，由于机敏、才干和忠于职守，荣任这一崇高职务，被称作"国家的眼睛"。

教育方面，改革的起步是通过创办各类专业学校来实现的。这首先是为培养各种军事人才的需要，有目的地进行的。最先创办的学校，是1701 年在莫斯科建立的航海学校。1705 年，该校已招收五百名学员。以后，工程技术学校、医科专门学校、矿业学校，陆续建立起来。在莫斯科还建立了一所格鲁克中学，专门用来培养外交官，以外国语为基本课程。

普通教育始于各省城创办的初等数学学校，到 1720 年前后，至少已有四十二个城市开办了这类具有启蒙性质的学校。由于服从战争需要的目的，彼得开办的学校在初期很像军营，学生也往往按新兵一样对待。许多学校都实行军事化管理，常由有经验的优秀士兵监督学生的学习和操行，对于违反纪律不履行学习义务者，动辄施以鞭笞，而不管其出身如何高贵；徇情纵容者，同样严惩不贷。这种强制性的举措，一定程度上适应了俄国当时的人才需求，至十八世纪二十年代，俄国军官中已有百分之九十由本国毕业生充任。其他方面的人才也逐步培养出来。

在文化上，彼得大力引进西方的书籍和生活方式，下令全体臣民不得穿传统的长袍和留大胡子；规定贵族子弟到了一定年龄必须上学，否则不得继承爵位，并选派留学生去西欧学习。他还简化了俄文字母，引进西方历法儒略历；建立了俄国第一座图书馆、医院、剧院、博物馆、印刷所，还出版了第一份报纸《新闻报》，并亲自担任主编。

彼得不仅在军事、行政、经济等方面进行大刀阔斧的改革，而且不顾教会势力的反对，大胆地进行宗教改革。1701 年，彼得下令将部分教会财产收归国有，主张由世俗官员来管理修道院的领地。

彼得不仅限制教会经济实力的膨胀，而且还限制教会的权力，把教会完全置于国家的管辖之下，使教会成为国家机器的一部分。

1721 年，彼得颁布了《宗教事务管理条例》，废除了总主教的职衔。政府根据管理世俗事务的委员会的形式，建立了管理教会的宗教委员会，以此取代总主教的权力。这个宗教委员会后来改名为宗教事务管理总局。总局长一职，从非宗教人士中挑选。宗教事务管理总局的局长及局内其他高级官员，像世俗官员一样，由沙皇政府任命。于是，沙皇被称为东正教的"最高牧首"。

彼得一世的改革深入而广泛，几乎超过了此前世界历史上任何一次改革。但落后的农奴制在这次改革中未受触动，他"不惜以野蛮的手段对付野蛮"，使改革充满了血腥和杀戮；他将很多人推上了断头台，甚至亲手执行他们的死刑。但无论如何，这场改革实现了富国强兵，孕育出了强大的俄罗斯帝国，使俄国跻身于欧洲强国的行列，改变了欧洲原有的政治格局。

成为驰骋欧洲的霸主

彼得在俄罗斯实行全面改革后，由于国力增强，他发动了称霸欧洲的一系列战争。其中影响最大的是他亲自指挥的波尔塔瓦战役。

波尔塔瓦战役是北方战争中，俄国、瑞典两国军队于 1709 年在乌克兰波尔塔瓦地区进行的决定性会战。北方战争开始于 1700 年，是俄国为争夺波罗的海及其沿岸地区与瑞典进行的战争。

瑞典长期称霸波罗的海，到 17 世纪末，与周边国家丹麦、波兰、俄国等国的领土争端激化。1699 年，俄国沙皇彼得、丹麦国王和波兰萨克森奥古斯特二世缔结了关于对瑞作战的条约，组成"北方同盟"。俄国允诺在与土耳其缔约后开始军事行动。

瑞典国王查理十二世针对反瑞各国同床异梦、互不协调的弊端，采取了各个击破的战略方针。战争初期，彼得的战略方针是夺取波罗的海出海口，预定攻击的第一个目标是瑞典的要塞纳尔瓦。1700 年 9 月，彼得率部进攻纳尔瓦。奥古斯特二世进军立窝尼亚。正当俄军开始围攻纳尔瓦时，奥古斯特二世却解除了里加之围，从而使瑞典国王查理十二世突然出现在纳尔瓦地区，率先攻击俄军，到 11 月底，俄军惨败。

彼得吸取这次战争失败的教训，加紧建立正规陆军和海军，发展

军事工业，准备再战。查理十二世认为俄军已无力再战，遂于1701年率军进入波兰。1701年，彼得在瑞军转战波兰之际，再次对波罗的海沿岸发动进攻。1702年，俄军相继夺占诺特堡、吕恩尚茨、杨堡和科波雷等地，在涅瓦河上大兴土木，建立新都圣彼得堡。1704年，俄军又攻占多尔帕特、纳尔瓦和伊凡哥里德。1705年，俄军一部进入波兰。1706年，瑞典军占领萨克森，奥古斯特二世战败求和，被迫放弃波兰王位。之后，俄瑞议和不成，双方准备再战。

战前，彼得的作战计划是，俄军从波兰向俄本土实施战略退却，采取积极防御战略，快速机动，诱敌深入，坚壁清野；以小战不断袭扰、疲惫和消耗敌人，积小胜为大胜，以空间换取时间，逐步夺回战争主动权，视情况在俄境内进行决战。查理十二世的作战计划是，集中主力沿斯摩棱斯克－莫斯科方向进攻，力争在俄边界地区与俄军决战，一举歼灭之。

查理十二世的大军起初于1708年攻入俄国，但俄军避免与瑞典军正面交锋，并使用他们战争时常用的对抗入侵者的方法：坚壁清野政策。俄国的夏天寒冷潮湿，难以作地面供应，查理要依赖于补给纵队运输足够的食物去维持军队所需。该补给纵队在利温赫特将军率领下，由一万一千人、十六门火炮、一群牧牛和一千辆马车组成。通常在最佳状态时，这支部队的行动都相当迟缓，更何况在路面环境不佳的情况下行进了。

由于两支军队之间没有直接联络，查理的军队只好尽力等待利温赫特将军的补给纵队快些到来。在两支军队距离只剩下一百三十公里远时，查理却决定放弃，命令军队拔营并转往南方到乌克兰以搜寻食物及等待较好的天气。乌克兰则在马日帕的指挥下，与查理谈判，并与瑞典正式结盟以争取从俄国中独立。

此时，利温赫特将军也转往南方，并在横渡邻近村落一条小河时受到俄军攻击。利温赫特欲全速会合查理，所以他遗弃了很多火炮、牧牛及大部分的食物。等到他终于在冬天与查理的主力会合时，只剩下六千人，而且没有了补给物。

到了春天，查理重新开始进攻，但在冬天因饥饿、冻伤或其他天气因素而损失了三分之一的兵力。查理第一时间的行动就是围攻在乌克兰境内禾斯卡拉河畔波尔塔瓦的要塞。彼得早已组织了一支庞大的军队保卫要塞，并快速地建立起一条反围攻的战线，引诱瑞典军进入要塞和俄军之间的陷阱。

一切布置停当，当彼得指挥四万五千名士兵反攻时，查理十二世麾下只有两万名士兵。令瑞典军更不利的是，查理十二世于 6 月 17 日视察前线基地时，被禾斯卡拉河河堤上的一名俄军狙击兵用滑膛枪击伤腿部，他只好调整计划，准备突破俄军防线从北方逃脱。

6 月 28 日凌晨 3 时许，战斗正式打响。瑞典军开始向俄军防线攻击。起初，战役是以传统的战争风格进行，受训较佳的瑞典军向俄军的左翼与中心挤压，突破了一些俄军的据点。瑞典军看来好像占有优势，但很快就失去了。黎明时分，天气变得又热又湿，初升的太阳被火炮与滑膛枪的灰烟弄得模糊。彼得拥有相当数量的步兵，拖住了拥有火炮的瑞典军。

早上 8 时许，由利温赫特将军指挥的瑞典军步兵，尝试攻击俄军营垒时被打退，并因差劣的通信导致迷失了方向。接着，由胡斯将军指挥的瑞典军分遣队两千六百余人，被俄国四千人援军纵队包围。瑞典军分遣队在伤亡一千人且弹药耗尽后，由胡斯将军率领余下的残兵败将向俄军投降。

在战场北面，早上 10 时，瑞典军的进攻被曼斯基哥夫将军指挥的俄军骑兵反攻击溃。瑞典军右翼的步兵被彼得亲率的俄军中央步兵包围。10 点 30 分，巴华将军率领俄军骑兵再次进攻瑞典军的左翼及后方，并迅即将瑞典军防线瓦解。

看见自己的军队在后方被打败，查理于 11 时下令撤退。他纠集剩余的瑞典军与辎重队列，放弃围攻波尔塔瓦，准备撤往南方。然而俄军在后紧追不舍，三天后，瑞典军大部在皮列禾洛查拿镇投降。查理十二世率千余人逃往土耳其。

波尔塔瓦会战是北方战争的转折点，俄军从此转入战略进攻，瑞典

励精图治的沙皇——彼得大帝

的军事强国地位开始动摇。此后，丹麦、萨克森恢复与沙俄的结盟，奥古斯特二世重登波兰王位，普鲁士和汉诺威也加入北方同盟。1710 年，俄军乘胜在波罗的海沿岸先后攻占里加、雷瓦尔、维堡、克克斯戈尔姆和尼塞尔岛等要地。

不久，土耳其对俄宣战，彼得于 1711 年夏率军南征土耳其。然而，这一次幸运不再属于他。他的军队在普鲁特河畔陷入土军和克里米亚汗国军队重围。最终，俄军因弹尽粮绝被迫乞和，以归还亚速、允许查理十二过境回国为条件，与土耳其停战。

随后，彼得恢复对瑞典的进攻。1714 年 8 月，彼得亲率俄国舰队在汉科角海战中击败瑞典舰队，取得海军建立以来首次胜利。

此后，俄国通过战争吞并了包括爱沙尼亚、拉脱维亚和芬兰附近的一片重要领土。虽然征服的领土并不很大但却很重要，因为它给俄国提供了波罗的海上的一个出口，也就是为其提供了一个"瞭望欧洲的窗口"。

后来，彼得在涅瓦河两岸，即在征服瑞典所获的土地的一部分上，建立了一座新城市——圣彼得堡（后来曾一度改称为列宁格勒）。1712 年，他把首都从莫斯科迁到圣彼得堡。从此，圣彼得堡就成了俄国与西欧交往的主要地点。

1721 年 10 月，彼得被枢密院封为"大帝"和"祖国之父"，俄国改国号为俄罗斯帝国。

此后，彼得决定进军里海，远征波斯。

里海，是连接波斯和俄国的世界上最大的内陆海。彼得早就奢望通过夺取里海西南的土地，打开一条经由波斯通往印度洋的道路。1715 年，担任波斯专使的阿尔杰米·沃伦斯基就曾奉诏对波斯沙赫（波斯皇帝的称呼）进行试探。他试图说服沙赫：波斯与西欧的丝绸贸易，从水路运到圣彼得堡，比由土耳其的陆路转口更为有利。

但是，18 世纪初的波斯正处于封建割据的混乱之中，分崩离析的沙赫政权无法满足彼得的大胆计划。此外，土耳其封建主已在利用波斯政局的混乱，对波斯的南高加索属地用兵。

土耳其人在里海西南部的扩张，将使彼得经由波斯进入印度洋的计划化为泡影；同时，由于这个传统敌人在边境地区实力的扩大，也将使俄国南部边疆的防务更趋复杂化。因此，当为北方战争胜利庆祝的烟火尚未熄灭的时候，醉心于打开南部通道的彼得就立刻点燃了远征波斯的战火。在他看来，征服暴乱四起、民怨沸腾、宗教迫害不断加深的南部邻邦，正当其时，且轻而易举。

1722 年 5 月，当波斯人洗劫了俄国商人在舍马哈的商店，当阿富汗人闯入伊斯法罕这些消息在圣彼得堡开始盛传的时候，在彼得的亲自指挥下，两支同时开拔的俄国军队浩浩荡荡地向里海进发了。7 月，部队抵达阿斯特拉罕，然后兵分两路：步兵从这里渡过里海，向杰尔宾特方向挺进，骑兵从陆上沿海岸南下。参加这次远征的俄军约有四万人，包括五千名水手，两万两千名步兵，九千骑兵，以及一些非正规部队。

这次俄军南下所面临的敌人并不十分强大，途中除了一些小规模的遭遇战，并未遭遇太大的障碍。但是，由于骑兵在行军途中严重缺水，渡河的陆军又缺少船只，所以征途备受艰辛。

8 月 23 日，在俄国大军威胁下，杰尔宾特不战而降。俄国占领了这座曾由马其顿王亚历山大大帝建造的城堡。但这里不是俄军南征的最终目标，彼得渴望攻占具有重要战略和经济地位的巴库。

占领巴库，俄军将面临两大困难：一是粮草缺乏，二是气候酷热。越过杰尔宾特试图南进的俄军，头顶骄阳，脚踩砾石，找不到河流，看不见小溪，没有一滴水，没有一丝风。疲惫的士兵们绝望地看着湛蓝的天空，没有一块云，他们嗓子冒烟，舌头发干，昏昏欲睡。接着，前方又传来一个打乱全盘计划的消息，停泊在杰尔宾特港外的运粮船遇到了意外风暴，粮草尽数沉没里海。饥渴的俄军处于一片混乱之中。

彼得立即召开军事会议，决定主力部队撤回阿斯特拉罕，待来年再重整旗鼓进军。新占领的杰尔宾特、塔尔基等三个城堡，由俄国卫戍部队驻守，算是这次南征的主要战绩。

第二年，俄陆军没有再次出动，而主要由里海区舰队完成了攻占巴库等地的军事任务。此后，俄国与波斯于 1723 年签订了《圣彼得堡条约》，波斯将里海西部和南部沿岸的土地割让给俄国，俄国以支持波斯对其敌人（指土耳其）的斗争作为交换条件。《圣彼得堡条约》是波、俄之间最早的不平等条约，它加强了俄国在里海西南部地区的优势，为19世纪初俄国吞并南高加索，并在波斯北部推行殖民化政策创造了条件。

与此同时，俄国继续向远东扩张，侵占了堪察加半岛和千岛群岛。俄罗斯的领土一再扩大。

从此，俄罗斯跻身于欧洲强国之林。

巨人西去，迷雾不散

远征里海归来后，彼得基本告别了戎马倥偬的军事生涯，开始集中全部精力充实、完善他几乎从未停顿的改革大业。

改革虽然早就铺开，许多举措也已初见成效。但是，随着改革的深入，改革遇到的阻力就愈大。为了同反对改革势力作斗争，早在1718年，彼得亲手处决了企图复旧的皇太子阿列克谢。此后，他不惜以严刑酷法为武器，对付一切敢于反对改革、破坏改革的言行和人物。

继血雨腥风般地镇压了太子余党之后，彼得开始运用这一武器惩罚所有玩忽职守、侵吞公款和勒索贿赂的腐败行为。

彼得一生对贪污受贿深恶痛绝。随着改革的深入，经济生活的活跃，贪赃枉法之风开始弥漫宫廷朝野，许多在战争岁月不避生死追随彼得的亲密朋友开始涉足各种盗窃国家财产的丑闻。比如西伯利亚省督加加林公爵、总督察官涅斯捷罗夫等，特别是战功赫赫的缅希科夫将军的丑行，更是让彼得痛心不已。

彼得与缅希科夫相识于青少年时期。那是1686年的夏天，在皇宫附近的街头巷尾经常有一个手托货盘叫卖馅儿饼的少年，他兜卖时的执着劲儿和淘气的神态令人忍俊不禁。

当时年仅十四岁的彼得，虽然已经当了几年沙皇，但毕竟还是个孩子，他见到这个机灵的小贩也顿生好感。

有一天，不知是什么原因，卖馅儿饼小家伙与一名特种常备军士兵争执起来，闹得还挺凶，小家伙的耳朵差一点被扯下来。这一幕被彼得发现了，他立即传旨制止士兵不得欺侮这可怜的孩子，并将其带到跟前。

孩子的机灵乖巧让小沙皇很是喜欢，当即下令将其编入少年军团当了一名小炮手，同时收在身边当自己的勤务兵。这个少年就是后来在俄罗斯政坛上叱咤风云的缅希科夫。当时他仅十三岁，比彼得还小一岁。

由于忠诚和勤恳，缅希科夫很快博得了彼得的信任和好感，并成为彼得的心腹和得力干将。此后，他一路跟随彼得，由于战功卓著，官至陆军元帅。

然而，虽然位高禄厚，缅希科夫却从不放弃"赚外快"的机会，甚至于蝇头小利也不放过。以至于当时的人描述说："无论路过哪个地方，他盗窃拐骗，徇私舞弊，巧取豪夺，敲骨吸髓，无所不为。"

比如，在乌克兰，他把一万五千名农奴据为己有。在波兰，他迫使一些领主以极低的价格出让大片土地。他侵吞用于自己部队给养的军费，利用自己的影响换取高额的捐赠，还私自征用粮食。甚至还有人传言，一次他帮彼得购买了两个假发套（当时最重要的礼仪必需品），却报了八副假发套的账，而一副假发套不过价值十卢布。

缅希科夫通过巧取豪夺得来的财产究竟有多少，谁也说不清。人们只知道，他的富丽堂皇的府邸在圣彼得堡首屈一指，府邸内部是个名副其实的宫廷，其排场之豪华，花费之巨大，无人可比。

缅希科夫滥用职权之事几乎尽人皆知，彼得当然也有所闻。一天，他将自己的这位宠臣带入宫廷作坊的车间内狠揍了一顿。然而他很快又对自己的这位铁哥们不计前嫌，当天晚上两人就在一起推杯换盏，直到酒量不如彼得的缅希科夫醉得不省人事，倒在桌底下为止。

也就是说，虽然彼得痛恨腐败，惩治腐败，但腐败蔓延之广、之深，又令他在决心清理之时不得不有所顾忌。

有史书记载，彼得曾命令总监察官雅古任斯基起草一道诏令，要严厉惩处一切犯有盗窃国库罪的人。他指示，盗窃国库的钱如果够买一根绳子，那么就用这根绳子将盗窃者绞死。总监察官反驳说："其实我们大家都在偷，只不过有的人比别人偷得多一点，巧妙一点罢了。"彼得认为他说得有理，诏令不得不被撤销。

诸如此类的事件，毒化了彼得晚年的心情，特别是当他身边的头面人物卷入违法案件时，更是如此。他开始困惑不解，为什么许多跟随自己多年，南征北战、生死与共的战友，一旦到了和平时期，总不能克制对非分之财的欲望，而不顾忌自己的名誉和信用？不少的战友已经去世，但更多的战友正以秽行在背离他所开创的事业。

彼得无法理解这些变化。他变得不大与人来往而且容易动怒，昔日炯炯有神的目光，如今已黯然失神。他过上了以往自己所不习惯的离群索居生活，常常凝神默想，若有所失。显然，战友们的劣迹已使他失望。同时，他也在考虑，不惜生命为之奋斗的事业应该交付于谁？

自从皇太子阿列克谢获罪致死以来，彼得就一直没有可供选择的理想继位人。他对皇孙，即阿列克谢的九岁的儿子十分慈爱，但不放心由他来继承皇位，因为孙子有可能受外戚的影响承袭其父的立场，而反对祖父的事业。至于他和皇后叶卡捷琳娜所生的两个女儿——安娜和伊丽莎白，虽聪明可爱，但他认为都不是他所期望的坚强有力的事业继承者。还有谁呢？

最后，他选中了妻子叶卡捷琳娜。

这位出身卑微的女子，不仅天姿国色、善解人意，而且多年来一直伴他南北征战，备尝艰辛，功勋卓著。特别是在普鲁特河远征期间，俄军一度遭遇危险，最后在叶卡捷琳娜的谋划下，靠她牺牲随身佩戴的珠宝，贿赂了土军司令，才使俄军死里逃生。此举不仅令彼得长期感念，而且赢得了士兵们的尊敬。此后叶卡捷琳娜在彼得的恩宠下，青云直上，成为彼得身边任何人都不可取代的知音和贤内助。正因如此，彼得才决定，由叶卡捷琳娜来继承自己沙皇的位置。

1724年3月，疾病缠身的彼得为皇后叶卡捷琳娜在莫斯科举行了隆重而庄严的女皇加冕仪式。

此后，他回到圣彼得堡，忍住病痛，强打精神，继续起草和审定各

种敕令和指示。

1725年1月，彼得做了他一生中最后一件大事：他任命维图斯·白令为堪察加考察队队长。这支考察队在不久后启程并最终发现了亚洲与美洲的界线——白令海峡。

1725年2月8日，在与病魔抗争了数日后，俄国历史上最伟大的君主彼得大帝与世长辞，终年五十三岁。

彼得虽然故去了，然而在他身后却出现了一些难解之谜。首先是关于他的死因。

对于彼得的死因，人们一直众说纷纭。一说是他连年征战，损耗了健康，加之纵欲无度、饮酒无制，因而得了不治之症。另一个说法是，彼得是被外国情报机关下毒致死的。不过，近期的研究认为这一说法不可靠。据现代医学研究，彼得是死于膀胱发炎和排尿困难所引起的肌体全面中毒，而排尿困难则源于前列腺腺瘤或尿道狭窄。这都是他身患淋病的结果。

相较于他的死因，更让人迷惑的，是关于彼得的所谓"遗嘱"。

一百多年后的1836年，法国有人出版了一本作者叫德奥的人所写的回忆录。在这本回忆录里，德奥首次披露了一份令世人震惊的《彼得大帝统治欧洲的计划》，因而引起轰动，回忆录立刻一售而空。

这份《计划》也就是后人所谓的《彼得大帝遗嘱》，其正文部分有十四条。主要内容有：（一）俄国长期保持战争状态；（二）罗致各种人才；（三）积极参与欧洲事务；（四）瓜分波兰；（五）征服瑞典；（六）王室联姻；（七）与英国结盟通商；（八）沿黑海、波罗的海向南北扩张；（九）挺进君士坦丁堡与印度；（十）维护与奥地利的同盟关系；（十一）挑动奥地利与欧洲各大国作战；（十二）全面统治希腊；（十三）利用法、奥中的一个制服另一个；（十四）征服日耳曼和法国。

《遗嘱》暴露了沙俄妄想通过称霸欧洲进而征服世界的野心，涉及欧洲和世界多个国家的安全，这让世界上许多国家的人们都心生寒意，对此表示密切关注。《遗嘱》也先后被译成多种文字出版。

不过，许多都人在问，这份《遗嘱》是真的吗？

想要弄清这些问题，自然需要从引发问题的关键人物德奥说起。

德奥并非"普通"人，他是彼得大帝的女儿伊丽莎白的宠臣。自从彼得死后，俄国宫廷在相当长的一段时期里陷入了极为混乱的局面，从1725年到1762年的短短的三十七年间，走马灯似的换了三个沙皇和三个女皇。伊丽莎白就是其中的一位。她于1741年登上沙皇宝座，治国无道，极善淫乐。当时，她在宫廷里豢养了一大批"面首"，法国人德奥是她最宠爱的一个。可这个愚蠢的女人却不知道，德奥的真正身份其实是打入俄国宫廷内部的法国情报机构间谍。

据德奥在回忆录中讲述，有一年夏天，他住在圣彼得堡郊区的沙皇离宫内，在堆积如山的档案文件中，意外地发现了《彼得大帝统治欧洲的计划》。当时他欣喜若狂，如获至宝，马上一字不漏地抄录了一份。1757年，德奥秘密将该抄录件呈递给了法国国王路易十五。

据相关史书记载，德奥的回忆录并非杜撰，他确实奉命打入沙俄宫廷充当间谍，完全有可能获悉沙俄宫廷内部的绝密消息。

然而，许多权威的苏联历史专家却认为《遗嘱》纯系伪造，断然否定它的存在，对于流传世间的种种传闻，表示不屑一谈，不值一驳。曾经关注过《遗嘱》的许多国家经过长年考证，也认为《遗嘱》是伪造的。

据史料记载，1724年冬，彼得大帝巡视芬兰湾后突发肺炎，后一病不起。次年2月7日下午，彼得已处于弥留之际，他勉强写下了"将一切传给"几个字后便无法再提笔，只好唤出自己的女儿，拟口授遗嘱。可是当他的女儿来到榻前时，彼得已昏迷不醒，此后一言未发，直至2月8日凌晨死去。

实际上，彼得既没有留下书面遗嘱，也没有留下口头遗嘱，甚至连继位的遗嘱也未留下，所谓《彼得大帝遗嘱》有头有尾、有条不紊、读之成章、顺之成理，何来之有？

此外，从《遗嘱》的发现经过来看，高度机密的国家文件竟会夹在堆积如山的一般档案里，这是令人怀疑的。再则，依据德奥提供的线索，有关人员在沙俄档案中并没有检索到《遗嘱》原件。

还有一个令人怀疑的地方是，从《遗嘱》内容本身看，全文的表述方式太过直白，形如儿戏，有人认为这是造假者不懂政治的缘故。

那么，如果真无《彼得大帝遗嘱》，那么这份伪遗嘱的杜撰者会是谁呢？专家们认为，只能是德奥本人。德奥出于邀功的目的，杜撰了这样一份所谓的《彼得大帝遗嘱》。

不过，有些专家认为，《彼得大帝遗嘱》的文字虽然是杜撰的，但内容完全可能是真的。正如前文所述，17世纪的俄国是一个远离海洋的内陆国家，彼得想走出内陆，拥有海上统治权。他的这种想法用现代人的眼光来看，是很有前瞻性与战略性的。他上台以后，立即着手制定了征服世界的蓝图。此后，彼得发动了长达二十一年之久的北方战争，战胜瑞典，夺取波罗的海出海口，从此打开海上之路。接着，又与波斯一决高下，获得里海沿岸一带的统治权，又瓦解了波兰武装力量。1712年，彼得下令将首都从莫斯科迁到圣彼得堡，据此要塞，以窥视整个欧洲。

彼得大帝并不满足于此，他又命令俄国海军总司令阿普拉克辛找到了一条经北冰洋到中国和印度的航线。

综观彼得一生，他尽毕生之力，终于使沙皇俄国从一个内陆国家变成一个濒海帝国。所以，从彼得一生的所作所为来看，与《彼得大帝遗嘱》是十分吻合的。《遗嘱》作为一份反映沙俄统治集团对外扩张野心的文件，还是有着极大的真实性。

另据记载，在德奥将《彼得大帝统治欧洲的计划》呈递给路易十五四十年后，一个流亡法国的波兰将军也曾向大革命时期的法国政府提交过一份文件，并称该文件是从俄国沙皇的档案中发现的，这份文件名为《俄罗斯扩张计划概要》，内容与德奥呈递给路易十五的完全相同。

是偶然的巧合，还是另有蹊跷？也许谜底是永远无法揭开了。

但无论如何，作为俄国历史上一位雄才大略的专制君王，彼得留给历史的印迹是难以抹去的。

第七章

一生无憾的"开明君主"——
腓特烈大帝

小 档 案

腓特烈（1712—1786 年），普鲁士王国第三任国王，通称腓特烈二世，又被称为腓特烈大帝。他在位的近五十年中，近乎疯狂地扩军，极力加强军事官僚专制制度，多次发动侵略战争。他以少胜多，以弱制强的赫赫战绩，使后世的拿破仑都为之折服。

在叛逆中长大

1806 年一个阳光灿烂的秋日，横扫欧洲的拿破仑带领一帮军官和随从，来到刚刚被他占领的柏林近郊。他指着一座墓碑上的人名说："只要他还活着，我们就不可能站在这里。"

拿破仑所说的这个人，就是普鲁士王国的第三任国王——腓特烈二世。

拿破仑的这一句话，道出了腓特烈的威力。世界上真正能使拿破仑如此害怕的人，恐怕只有腓特烈。

1712 年 1 月 24 日，腓特烈出生在柏林的波茨坦王宫，他的父亲是普鲁士第二任国王威廉一世，他的母亲索非亚王后是英国国王乔治二世

的同胞姐姐。腓特烈的出生让一向只对大炮和步枪感兴趣的国王欣喜若狂，老国王甚至暂时地离开了军营，把精力转移到培养接班人上来。不过，威廉一世的教育方式却让小腓特烈痛苦不堪。

腓特烈从小就才思敏捷，喜学好问，父亲威廉一世却刚愎自用，醉心于军事活动，所有与治军治国无关的事情都不许儿子参与。

威廉一世经常暴跳如雷，打骂并施，一意孤行，强迫儿子按自己的意志行事，全然不顾儿子的兴趣和爱好。威廉一世认为，儿子学习拉丁语、研究文学和哲学、喜爱吹笛子，都是不务正业。他曾赶跑儿子的教师，尖酸刻薄地嘲讽儿子的思想和行为。这一切深深地刺伤了小腓特烈的自尊，扭曲了他幼小的心灵。

随着腓特烈渐渐长大，父亲对他的暴虐控制更是变本加厉。这让腓特烈产生了强烈的逆反情绪，他私下里购买了大量的文学和哲学书籍，还学会了吹奏长笛。每当父亲要对"玩物丧志"的他大刑伺候的时候，腓特烈就跑到母亲那里寻求庇护。一来二去，国王和王后的关系也日益紧张。

1730年，威廉一世张罗着给十八岁的儿子娶媳妇儿。只要熟悉一丁点欧洲历史的读者就知道，当年的欧洲王室成员，尤其是王储们，都是搞政治联姻，而且联姻的结果大多是近亲结婚。

威廉一世为了儿子的婚事煞费苦心。选来选去，最终选定儿子的一个表妹，奥地利布伦施威克——贝尔芬家族的女公爵伊莉莎。这位女公爵不仅跟小腓特烈门当户对，而且据说还貌美如花，端庄大方，总之全欧洲找不出比她更合适当普鲁士王储妃的了。

可是老国王没想到，小腓特烈不喜欢这个表妹——他喜欢的是另一个表妹，英国国王乔治二世的女儿阿梅利亚。两个小青年曾经见过几面，据说小腓特烈对这个表妹的印象是出奇好。所以小腓特烈想说服他爹，给自己找这个表妹当媳妇儿。

其实，威廉一世倒也不是个完全不通人情世故的老顽固，让哪个外甥女当自己的儿媳妇差别都不大。但是作为国王，他必须从政治的角度考虑问题：由于奥地利和法国都不愿意看到普鲁士和英国因为这次可能的联姻而搞到一起去，所以他明确告诉自己的儿子，阿梅利亚你就甭想了，婚姻自由这档子事跟你小子没啥关系。

小腓特烈也是个倔脾气，居然联络了几个小伙伴，准备一起偷渡到英国去。

小伙伴们好不容易逃出了柏林，可最后还是在普鲁士的国境线上被抓住了。老国王怒不可遏，为了杀鸡儆猴，就当着儿子的面，把跟小腓特烈一起出逃的一个贵族小青年——汉斯·赫尔曼·冯·凯特的脑袋给砍了下来。

要是小腓特烈的两位哥哥当中能有一个活下来当王储，说不定这次小腓特烈自己就成了儆猴用的鸡了。

老国王余怒未消，又把小腓特烈关了禁闭，而且一关就是一年半，在此期间还把他的王储资格给暂停了。

小腓特烈吓坏了，他后来走上伟人之路，说不定跟这次的事情有着很大的关系。

十八个月的禁闭期满之后，小腓特烈向他老爹表示屈服，答应娶伊莉莎表妹，还答应把自己的主要精力放在军事和政治上。

毕竟父子连心，威廉一世也对自己的儿子做出让步，允许他用业余时间发展吹笛子、跳舞之类在自己看来很不靠谱的所谓业余爱好。于是，小腓特烈就这样结婚了。不过，他的婚姻状况很不乐观，尽管他这个门当户对的老婆长得也挺漂亮的，可是腓特烈一辈子始终不跟她亲热，更别说留下一男半女了。

不仅如此，作为一国之君的腓特烈，一生除了这么个名义上的老婆之外，再没有过别的女人。

婚礼一结束，小腓特烈就被父亲派到军营里面锻炼去了。事实证明，腓特烈的军事天赋很高，把父亲分配给自己的那个军团带得有模有样，他那个严厉的父亲也很是得意。

不久，腓特烈作为攸琴亲王的部下参加了一次战争，虽无殊勋，却劳绩突出，获得了一处私邸。从此，腓特烈可以静心沉溺于自己的嗜好中，每天钻研军事、政治、文学和音乐。

腓特烈从小受的是法文教育，因法国国王路易十四久为欧洲盟主，使法文在欧洲享有盛名，在日耳曼所占优势更大。在这种教育熏陶下，腓特烈酷爱法国文学，可上帝赋予他的只是军事、政治天才，而很少文学细胞。因此，腓特烈虽然勤奋，渴望发表点不朽的诗文，但除了在大文豪伏尔泰的大力帮助下出版了一本《反对权术主义》一书外，其他并无多大建树。

不过，虽然做不了文学青年，但用不了多久，他就有了大展才华的机会。

善于以少胜多

1740 年，威廉一世突发心脏病去世，腓特烈继承王位，成为普鲁士的第三任国王，通常又被称为"腓特烈二世"。

当时，普鲁士的人口只有二百五十万，却维持着一支八万人的常备军，而人口两千万的法国，陆军总数也不过十六万。在威廉一世的时代，普鲁士士兵始终在军营中操练，没有一场大规模的战争让他们一展身手。而到了腓特烈二世的时代，普鲁士陆军终于得到了证明自己的机会。

后来的事实证明，腓特烈不但是一个杰出的军事统帅，而且还是一个睿智的军事理论家。他创立了著名的"斜进战斗队列"的理论，其要点是将本方作战队的一翼缩回，加强准备进攻的另一翼，使之在局部上形成优势而攻击敌方的侧翼，适用于以少打多的情况，在敌方大部队未投入战争之前就取得一个决定点上的胜利。他还确立了许多著名的作战原则，如"保护你的侧翼和后方、迂回敌人的侧翼和后方""以歼灭敌方有生力量作为主要目标"等。

腓特烈即位第一年就迎来了实践他的军事理论的好机会。就在威廉一世去世后不久，奥地利国王兼神圣罗马帝国皇帝查尔斯六世也驾崩了，皇帝的小女儿特蕾西娅继承了帝位。对于这位可怜的女士，腓特烈不但没有"同病相怜"的感觉，反而以帝国历史上没有女性皇帝为借口，联合法国、萨克森、巴伐利亚，发动了对奥地利的战争。

腓特烈当然不是想维护什么帝国的传统，他的目的是趁着奥地利政局不稳，一口吞下奥地利的西里西亚地区。西里西亚在当时算得上是一块财富之地，这里土地肥沃，纺织业发达，每年的税收足够养活一支精锐的军队，是一剂增强普鲁士国力的大补药。

1740 年底，腓特烈带着父亲留下的精兵悍将，突袭了西里西亚，不但击溃了当地守军，还在莫尔维茨会战中重创了奥地利的援军。不过初上战场的腓特烈远没有后来的英明神武，他被鲜血、残肢和死亡折磨得有些神经衰弱，居然把指挥权交给了施威林元帅，自己跑到后方休息去了。

腓特烈离开不久，在施威林元帅的指挥下，普鲁士步兵的素质在不利的战场形势下发挥了关键作用：几乎被奥地利骑兵踏碎、全团军官死伤惨重的普鲁士第十五步兵联队拉起战旗重整队伍，并且挡住了奥地利将军罗默尔与他的骑兵继续推进。在这关键时刻，舒伦堡伯爵集中手中所有骑兵杀入奥地利骑兵的侧翼，双方展开混战，结果舒伦堡伯爵与罗默尔均在混战中阵亡。

骑兵的威胁消除后，施威林元帅迅速将右翼普军重整成功。这时，奥地利奈贝格元帅下令奥地利军的剩余骑兵前往袭击普军左翼，但被猛烈的散弹和排枪火力击退。随即，双方步兵开始交火，普鲁士军运用"斜进战斗队列"理论，用猛烈的火力和严整的战列队形击溃了奥地利步兵。

傍晚，奈贝格元帅由于弹药即将用尽，而且也无法找到合适的办法突破拥有高度组织与纪律性的普鲁士军战列，于是在抛弃重装备后，返回本国。

在这次会战中，普鲁士军死伤五千五百余人，略多于奥地利军的五千三百人。但是，由于奥地利军败退，所以普鲁士军在清理战场时得以把现场的奥军火炮枪支全数缴获。

实事求是来说，腓特烈的第一次战役赢得并不太光彩。但是像腓特烈这样具有哲学头脑和思辨能力的人，总是善于总结和吸取教训的。很

快他就发现，这次战役给自己带来两个教训。第一个教训，是自己受施威林等元老的影响太深。本来腓特烈战前想让普军先巩固占领区修筑工事，并且适当集中兵力。但是施威林元帅主张先解决粮草供应问题，腓特烈没有坚持己见，否则也不会造成战前分兵那样的尴尬局面。自这场战役之后，腓特烈学会了凡事要依靠自己的判断，再也没有被部下将领的不同意见所左右。第二个教训，是普鲁士军队的侦察能力和骑兵急需加强，没有精锐骑兵，也就没有好的侦察。

会战后，普鲁士军进入休整，因为腓特烈的目的是吞并西里西亚，如今目的已经达到，他再没有兴趣为别人的继承权卷入战争。而奥地利，也急于把奈伯格元帅的军团用于抵抗法国和巴伐利亚，所以普奥之间签订了秘密停战协议——《布雷劳斯条约》。

协议规定，奥地利承认普鲁士对西里西亚的占领，普鲁士则退出反奥同盟。

经过第一次西里西亚战争，普鲁士国土扩大了三分之一，人口和经济收入也有所增加，一跃成为欧洲令人瞩目的强国。

《布雷劳斯条约》签订后，特蕾西娅腾出手来全力对付法国及其盟友，将法军赶出波希米亚，并迫使法军于当年冬季撤回本土。巴伐利亚也在奥军的打击下失去自己的世袭领地。为了加强自己的地位，奥地利先后与英国、萨克森和撒丁缔结了盟约。

腓特烈感觉形势不妙，担心西里西亚被夺回，也积极采取对策，拉拢巴伐利亚、黑森、普法尔茨侯国和法国，与它们缔结了同盟。为进一步削弱奥地利，腓特烈决定先发制人，攻占奥国管辖的波希米亚。

1744年秋，腓特烈背信弃义地撕毁《布雷劳斯条约》，率领八万大军突然攻入当时孱弱的萨克森。萨克森无力抵抗，不得不同意普鲁士军队借道萨克森开往波希米亚。普军长驱直入，几乎未受什么堵截，就拿下布拉格，并率师直捣奥地利首府维也纳。

但是，腓特烈很快就遇到了麻烦。不甘受欺凌的波希米亚人民奋起反抗，掩埋粮食，逃入森林，组织游击队，四出伏击和袭扰普军；同时，奥军切断了来自西里西亚的补给线，完好无损的萨克森军也在普军后方伺机而动。在此情况下，普鲁士不得不从波希米亚撤退。

1745年，腓特烈卷土重来。5月，普军在西里西亚的霍亨弗里德堡击败奥军。9月，在索尔再次击溃奥军。12月中旬，又在德累斯顿地区击溃萨克森军。这时，腓特烈意识到，打击和削弱奥地利的目的已达到，要进一步扩大战果，有可能招致更多国家的反对，于是他又重演单独议和的故技，普奥之间签订了《德累斯顿条约》。条约规定，奥地利最后确认普鲁士对西里西亚的所有权，萨克森向普鲁士赔款一百万塔勒（塔勒是当时德奥地区的通用货币单位）。

第二次西里西亚战争虽然结束了，但由腓特烈挑起的战争前后持续了八年，直到1748年战火才最后熄灭。战后，普鲁士渐渐强盛起来：在神圣罗马帝国疆域内，逐步形成普、奥对峙的局面；在欧洲，普鲁士成为能与法、奥诸强分庭抗礼的强国。

而且，普鲁士以弱胜强，击败了奥地利，不仅让欧洲各国大跌眼镜，还让腓特烈成为普鲁士人心中的"不败战神"。在腓特烈凯旋的时候，柏林的市民们喊出的已经不是"国王万岁"，而是更为高昂的"大帝万岁"，可见当时普鲁士人对他们的年轻国王的尊崇。

进行大规模的国内建设

西里西亚战争的胜利给普鲁士赢得了十余年的和平建设时期。腓特烈抓住这个战略机遇期，进行了大规模的国内建设。

百年大计，教育为先。腓特烈首先做的就是在普鲁士实行义务教育，不但让贵族子女进学校学习，而且让平民的孩子也能免费进入校园学习。接着，腓特烈又成立柏林皇家科学院，还设立了巨额的奖金，鼓励普鲁士人探索科学的世界。

推进司法改革也是腓特烈的施政方略之一。他推行"国王是国家第一公仆"的准则，竭力避免封建制度的流弊。他规定，普鲁士的人民可以通过上书或求见的方式向国王求助。

1777年，腓特烈在致司法部部长的信中说："我很不高兴，那些在柏林吃上官司的穷人，处境是如此艰难。还有他们动辄就会被拘捕，比如来自东普鲁士的雅各布·特雷赫，他因为一单诉讼而要在柏林逗留，警察就将他逮捕了。后来我让警察释放了他。我想清楚地告诉你们，在我的眼中，一个穷困的农民和一个最显赫的公爵或一个最有钱的贵族没有丝毫高低之别。法律面前人人平等！"

可以这样说，推行"法律面前人人平等"的原则，是腓特烈当政时期最令人称道的举措，对后世的影响极为深远。

同时，对移民和普鲁士境内的小宗教信徒（主要指胡格诺教徒和天主教徒）宽容开放，也是腓特烈内政的特色之一。当时，在柏林的腓特烈花园里，一座新教的教堂和一座天主教教堂并排而立，可算得上18世纪欧洲独一无二的景致。腓特烈对此的说法是：纵然行事方式各异，但人人都是可到天堂的。

此外，腓特烈还先后推行了农业改革——种植高产的马铃薯以解决粮食问题，在自己的国王领地上取消农奴制等；军事改革——取消强迫农民当兵的政策，将军费的主要来源由国家财政负担改为由王室的领地收入负担，以减轻国家的财政压力……

更令人称道的是，腓特烈还给予普鲁士人出版和言论的自由，他甚至允许书店展出以自己为对象的漫画。为此，他曾说过一句经典名言："我和我的子民达成了协议，我干我想干的事，而子民则说他们想说的话。"

在封建气息尚存的18世纪中期，腓特烈的所作所为如同一盏黑夜中的明灯，不但给了普鲁士人以巨大的希望，也吸引着各国的人文主义者，法国的大思想家伏尔泰就是其中之一。

伏尔泰（1694—1778年），是18世纪法国资产阶级启蒙运动的泰斗，被誉为"法兰西思想之王""法兰西最优秀的诗人""欧洲的良心"。伏尔泰反对君主专制制度，提倡自然神论，批判天主教会，主张言论自由。他被广泛传颂的一句话是：我不同意你的观点，但是我誓死捍卫你说话的权利。

腓特烈对伏尔泰极为崇拜。他年轻时就同伏尔泰有通信往来，信

中经常直抒倾慕之意。比如他说："假如我有朝一日到了法国，我第一个要求就是得知伏尔泰先生住在何处。"信中还写道："先生，虽然我还未拜识你，可是我早已从你的作品中认识了你。你的大作可说是精神财宝。"当时还是王子的腓特烈还曾虔诚地表示："相信世上只有一个上帝，只有一个伏尔泰。"

第一次西里西亚战争期间，受路易十五的委托，伏尔泰曾前来调停法国和普鲁士的关系。此后，腓特烈多次邀请伏尔泰到普鲁士做客，并表示愿向这位语言大师求教。

1739年，腓特烈出版了《反对权术主义》一书，这里边其实倾注了伏尔泰不少的心血，他曾经为文稿大加修改和润色。腓特烈在书中用启蒙运动的伦理对主张君主专制的马基雅维里的政治策略表示蔑视，抨击了他的"权术主义"，并首次提出了"国王是国家第一公仆"的名言。

平心而论，如果没有伏尔泰对该书的修改和润色，这本书能不能称之为"书"，都还很难说，但不能不看到的是，光凭书中"国王是国家第一公仆"这句话，就足以让腓特烈名扬千古。伏尔泰对这一提法也非常赞赏，对书中其他一些诸如"公道、仁慈、博爱"等语言也给予极高评价。此后，他亲切地把腓特烈称作自己的"国王朋友"。

1752年，被波旁王朝驱逐的伏尔泰来到了普鲁士，受到了腓特烈热情的接待。腓特烈在波茨坦的逍遥宫中为他准备了阔绰、讲究的工作室。一向以节俭甚至吝啬出名的腓特烈待伏尔泰为上宾，给他五千塔勒的年俸，并亲自把宫廷侍从长的金钥匙交到他手中，还在宫中演出他的悲剧。伏尔泰则帮助腓特烈修改蹩脚的法文诗，整理杂乱无章的哲学论文。

不过，或许是作为文学家和哲学家的伏尔泰太天真了，抑或是他对作为国王的腓特烈的期望值过高，随着相互了解的加深，二人的蜜月期很快就结束了。

伏尔泰发现腓特烈并不是自我标榜的那种"国家第一仆人""开明君主"，而是个专制君主。他同其父一样穷兵黩武，把国家弄得像个军营。全国上下，等级森严，兵营中充斥着折磨人的军纪以及惩处士兵的严酷刑法。

"在专制独裁和卑躬屈膝的窒息气氛中受过教育的腓特烈二世，在登上宝座之后，用从伏尔泰和他的战友那里借来的词句掩饰自己的暴政，从而巧妙地代替他父亲的公开无耻的暴政"。这是伏尔泰的一位朋友来信中对腓特烈的评价。看到这些，再想想自己的亲身感受，伏尔泰不禁感到失望，他痛苦地承认，除了帮他修改那些拙劣的法文诗和哲学论文外，要指望这位国王推动启蒙事业是完全不可能的。

腓特烈对伏尔泰的印象也非同以往。他觉得作为文人的伏尔泰除了过分散漫外，还总是喜欢时不时地抨击普鲁士的弊端，并且四处宣扬。这让腓特烈对他由敬重变为了反感。

渐渐地，二人有了嫌隙，接着发生了公开冲突。伏尔泰搞股票买卖，有时不免卷入可疑的勾当中去，腓特烈逮住机会，便写信指责羞辱他。腓特烈还匿名发表了《一位柏林科学院院士致一名巴黎科学院院士的公开信》，文中含沙射影地攻击伏尔泰，称他为"无耻的撒谎者"；"我需要他最多还有一年，橘子汁挤干了，就把皮扔掉"。

愤懑而失望的伏尔泰看完信后，牢骚满腹："这里的宫廷简直太小气了，有时连蜡烛也不给够。"腓特烈派人送诗稿请他修改润色，伏尔泰便大声嚷嚷："给国王改稿子就像洗脏衣衫。"腓特烈听说后，自然十分恼火。双方关系更加紧张。

然而最终导致两人决裂的是另外一个人：与伏尔泰同样被腓特烈从法国邀请到普鲁士的科学家莫佩尔蒂。

1752年，莫佩尔蒂与柯尼希就牛顿的一项解释产生了争执，腓特烈与伏尔泰都知晓了这争执，最终腓特烈选择站在莫佩尔蒂一边。伏尔泰自然不与腓特烈站在一边。

其实在腓特烈这些手握大权的君主们眼中，文人相轻与后妃之争在本质上大抵可以画个等号。学者在君主眼中的地位，也不过是拥有一些智慧可供君主榨取来维持权力罢了。因此，腓特烈之所以支持莫佩尔蒂，并不是因为他同意莫佩尔的观点，而不过是为了招揽人才为己所用罢了。此为君心，伏尔泰却对此甚为不谙。他以为自己这时已"置身于

同国王对峙的境况之中"，继而握笔与腓特烈对抗。

伏尔泰写下《严斥阿卡甲博士》一文嘲讽驳斥莫佩尔蒂，并且勇敢地把这篇文章读给腓特烈听。腓特烈听了之后，一晚上都笑个不停。但他却要求伏尔泰不要公开发表出去。伏尔泰假装同意了，然而一转身，他却将文章送交印刷厂开机付印了。

腓特烈得知这件事后气得发狂，他下令在伏尔泰窗前烧掉抨击性文章。

伏尔泰的幻想彻底破灭了。1753 年 3 月，他盛怒之下交还了勋章和自己身为侍从长的钥匙，愤然从逍遥宫出走，匆匆离开普鲁士。他走时带了一本腓特烈请他修改的拙劣的法文手稿，打算到国外直接出版，让全欧洲人耻笑这位国王的低能。

腓特烈大怒，下令追回手稿。接到命令的法兰克福总督拘捕了伏尔泰，对他进行了侮辱性的搜查，并粗暴地把他关押了一个月。

伏尔泰怒不可遏，发表声明痛斥腓特烈是"大独裁者"，一时欧洲舆论大哗，纷纷谴责普鲁士国王狂妄无理。后来迫于舆论的压力，伏尔泰方才获得释放，重新拥有了自由。一生推崇"开明专制"的他，不知是否从这痛苦的体验中感受到，所谓"开明的专制"，只不过是君主们为专制披上的一层遮羞布而已，是靠不住的！

"吉人自有天相"

在致力于国内建设的同时，腓特烈一点也没放松军队的建设。不过他并没有从民众那里横征暴敛，而是把自己私人收入的百分之八十花费在了军队建设上。在这一时期，腓特烈还发明了一种被后人奉为经典的近代战争模式——接敌后首先是大炮狂轰，然后骑兵快速突击，最后步兵巩固阵地。这种步炮骑协同作战的战法成为近代战争的经典模式，到了拿破仑时代更是被法国人发扬光大。

就在腓特烈全神贯注于国内建设的时候，一个削弱普鲁士的计划正在形成中。奥地利女皇特蕾西娅对西里西亚念念不忘，甚至喊出了"为了奥地利的强大，我不惜卖掉最后一条裙子"的口号，而法国的波旁王朝则对普鲁士的日益强大忧心不已，俄国沙皇伊丽莎白也想吞掉东普鲁士。三大强国一拍即合，决定联手征讨普鲁士。这样，普鲁士就陷入南、西、东三面受敌的被动局面。

面对严峻的周边形势，腓特烈没有丝毫的畏惧，而是主动出手。他先是和法国人的死敌英国签订了同盟条约，然后先下手为强，对奥地利人的跟班——萨克森发动了进攻，"七年战争"由此爆发。

1756年8月28日，腓特烈亲率九万五千人突然进攻萨克森，轻而易举地占领了萨克森首府德累斯顿。这使法、奥、俄同盟大为震怒，随即由法国和奥地利出动五十万大军意欲粉碎腓特烈二世的进攻。

战争持续到第二年6月，在寡不敌众的情况下，腓特烈只得放弃布拉格，于10月30日率军离开莱比锡，11月4日撤至罗斯巴赫。法、奥联军仗着自己的兵力优势，准备在第二天上午发起进攻，一举打败腓特烈。

双方交战的战场是一片宽广的平原，罗斯巴赫位于这个平原中的低缓小丘之上。普军可以清楚地看到联军的营地。这天上午十一时，法、奥联军成三路纵队向普军左翼迂回。腓特烈意识到联军是要绕过他的左翼，从侧后进行攻击，并企图切断普军的交通线。他顺应敌情发展，迅速重新部署了兵力，于下午两点半移营迎敌。普军运动之快，使得一名法国军官不禁惊叹说："好像是在歌剧中变换布景一样。"法国将领苏比兹亲王错以为腓特烈是因怯阵而撤退，遂下达进攻命令。

下午三时半，法、奥联军前进纵队的前锋已暴露给普军。普军年轻将领泽德利茨根据腓特烈的部署，在十八门火炮的支援下，率领四千骑兵从正面和侧翼迅猛地打击联军。他们在庞大的尚未来得及展开的联军之中，横冲直撞，很快将法奥联军的骑兵打退。联军步兵打算重整旗鼓进行反击，又被普军的炮火所粉碎。

就这样，腓特烈以死伤五百多人的代价，赢得了罗斯巴赫战役的胜利。

罗斯巴赫战役不但解除了法国军队对普鲁士的两面威胁，挫败了法、奥、俄等军的包围战略，更重要的在于，这场胜利唤起了普鲁士军队和

一生无憾的「开明君主」——腓特烈大帝

人民的民族自豪感，增强了普鲁士抗击外来侵略的决心和必胜的信心。

罗斯巴赫大捷之后，腓特烈又在西里西亚的勒登镇打了一场堪为典范的近代战役（史称"勒登会战"）。勒登会战是 1757 年 12 月 5 日打响的，奥军由查理亲王和道恩元帅指挥，拥有七万余人和火炮二百一十门的优势兵力，右翼以勒登北部的沼泽地为天然屏障，左翼则修筑了坚固的工事，中央以勒登为大本营。

相比之下，腓特烈率领的普军只有步骑兵三万六千人，火炮一百六十七门，明显处于劣势。但一个月前在罗斯巴赫大胜法军，使普军上下情绪高涨，且平时训练有素，灵活机动远在奥军之上。

战端一开，腓特烈见奥军采用的是当时常规的正面交锋的阵地战，便利用普军的优点，采用了"斜形序列"战术。

这种战术主要以佯攻迷惑敌人，实者虚之，虚者实之，利用敌军阵线过长、转动不灵的弱点，集中优势兵力出其不意地攻其一翼或薄弱点，在极短时间内击溃之，使敌军来不及调整救援而全线崩溃。

拂晓时，清晨湿润的雾气给普军的军事行动披上了一层扑朔迷离的神秘面纱，据守右翼的奥军望见普军前卫骑兵杀来，误认为后面接应着普军主力，遂向道恩元帅请求紧急救援。

下午一点，当奥军重兵渐向右翼屯集完毕之时，腓特烈率领普军主力突然出现在左翼，半小时的猛攻后即击溃左翼奥军，继而围困住勒登镇，以重炮摧毁敌军指挥中枢，傍晚时已取得了决定性的胜利。

这场战争，普军以死伤六千余人的代价，几乎全歼奥军，缴获火炮辎重无数。

勒登会战确保了普鲁士对西里西亚的统治，是世界战争史上以少胜多的一个典型战例。

拿破仑高度赞扬腓特烈大帝说："勒登会战，在运动、机动和决断三方面都是一个杰作。专靠这一会战，即足以使腓特烈永垂不朽，而被列于世界上最伟大的名将之林。"

1758 年春，经过充分休整和准备的腓特烈大军，又向占据普鲁士领土的俄军反攻，把俄军杀得片甲不留，接着又急赴萨克森对付特蕾西娅的军队。

此后，在一年多的时间里，腓特烈率领普军同法、奥、俄三国列强作战，其中最弱者的作战资源都要比腓特烈多上三倍。然而，腓特烈以弱击强，以少击众，大战四次，竟有三次获胜。

1759 年，腓特烈率领两万普军与七万俄军在库纳斯多夫地区展开激战。这次腓特烈没能再次以少胜多，他的军队遭遇了惨败，悲痛之余，腓特烈甚至单骑冲向了俄军阵营，并歇斯底里地喊着："为什么没有一颗子弹击中我？"最终他被亲信将领拉拽着离开了战场。

1761 年，普鲁士更是陷入了四面楚歌的境地。在法、奥、俄三国的联合打击下，西里西亚被奥地利重新占领，连首都柏林也在俄国和后来参战的瑞典军队的围困下，岌岌可危。

然而，真是"吉人自有天相"，就在这危难的时刻，近乎绝望的腓特烈得到了一次喘息的机会。

1762 年 1 月，俄国沙皇伊丽莎白去世，他的外甥彼得继位。

这位彼得并不是前文所说的彼得大帝，他本来是德意志人，全名叫卡尔·彼得·乌尔里希，按出身来算应该是瑞典的王位继承人，可是1741 年，他的姨妈伊丽莎白发动宫廷政变，当上了俄罗斯女沙皇。为了巩固自己的势力，女沙皇就选了这么个连俄语都不会说的外甥当了俄国王储。就在柏林被俄法联军围得水泄不通的时候，彼得登基，成为俄罗斯的第七任沙皇——彼得三世。

穷途末路的腓特烈大帝恐怕做梦都想不到，这位新沙皇彼得三世居然是自己的超级"粉丝"，他从小就崇拜腓特烈，比今天那些狂热的追星族还有过之而无不及。

彼得三世即位之后，立刻下令俄军全线停火，把占领的土地全部归还给普鲁士。5 月 5 日，他又单独与普鲁士媾和，还把两万俄国军队交给腓特烈指挥。好人做到底，彼得三世还出面说服瑞典退出反普鲁士的联盟。据说，彼得三世还曾经表示，他本人希望接受腓特烈大帝的指挥，领兵去前线作战。

本已穷途末路的腓特烈，连服毒自尽的心都有了，没想到天上居然

真的掉下了馅儿饼。他也不客气，迅速整顿兵马，在 7 月 21 日打响博克施道夫战役，一举击退丧失了盟友的奥地利军队。

1763 年 2 月，奥地利同普鲁士签订《胡贝图斯堡和约》，再次确认了普鲁士对西里西亚的占有权。

就这样，经过七年战争，腓特烈的军队终于顽强地抵挡了奥法俄等强国的联合力量，确立了普鲁士在中欧的霸权地位，为雄踞德意志，争霸欧洲迈出了坚实的一步。

"毫无遗憾地离开这个世界"

随着《胡贝图斯堡和约》的签订，七年战争宣告结束。然而这时的普鲁士已经满目疮痍，经济衰退，国库空虚。作为政治家的腓特烈意识到，单靠武力是无法实现国家的长治久安的，要想普鲁士永远立于不败之地，内要依靠老百姓，外则要搞好邦交。

外交方面，出于共同的利益需要，曾经跟普鲁士打得你死我活的俄国还有奥地利，都跟腓特烈改善了关系。

内政方面，他更加重视"三农"问题。战争结束后，腓特烈复员了大批的军人，以改善社会劳动力不足的情况。他减免农民的税收，责令贵族们捐献财产弥补国库的空虚，还建立了专门向农民贷款的银行，成立养老院以赡养那些失去子女的老人。

在发展工业方面，腓特烈注意吸收别国的经验。他曾说，法国虽在手工工场和对外贸易上较英国、荷兰等国落后，但法国的情况更接近普鲁士，它的经验才更适合普鲁士借鉴。但这并不排除向英国学习，他认为"英国划分公有土地的方式（指圈地运动），是一切有志于提高生产的场主必须朝觐的麦加"。为此，他特地把国有土地承租人的子弟送到英国学习，以便回来后推进普鲁士的改革。在腓特烈统治期间，普鲁士的采矿、纺织、造纸和玻璃工业有所发展，国家实行的保护性关税政策也有利于国内工场手工业的发展。

在商业方面，腓特烈一方面积极推行重商主义政策，鼓励农产品和纺织品出口，扩大对外贸易；另一方面又加强关税壁垒，搞关税保护，取消国内关卡，建立合理的税收制度。当时普鲁士手工工场的不少产品和外国商品相比，质次价高，数量又少。为了与英国、荷兰、萨克森、奥地利、汉堡等国家和地区的商品进行竞争，他宁肯使国内市场上暂时存在某些商品短缺的现象，也要提高某些外来商品的关税，扶植国内生产发展。他明令禁止输入盐、瓷器和铁器，以刺激本国生产这些商品。在国内市场上，创办有特权的贸易公司，实行烟草、食盐和咖啡专卖，提高消费税。对粮食、啤酒和肉类等生活必需品尽量减少税额，而对奢侈品则提高税率。

在财政方面，腓特烈根据不同时期的需要及时调整国家财政支出的比例。战争年代军费开支大，和平时期就适当缩减军用开支，增加建设资金，并从中抽出部分款项，向私人提供贷款，为发展经济创造条件。为此，当时还分别建立了柏林国家银行和军队银行，协助管理国家财政。一切工业税纳入军队银行，该银行负责支付全部军用开支。其他款项均由国家控制。

这一时期，腓特烈进一步推进司法改革。他第一次在普鲁士公布了统一的宪法草案，表达了法治精神和国王完全放弃干预司法的司法独立精神，秉承罗马法"众人之事，应由众人决定"的精神，下令让臣民对法律条文广泛讨论，并广泛征集意见。18世纪的政治家和哲学家对"开明"的注解，如宗教宽容、鼓励科学文化、放宽书报检查等，在普鲁士宪法中都有所体现。

腓特烈还进一步设立学校，将义务教育制度发展完善。1763年，他颁布了《乡村学校规程》，规定五岁至十三岁儿童必须接受义务教育，使普鲁士成为世界上第一个建立了比较规范的强制性义务教育制度的国家。

当然，虽然腓特烈为自己的统治冠上当时欧洲最流行的标签"开明专制"，他也有"开明君主"之称，但再开明的专制仍然是专制。比如，他改组了"财政、军事与王室领地最高管理处"，使权力更加集中在国王本人手里。他要求臣下高效廉洁，但不允许他们有独立的思考，"国王是唯一的头脑，官僚机构只是他的手脚"。他让每个臣下都专注于自

身负责的领域，而只有自己才掌握全面情况……

但无论怎么样，在腓特烈的治理下，经过短短几年时间，普鲁士的经济得到了复苏，人口也从战后的三百多万恢复到了四百五十多万，年税收翻了近两番，国库储备从八百万塔勒增加到五千万塔勒。他给他的后继者留下的，是一个强盛而且蒸蒸日上的普鲁士。他也因此被后人尊为"腓特烈大帝"。

随着普鲁士的蒸蒸日上，腓特烈大帝也步入了他的暮年时光。晚年的他除了忙于国事外，业余生活也是多姿多彩，除了继续吹奏他打小就喜欢的长笛外，他还沉迷于学习各国的语言。

腓特烈还真算得上是一个语言天才。除了母语德语，他还会说法语、英语、西班牙语、葡萄牙语、意大利语；能听明白拉丁语、希腊语、希伯来语；对斯拉夫语、巴斯克语（使用于西班牙东北部的巴斯克和纳瓦拉两个自治区，以及法国西南部）也颇有研究；甚至，他还学习了中文。水平如何，不得而知。但他这种活到老学到老的精神是值得我们学习的。

1786年，在冒雨坚持检阅部队长达六个小时之后，七十四岁的腓特烈病倒了。8月17日，他在无忧宫的沙发座椅上安详去世，临终遗言是"我将毫无遗憾地离开这个世界"。

是的，他无须遗憾！

他即位时继承的是一个领土和人口排在欧洲前十名以外，军费开支超过国家年收入百分之八十，很多人要靠土豆这种粗粮为生的贫穷小国；而他身后留下的，却是一个领土和人口都增长了百分之六十，拥有大军二十万，国库存银五千一百万塔勒，与俄国、法国和奥地利并称欧洲大陆四强之一的新普鲁士。

他传奇的一生虽然已经谢幕，但他的功绩必将永远地留在普鲁士人的记忆里。

第八章

威震欧洲的雄狮——拿破仑

小 档 案

　　拿破仑（1769—1821 年），19 世纪法国伟大的军事家、政治家，法兰西第一帝国的缔造者。在西方的历史上，没有哪个人像拿破仑那样如此长久地获得广泛的赞誉。他凭借个人非凡的努力，从一个普通的科西嘉人成为法兰西人的皇帝，叱咤欧洲二十多年。他所建立的荣耀使得法兰西人在欧洲赢得了前所未有的尊敬。

科西嘉岛走出的军事天才

　　1769 年 8 月 15 日，拿破仑出生在法国科西嘉岛阿雅克修城的一个破落的贵族家庭。他排行老二，有一个哥哥和六个弟妹。

　　拿破仑出生的时候，法国刚刚从热那亚共和国手中得到科西嘉岛。在转入法国国籍后，拿破仑家族的贵族称号得到了法国统治者的承认，所以拿破仑的血统还是很纯正的贵族血统，童年生活过得也还不错。

　　不过，拿破仑从小就对法国没有归属感。他对科西嘉岛原来所属的国家热那亚也没有什么太深的感情。在他的内心深处，认为科西嘉岛不应归附于任何一个国家，而是应该独立，自己来做这个独立王国的主人。所以，从出生开始，拿破仑就自认为是一个外国人，一心希望有一天能够让科西嘉从法兰西独立出去，建立一个"科西嘉国"。

童年的拿破仑沉默寡言，性格孤僻，易怒且好斗。尽管他是家里的老二，但却是家里的头。他的兄弟和妹妹们虽然不喜欢他，却承认他的权威。童年的他最喜欢玩的游戏是打仗。在两组对垒中，拿破仑常主动担任较弱方的指挥。他跟对方拼力量和英勇，还跟对方比聪明和智慧，常常以智取胜。这种童年的游戏深深地影响了拿破仑。童年的游戏孕育着成年的梦，他渴望将来驰骋疆场；童年的游戏也启迪着后来战场上的拿破仑，那就是弱可以胜强，胜利和失败的转化可以发生在顷刻之间。

1779 年，拿破仑十岁，父母为了让他多了解法国的历史发展、文化背景和现实社会，以便长大以后能够适应法国的各种环境，把他送到了布伦纳城去学习。

拿破仑怀着满心欢喜和满腔信心来到了布伦纳，在这里接受了五年的文化教育。或许是对法语的特别陌生，或者是兴趣全无，拿破仑的法语学得非常糟糕，以至于影响了他的一生。在后来当了法兰西的皇帝时，他的法语仍然说得很不流利！

但这五年的学习，对拿破仑又确实很重要，他没有辜负父母的期望，历史课学得很好，对法国的历史事件、历史人物、历史发展了如指掌，这也成了以后拿破仑引以为傲的资本。此外，数学课，他也学得很好。

十五岁那年，拿破仑开始了他一生中的重要转折，进入了巴黎陆军学校学习。学习时间虽然只有两年，但对拿破仑来说，是思想发展、形成的最关键时期。

受启蒙运动者的影响，在此期间，他认真阅读了伏尔泰、孟德斯鸠等人的著作，尤其是卢梭的作品，对他影响更大。从这些思想家的思想深处，他了解到人类发展中的一个重要问题，就是一些独裁者严重阻碍了人类历史的发展；森严的等级制度，是制造人类极不平等的现实的祸根；而封建统治者的残暴、荒淫，就是束缚人类社会向前发展的桎梏。所以，人们要彻底打败、清除封建统治，建立一个自由、平等、和谐、幸福的人类新社会。

拿破仑的这种叛逆思想，成了青年拿破仑奋斗、追求的指导原则，也成为他为之不懈努力的远大理想。

巴黎陆军学校毕业后，拿破仑被派往瓦朗斯担任炮兵团少尉。十六七岁的他竟然已成为法国国王的军官！这让年轻的拿破仑兴奋无比。后来他当了欧洲的霸主，回忆起当年与同学马齐斯乘坐大黄马车和驳船向瓦朗斯进发的情景，仍然激动不已。

　　到达瓦朗斯后，他住在一位姓布的老小姐家里。老布小姐开了一间咖啡馆，有几间房间出租。开头三个月，拿破仑跟同学们一样，必须从最底层开始逐级服役。他混杂在队伍中，开始当炮手，接着当下士，而后当中士；他站岗放哨，担任周值星官。他因此熟悉部队生活，也很善于同法国士兵讲话。

　　在军营里，拿破仑与他从前的同学们来往颇为密切，他特别喜欢去看马齐斯和他那些早已成为炮兵团上尉的兄弟们。他出席过在福尔之家举办的军团聚餐会，也参加过为城市各界人士举办的节日联欢会。他到圣·巴尔布跳过舞。他还喜欢远行，爬上过"鸽子岩"，攀登过布旺特山。"我喜欢登高远望，因为那样地平线就在我之下"，他后来经常这样对人说。

　　他还同瓦朗斯各界的社会名流建立了关系。比如，他到过德·科隆比埃夫人家、圣日耳曼的德·洛布里夫人家、德·洛龙森夫人家。他有时还到德·科隆比埃家在巴索的农庄去作客。到农庄有三里路，他常沿着马路步行，边走边哼着小调。科隆比埃夫人是里昂人，很有教养，年纪比他大得多，却很喜欢他。她希望他多出来参加一些娱乐活动，对生活不要那么苛刻。他回答她说："我母亲负担太重了，我不能因我的开销增加她的负担，特别是在我的同学们心血来潮大肆挥霍逼着我花钱的时候。"

　　听了拿破仑的话，科隆比埃夫人预言他将会官运亨通，前途光明。这让拿破仑对自己的前途更加信心满满。

　　科隆比埃夫人的女儿卡罗利娜既年轻又聪明，拿破仑向她献过点儿殷勤。有几天早上，他们在树下摘樱桃吃，互相打闹，向对方的身上扔樱桃核。但不久，她同一位旧军官布雷索结了婚，随他到里昂去了。拿破仑对德·洛布里小姐也表示过一点爱慕之情，但她更喜欢蒙塔里韦表

哥。这让开始春情萌发的拿破仑颇有些失落。

再后来，拿破仑便少有去和姑娘们打闹，他把更多的闲暇时间用于学习。他感到从前受到的教育还很肤浅，应当深化、完善所学知识。他的房间空荡荡的，只有又粗又笨的胡桃木家具，透过地板可以听到楼下咖啡室里饮者的欢笑声和打台球的吵闹声，然而他却埋头苦读，自得其乐，乐在其中。

当时，他的收入少得可怜，必须节省着花钱。倘若只剩下一块钱，他便到奥雷尔书商家去买书或租书。

很多时候，人们总会看到，正当他的同学们与房东的小姐们在草地上吃中饭，一个个乐不可支的时候，拿破仑却孜孜不倦地读着，记着，写着，如痴如狂，废寝忘食。

他如饥似渴攻读卢梭的著作。伏尔泰干巴巴的说教，闪烁其词的文风令他扫兴。可是，卢梭这个日内瓦人，用他那精心策划的不安，用他那爱的呐喊，用他那对道德的歌颂，用他那温和、平等、自由的社会梦想，激荡着这个时代。当时的人们不理解他，讨厌他，可拿破仑理解他，热爱他，要步他的后尘。卢梭不是早就关心着科西嘉的命运，考虑为它颁布法律，声明自己便是科西嘉的捍卫者和好朋友吗？拿破仑觉得，他们的心灵是相通的。

卢梭就这样牢牢地占据着拿破仑的心灵。他贪婪地读着《社会契约论》《爱弥尔》《新爱洛绮丝》和《忏悔录》。他分析、模仿卢梭漂亮而空洞的辞藻。为写他的《科西嘉历史》，他飞快地作着笔记，语气苦涩："法国人啊，你们把我们心爱的洗劫一空还不满足，你们还腐败了我们的风气。""科西嘉人，过去能依照法律的所有条款来动摇热那亚人的统治，今天照样有办法动摇法国人的统治。"

当然，年轻的拿破仑并不仅仅靠写作来抒发自己的情感。他深深地爱上了他的炮兵职业，他专心致志于他的功课，一丝不苟地进行军官课目训练。同时，他心里惦念着他的家，他的故乡。他耐心地期待重返故里与亲人欢聚的时机。

很快他就得偿所愿了。他所在的连队奉命到里昂平息一次工人骚

乱。在那里度过了半个月后，他获准享有半年的探亲假。

拿破仑欣喜若狂，他立即动身，回到了阔别数年的家乡。在旧居，他热情地看望了母亲和弟妹们，天天和他们聚在一起……

然而假期再长终有尽头时。假期结束之后，拿破仑又回到了瓦朗斯炮团，潜心研究阿拉伯、土耳其、波斯、英国、瑞士的历史，研究欧洲乃至世界各国的地理，对文学的兴趣也很浓。除了读书外，还常常下写些有关炮兵的观测和报告。

就在拿破仑刻苦钻研知识和技术期间，法国的局势愈益动荡。

1789 年发生的法国大革命，搅得人心激荡，此时，拿破仑十分关心科西嘉的前途，他乘动乱松散之际，向领导请了假，匆匆回到科西嘉，希望推动科西嘉独立，但却遭到另一个亲英反法的集团排挤，只好全家逃往法国。不久，拿破仑重又回到了他的炮兵团。7 月，已是少校的拿破仑统兵在收复土伦的战役中立下大功。

土伦战役结束后，在众将军的一致推崇下，年纪轻轻的拿破仑，随即被国民公会正式任命为炮兵准将。

当时法国政局变幻莫测，形势风起云涌。1792 年，法兰西王国改变成法兰西共和国，国王路易十六被处死，英国等组成第一次反法同盟，法国革命面临严重的危机。1793 年 6 月，以罗伯斯庇尔为首的资产阶级民主派雅各宾派掌握了政权。1794 年"热月政变"后，拿破仑因拒绝到意大利军团的步兵部队服役而被免去准将军衔。1795 年他接受巴黎督政官巴拉斯的命令，成功平定保王党武装叛乱，迅即被委任为陆军中将兼巴黎卫戍司令。由此，他的社会地位迅速上升，前程一片光明。

从执政官到法兰西皇帝

1796 年 3 月 2 日，二十七岁的拿破仑被任命为法兰西共和国意大利方面军总司令。在意大利，拿破仑统率的军队多次击退了奥地利帝国与撒丁王国组成的第一次反法同盟联军，最后迫使对方签署了有利于法兰西共和国的停战条约。

威震欧洲的雄狮——拿破仑

取得意大利之役的胜利后，拿破仑的威信越来越高，他成为法兰西人的新英雄。然而他的崛起也令督政府感受到了威胁，因此两年后他被任命为阿拉伯埃及共和国军司令，远派东方以抑制英国在该地区势力的扩张。

在拿破仑的远征军中，除了许多门大炮、舰船等武器装备外，他还带了一百七十五名各行业的学者以及成百箱的书籍和研究设备。在远征中，拿破仑曾下达过一条著名的指令："让驴子和学者走在队伍中间。"

不过，1798 年的远征埃及并没有带来胜利。拿破仑的舰队在尼罗河之战中被英国的海军上将纳尔逊完全摧毁，海军主帅布吕埃斯战死，陆军部队被困在埃及。原本制订的侵略印度的计划也因人员损失惨重而受阻。

面对惨淡的情形，幸运之神把头转向了拿破仑，他从一张法国过期的报纸上得知了法国国内紧张的形势和严峻的外部压力，感到时机成熟的拿破仑丢下了自己的军队，秘密回国。作为一名军事统帅，这是很难让人理解的，但作为一名有着敏锐洞察力的政治家，拿破仑作出了一个最为正确的抉择。

此时欧洲反法联盟逐渐形成，而法兰西共和国国内保皇派势力则渐渐上升。1799 年 8 月，拿破仑赶回巴黎。10 月，回到法兰西共和国的拿破仑被当作"英雄"受到欢迎。随后他的远征军也回到巴黎。

这年 11 月 9 日，即共和历雾月 18 日，拿破仑发动"雾月政变"。虽然立法机构下院（五百人院）代表们多有不服，但军队开到时，他们也不得不宣布解散议会。至于督政府，由于巴拉斯和另两名督政官很快辞职，这样，督政府不存在了。当天晚上，元老院宣布建立共和国最高权力机关——执政府，选举拿破仑、西艾耶斯和罗歇·杜科为三大执政官，行使法国的最高权力。

正当人们对拿破仑的执政能力多有怀疑时，他已经开始修改宪法草案了。1800 年初，拿破仑的宪法草案经全民投票表决，结果以压倒多数获得通过，这就是著名的"共和八年宪法"。八年宪法确定了以第一执政为首的政治体制。作为第一执政的拿破仑可谓大权独揽，无论是军

政高官，还是法官或者驻外使节，都可由他任命并且对他负责。

拿破仑是靠军事起家，他当然知道军队的力量。所以，他一上台便任命亲信贝赫尔为军政部长，把国家的军权牢牢控制在手中。他还创立了一支完全属于自己的预备军团，为其配备最好的装备。这支军团成为他平内乱、攘外寇的有力武器。

1800年8月，拿破仑主持并亲自参与起草《法国民法典》，到1804年3月，这部法典正式被颁布施行（后来又被改称《拿破仑法典》）。

该法典共有三编三十五章和两千二百八十一条。第一编是人法，包括民事权利的享有和丧失、身份证书、住所、结婚和离婚、父母子女等，共八章。实际上是关于民事权利主体的规定。第二编是物法，是对财产及所有权的各种限制，包括财产分类、所有权、用益权、使用权及居住权和役权或地役权，共四章，实际上是对民事权利客体的规定。第三编称为"取得所有权的各种方法"。它规定的对象颇为庞杂，包括继承、生前赠与及遗嘱、契约或合意之债的一般规定，非因合意而发生的债、夫妻财产契约及夫妻间的相互权利等，共二十章，实际上是关于民事权利转让的各种可能性的规定。

拿破仑制定该法典的指导思想有两个方面：一是为他个人着想。他在制定法典时把注意力集中在加强父权和夫权，剥夺未经认领的私生子的财产继承权，并削减已获认领者所继承的份额以及保留离婚的规定。这后一项，拿破仑明显已经在替他未来的帝国考虑了。二是他和那些法学家们心目中的国家利益。法典在涉及诸如地下资源或为公益而征用土地的情况，尤其是在以遗嘱处理财产方面，财产所有者的权利受到了一定程度的限制，国家被摆在了更高的位置。另外，对国家价值很大的家庭被置于国家的监护之下。

关于民事关系，该法典的制定遵循三条基本原则：一是自由和平等的原则。其中规定："所有法国人都享有民事权利""民事权利的行使不以按照宪法取得并保持的公民资格为条件""满二十一岁为成年；到达此年龄后，除结婚章规定的例外外，有能力为一切民事生活上的行为"。二是私有财产神圣不可侵犯，"任何人不得强制出让其所有权"。三是契

威震欧洲的雄狮——拿破仑

约自由原则。"工人的雇佣、商品的流通都必须通过契约",而"依法成立的契约,在缔结契约的当事人间具有相当于法律的效力"。

该法典也有一些歧视性规定。比如,该法典规定:

"夫应该保护其妻,妻应顺从其夫""妻未经夫的许可,亦不得进行诉讼""即使妻不在共有财产制下或采取分别财产制,未得其夫参与或出面同意,不得为赠与、以有偿名义或无偿名义转让、抵押以及取得行为",从中我们不难看到男女的尊卑。

但是,该法典肯定了对封建贵族的消灭,并且明确规定:个人自由、法律面前人人平等、国家的世俗化、信仰自由和选择职业的自由等。这就是为什么这部法典在欧洲成为法国革命的象征,不论传到什么地方,它都提供了现代社会的基本准则。

因此,从历史的角度看,《拿破仑法典》闪耀着不可磨灭的迷人光芒。恩格斯说,这部法典"总结了革命的全部法规,在法律上承认了整个这种完全改变了的程序",是"典型的资产阶级社会的法典"。拿破仑在圣赫勒拿岛时也曾回忆说:"我的光荣不在于我打胜了四十多个战役,滑铁卢之战抹去了关于这一切胜利的记忆。但有一样东西是不会被人忘却的,会万古长存的,那就是我的法典。"

《拿破仑法典》是资产阶级的第一部民法典,它对后来很多资本主义国家的立法产生了很大影响。例如,卢森堡和比利时至今仍然把它作为自己的法典使用,一些法国的前殖民地也在使用这部法典。同时,很多国家在制定本国的民法典时也是以这部法典为蓝本或是作参考。如丹麦和希腊的民法典就是以它为蓝本制定的,而德国、瑞士、葡萄牙、巴西等国的民法典明显受到了《拿破仑法典》的影响。《拿破仑法典》几经修改,至今仍在法国有效,可见其生命力之强。

继民法典之后,拿破仑还编撰了民事诉讼法(1806年)、商法(1807年)、刑事诉讼法(1808年)、刑法(1801年)等。它们以法律条文的形式保护法国人民享有自由、平等、民主的权利,巩固了法国资产阶级革命的胜利果实。

在推行新政的同时,拿破仑还采取一系列措施加强社会秩序的治理。

他设置警务部和司法部，大力镇压国内保王党人的叛乱，粉碎各种潜在的对国家构成威胁的阴谋活动。很快，法国国内又恢复了和平稳定。

当国内政局稳定下来时，拿破仑开始着手对付第二次反法同盟的进攻。这一次拿破仑又将第一打击目标锁定在奥地利身上，因为它地处英、俄之间，消灭这个节点，则英、俄两国连接枢纽断裂，两方定会各自退兵。

1800年5月，拿破仑亲率四万大军南下意大利北方战场。在那里，奥地利军队正在梅拉斯的统领下围攻热那亚的马塞纳一部。梅拉斯万万没想到拿破仑会领兵通过阿尔卑斯山的圣伯纳德隘口，所以，他并没有在那个天险地段设置重兵把守。拿破仑大军轻易通过隘口，紧接着一个急行军，于6月2日攻下米兰。

随后，法军一路势如破竹，在6月14日时，与梅拉斯的奥军遭遇于马伦哥地区。战斗之初，人数不占优势的法军一度处于下风，但拿破仑镇定自若，要求将士们必须战斗到最后一刻。

正在生死关头，德塞将军带领一支法军赶到。原来，他是被拿破仑派去切断奥军从热那亚的退路的。德塞军宛如神兵天降，给了那些因胜利而大大懈怠的奥军以致命一击。奥军败退了，而德塞将军却不幸牺牲。拿破仑为此流下了热泪。

1802年8月2日，法国议会选举拿破仑为法兰西共和国终身执政。1804年5月18日，议会又通过决议建立法兰西帝国，以确保法兰西共和国的成果不被保王党分子攫取。拿破仑成为法兰西帝国第一任皇帝，即拿破仑一世。12月2日，拿破仑一世及皇后约瑟芬在巴黎圣母院大教堂举行了盛况空前的加冕典礼。

从此，法兰西共和国变成了法兰西帝国，当年那个瘦小的科西嘉少年终于成了备极尊荣的拿破仑一世。

横扫欧洲，所向披靡

法兰西帝国建立之初，英国对法国的敌视日甚。拿破仑为了打击英国，于 1805 年在几个沿海港口设立了屯兵营地，并与西班牙组成联合舰队，准备渡海进攻英国。

1805 年 4 月，英国鼓动俄、奥、瑞典、那不勒斯等国组成第三次反法联盟。拿破仑迫使西班牙参加法国方面作战，继续大规模准备渡海进攻英国。10 月 21 日，法国和西班牙的混合舰队在地中海的特拉法尔加角与纳尔逊指挥的英国舰队发生遭遇战，英国舰队击沉法舰十九艘，俘四艘，法军伤亡七千余人，法、西舰队几乎全军覆没。拿破仑只得放弃进攻英国的计划，把作战重点转向欧洲大陆。他立即率领大军挥戈向东，在陆地上迎战俄、奥联军。

为粉碎第三次反法联盟，拿破仑决定采取各个击破的办法，在俄奥合兵之前，首先突击其主力——奥军，予以歼灭性打击后，再迎战俄军。为解除后顾之忧，拿破仑利用普奥矛盾，使普鲁士保持中立。同时，迅速整编军队，组成二十四万余人的帝国大军，共分成十个军团。

法军星夜进军，不到三个星期就进入奥地利境内。10 月，法军对麦克率领的奥军实行战略包围，并在乌尔姆给予致命打击，迫使麦克率三万奥军投降。11 月 13 日，法军占领了奥地利首都维也纳，俄军撤出维也纳后即与奥军汇合，准备以优势兵力全歼法军。

1805 年 12 月 2 日，在维也纳以北一百多公里处的奥斯特里茨（位于今捷克境内），双方展开了世界历史上具有重大意义的血腥大战。七万三千人的法军与八万七千人的俄奥联军对垒。

拿破仑自始至终亲自指挥这场战役，缪拉等法国的优秀将领都在场，俄军总指挥为沙皇亚历山大一世，著名将领库图佐夫在场，奥国皇帝弗兰茨为奥军总指挥。

拿破仑预料到联军一定要设法截断法军去维也纳和多瑙河的退路，于是他像演员一样，一边命令前哨开始撤退，一边派人向沙皇亚历山大一世建议休战媾和，表现出胆怯怕战的假象。

当和谈遭到联军拒绝后，拿破仑故意在前线高声宣读撤退的假命令，俄、奥联军果然上了拿破仑的圈套，将大军调离战略高地去包抄并堵截法军退路。

法军将计就计，调开左翼，迅速占领普拉琴高地，集中火力轰击俄军，将俄军逼到半冰河里去。大批俄军被击毙、淹死，幸存者全被俘虏。俄奥联军大败，法军以少胜多，歼灭联军三万余人。

联军丢下巨大的辎重队、粮食和弹药，四散逃命，库图佐夫将军受伤败走，沙皇亚历山大一世险成俘虏。法军只损失几千人，终以在战略上以少胜多，在战术上以多击少获得全胜。奥斯特里茨战役成为拿破仑军事史上的光辉一例。

奥斯特里茨战役后，奥地利被迫与法国议和。1805 年 12 月 26 日，法奥签订普勒斯堡和约，奥地利承认意大利转归法国，并承认拿破仑为意大利国王，割让占奥地利六分之一的土地给法国。

为了巩固法国对德意志西部和中部地区的统治，拿破仑决定建立莱茵同盟。1806 年 7 月 12 日，拿破仑将德意志各国君主拉进自己的莱茵同盟，他被盟友们推举为保护人。8 月，奥地利皇帝在拿破仑的授意下，宣布"神圣罗马帝国"不复存在，同时废除"德意志皇帝"的称号。奥皇的颁令余音未散，拿破仑便大肆任命他的家人和亲信们做这一地区各邦的公爵、君主。

这样，拿破仑治下的帝国的势力范围迅速扩展至德意志腹地，眼看就要触及普鲁士的疆界线。这立刻掀起普鲁士国内的抗法热潮，普鲁士正式要求法国从德意志领土上撤离，结果遭到拿破仑的无视。不仅如此，拿破仑还在莱茵河两岸屯兵二十万，威胁普鲁士。

拿破仑几次三番的行为，使普鲁士国王下定决心参加下一次的反法同盟。

很快，普鲁士人的愿望实现了。当时主张议和的英国外交大臣福克斯逝世，英法谈判化为泡影。7 月 24 日，普鲁士与俄国达成一致抗法的秘密协定，紧接着，以普鲁士、俄国、英国为首的第四次反法同盟诞生了。

10 月，拿破仑率军于耶拿大败普鲁士军队，同时达武元帅的第三军也在奥尔斯塔特歼灭了另一支普军。10 月 27 日，拿破仑进入柏林。随后直到 11 月 8 日，普鲁士最后一个要塞马德堡被攻陷，法军与普鲁

士之间的战争仅用了不到一个月便告结束。

11月22日，拿破仑发布封锁大陆的柏林法令，法令禁止欧洲大陆国家与英国进行任何政治、经贸和文化上的往来。要达到这一目标，拿破仑必须将整个欧洲大陆踩在脚下。12月26日，法俄军队在普图斯克开战，双方打了个平手。1807年2月8日，双方又在艾劳城展开激战。虽然拿破仑的近卫军将敌人逼退，但法俄军队皆伤亡惨重，拿破仑一时也无兵力扩大战果。6月14日，法俄军队在弗里德兰决战，俄军大败，向法国求和。第四次反法同盟在拿破仑的炮口下又告偃旗息鼓。

6月25日，拿破仑与俄国沙皇亚历山大一世会晤于涅曼河上。7月7日和9日，法国分别同俄国和普鲁士签订了《提尔西特和约》。根据和约，俄国与普鲁士之间成立了一个华沙大公国，以对两国进行牵制。普鲁士失去了大片领土，而俄国却寸土未失反有所得。当然，两国必须参加法国的大陆封锁，俄国还负有出面斡旋法英关系的责任。

从提尔西特回到巴黎后，拿破仑审视了一下自己的帝国疆域图。此时，他的势力范围涵盖了欧洲大陆西部和中南部，他既是法兰西帝国的皇帝，还是意大利国王、莱茵同盟各国的保护者、荷兰和瑞士的统治者。

野心勃勃的拿破仑自然还不满足。

1807年10月，拿破仑派遣朱诺元帅统领两万七千人的大军兵发葡萄牙。11月30日，法军进入里斯本，葡萄牙沦陷。

1807年末，西班牙爆发内乱，西班牙国王遭到人民的唾弃。拿破仑于是乘机入侵了西班牙，并让其长兄约瑟夫·波拿巴成为西班牙国王。但是这个举动遭到了西班牙人的反对，拿破仑根本无法平息当地的暴动。

见有机可乘，英国在1808年初介入西班牙争端，英军于8月8日登陆蒙得戈湾，8月30日占领了整个葡萄牙。之后他们在当地民族主义者的支持下，逐步将法军赶出了伊比利亚半岛。

法国入侵西班牙对拿破仑的政治生涯产生了挥之不去的阴影，在这次战争中，法国几乎没有获得任何好处，相反却损兵折将。

正当拿破仑陷入西班牙泥潭之际，1809年初，第五次反法同盟组

成。拿破仑的同盟者奥地利帝国在背后偷袭法在德国的领土，拿破仑被迫离开西班牙，率军东征。

奥地利帝国军队虽然一开始取得优势，但是拿破仑很快就转败为胜，迫使奥地利帝国签订《肖恩布鲁恩和约》，再次割让土地。

凯旋的拿破仑可谓意气风发，他的帝国疆界线在不断延伸，他惩办了所有反抗他的人，所有附庸国再不敢乱起骚动，他还夺取了罗马教皇的领地，使教会再不敢反对他。英国这时候也被"大陆封锁令"搞得百业凋敝。这些怎不令他心情畅快？

然而有一件事却始终令拿破仑愁眉紧锁。原来，他的妻子约瑟芬到现在也没有给他生下皇嗣。拿破仑毅然于12月15日与约瑟芬离婚，再于1810年4月迎娶奥地利公主玛丽·路易丝为皇后。

新婚的拿破仑很快便投入国事处理中，他要彻底把英国击垮，然后对付土耳其，施行他的东方征服计划。正当他踌躇满志于帝国大计时，1811年3月20日，新皇后生下皇子。欣喜若狂的拿破仑立即封皇子为"罗马王"，他还兴奋地宣称法兰西帝国巅峰时刻来临。

这一时期的拿破仑，真可谓踌躇满志，得意非凡。

东侵俄国，惨遭失败

就在拿破仑梦想着有朝一日统治整个欧洲的时候，1811年末，法俄关系开始恶化，起因是俄国沙皇亚历山大一世拒绝继续与法兰西帝国合作抗英。盛怒之下，拿破仑决定先征服俄国，再收拾英国。

1812年5月底，拿破仑御驾亲征，亲率五十一万大军向俄国进发。6月23日晚10时，法军开始越过科夫诺（位于今立陶宛境内）附近的涅曼河上的浮桥侵入俄国境内，走上了漫漫征途。

首先渡河到达对岸的是三百名波兰军人，他们一踏上立陶宛的土地，立即响起一片胜利的欢呼声，以向他们的统帅致敬。大军渡河花了三天时间，涅曼河的这一边广阔无垠，直到地平线的尽头，法国人连一个人影也见不到，只有大片黄褐色的土地和枯萎的植物，让人难免产生一种不祥的感觉。

拿破仑预料到自己的大军在广阔但又荒凉的俄罗斯大平原上将要遇到很大的补给困难，所以法军官兵不得不把所有的军需用品都带上，即便如此，仍有很大的补给缺口。但是拿破仑并没有预见到将要同俄军打一场艰苦卓绝的冬季战争，他乐观地以为战事很快就可结束，只要在附近开阔地带同俄军主力进行一次决战，将其一举消灭，就可迫使沙皇接受他的条件，尽早结束战争，从而一跃成为欧洲大陆无可争议的、至高无上的独裁者。深入俄国腹地，直捣莫斯科，并不是拿破仑的本意。

由于俄军部署得很分散，防线拉得很长，拿破仑决定亲率主力二十余万人从科夫诺直取立陶宛首府维尔诺，以突破俄军的防线。另外，他分出一些兵力组成两支辅助部队，各有八万人，分别由继子欧仁和弟弟热内姆指挥，在他的右侧方行动，保护交通线，配合主力作战。盟国奥地利的军队在最南边，最北边则是麦克唐纳元帅指挥的普鲁士军队，他们负责保护大军的两翼。

法军在渡过涅曼河时没有遇到什么抵抗。6 月 28 日，拿破仑顺利进入维尔诺，而沙皇亚历山大一世几天前才刚刚从那里撤走。拿破仑原本打算用他的右翼兵力包围并歼灭部署在涅曼河与布格河之间的俄国巴格拉齐昂亲王所率的军团，而以其主力同俄国巴克莱的军团决战，借此一举击溃俄军，但由于热内姆犹豫不决行动迟缓，这一计划未能实现。俄军面对优势敌人，避而不战，向东退却。巴克莱北撤到德维纳河上的德里萨营地，以掩护通往首都圣彼得堡的道路，但是他同巴格拉齐昂亲王的联系因此被法军切断。

为了等待补给队和后援部队，拿破仑在维尔诺停留了十八天之久。在贫瘠的俄国，对于习惯就地取食的法军来说，后勤供应是一个致命的缺陷，随军携带的粮草有近三分之一都被运输队的牲口所消耗，再要长久地维持一支远离补给基地而人数又是空前庞大的前线部队，实在是难以为继。而且，1812 年的情况与先前不同了，法军以往打一场胜仗后，常常都能就地得到粮草补充，而现在当他们四处掠夺时才发现一个个村庄早已坚壁清野，俄国人将能带的东西全带走，带不走的就付之一炬。

补给不足不但迟滞了法军的行动，还影响了士兵的战斗力。不仅如此，俄国的酷暑和大雨也令法军官兵很不适应，道路泥泞不堪，加之感染痢疾，折磨着他们的健康，从皇帝到士兵都苦不堪言。

法军携带的燕麦饲料不足，只好给牲口喂其他杂食，结果导致成百上千头骡马倒毙，造成拖曳火炮的马匹严重缺乏，因此被迫丢弃了一百门火炮和五百辆弹药车，这又使得法军的火力有所削弱，真可谓屋漏偏逢连夜雨。

7月8日，先期出发的由达武元帅指挥的法军第一军占领了白俄罗斯首府明斯克，准备配合热内姆夹击南面的巴格拉齐昂亲王的军队，但后者又一次成功地逃脱了。拿破仑对弟弟的行动迟缓甚为不满，遂命令达武指挥热内姆的军队，连热内姆本人也要听从达武的调遣。听说自己的指挥权被剥夺，热内姆一气之下退出远征军，回威斯特伐利亚当他的国王去了。

达武接管右路法军后，向着第聂伯河上的重镇莫吉廖夫推进，20日拿下该城，切断了巴格拉齐昂亲王部队的北进路线，使其无法向俄军主力靠拢。雷尼耶的第七军则奉拿破仑之命向奥地利军队靠近，以协同对付战线最南端的托马索夫军团。

此时，由于巴克莱和巴格拉齐昂亲王之间缺乏协同配合，两军相距达两百公里之遥，因此在他们之间出现了一个大缺口。拿破仑正好利用了这个缺口，向东面的维捷布斯克挺进。

沙皇亚历山大一世以为拿破仑的目的是想拿下俄罗斯帝国的故都莫斯科，于是赶紧命令巴克莱军团离开德里萨，向莫斯科的西南门户斯摩棱斯克前进，同时命令巴格拉齐昂亲王也去那里与巴克莱会合，并接受巴克莱的指挥，虽然巴格拉齐昂亲王的资历要比巴克莱深。另外，俄军为掩护退往圣彼得堡的道路，由维特根斯坦将军率领的两万五千人的军队留守在德里萨附近。尽管达武军紧追不舍，巴格拉齐昂亲王还是成功地退到斯摩棱斯克，并在8月初同巴克莱会合。在摆脱了被分割、迂回和包围的困境后，他们决心就地设防，阻止拿破仑向莫斯科进军。

拿破仑于7月28日占领维捷布斯克城，在此地又逗留了十四天，

威震欧洲的雄狮——拿破仑

以收容掉队人员和建立补给基地。

这时，拿破仑发现自己的境况非常糟糕。由于补给跟不上，天气炎热，连日大雨造成道路状况极差，加之俄军动向不明，远征大军推进速度非常缓慢。部队进行了一连串的小规模战斗后，已遭受一些伤亡，在恶劣环境和严重疾病的双重打击下，有大量的非战斗减员，结果战争才打了六个星期，法军就损失了十三万人和八万匹马。再加上要分兵驻守后方和掩护侧翼，使得拿破仑能够直接指挥的军队只剩下二十三万人，却仍未能迫使俄军与他决战。

就在拿破仑为自己的处境感到担忧时，他获悉俄军两个军团已经会合，并且就在前面不远的斯摩棱斯克城。他立刻振作精神，决定继续东进，准备在斯摩棱斯克打一场期盼已久的大决战。

斯摩棱斯克城位于第聂伯河河畔，是通往莫斯科的必经之地，当时的人口约为两万。8 月 16 日，法军前锋内伊元帅率领的第三军和达武率领的第一军进抵斯摩棱斯克城对面的第聂伯河岸，而河对岸的俄军早已严阵以待。

拿破仑赶到后，立即下令攻城。斯摩棱斯克的城墙是用大块砖石砌成的，其坚固程度可想而知，结果法军被守军击退，伤亡惨重。次日，法军又以十四万之众继续发动猛攻。斯摩棱斯克城内的建筑多系木质结构，在法军大炮的轰击下很快便起火燃烧。战斗异常激烈，双方均受到了严重的人员损失。鉴于法军人多势众，俄军不愿硬拼到底，当天晚上便乘着茫茫夜色撤离了斯摩棱斯克，临走前将武器弹药库付之一炬。

法军进入斯摩棱斯克城后，只见烈焰腾腾，火光冲天，街道上尸积如山，几千名伤员的哀号声响彻全城。

拿破仑一边巡视，一边问他的亲随科兰古："你认为这景色怎么样？"

科兰古回答："可怕！"

拿破仑露出得意的微笑，说："不！记得罗马皇帝曾说过，'一具敌人的尸体总是好闻的'。"

回到驻地后，拿破仑把佩刀扔在桌上，高兴地说道："1812 年的战

争结束了!"他蛮有把握地认为,用不了多久,法军就能占领莫斯科,打断亚历山大一世的脊梁骨。

可是,拿破仑高兴得太早了。俄军莫斯科守将库图佐夫为了保存有生力量,尽量避免决战,决定主动撤退,坚壁清野。所以,当9月14日法军抵达莫斯科时,发现它竟是一座死寂的空城!第二天半夜又忽然狂风肆虐,莫斯科城内四处火起。风助火势,火仗风威,直烧得莫斯科红光满地,烈焰弥天。大火烧了三天三夜,城内四分之三的建筑被焚毁。

拿破仑待在克里姆林宫,凝望着窗外的一片火海,脸色变得煞白,沉默了好久才喃喃自语道:"多么可怕的景象!"此时,他再也笑不出来了。

为了摆脱困境,拿破仑曾下令从莫斯科的档案中寻找俄国农民起义领袖普加乔夫的材料,打算起草告俄国农民书,发布解放农奴的法令。但是,他左右思量,终于还是下不了这个决心。这时的拿破仑已不再是当年那个意气风发的共和国将军了,他早已丧失了1796年在意大利摧毁封建制度时的那种勇气和魄力了。他所能做的,只是三次派遣使者向亚历山大沙皇建议谈判,但均遭拒绝。

就这样,拿破仑在莫斯科白白待了五个星期,在政治上、军事上都毫无作为,而无情的时光却送来了俄罗斯严寒的冬季。

几十万大军被困在空城,断粮缺薪,士兵四处抢掠,军纪荡然无存。俄国各地的农民游击队却异常活跃,严重威胁着法军漫长的交通补给线。面临这孤军深入、求和不成、欲战不能的险恶处境,拿破仑不得不于10月19日下令撤出莫斯科。

一路上天寒地冻,风雪弥漫,再加上俄国正规军、哥萨克骑兵和农民游击队的追击和骚扰,使得法军饥寒交迫,弃甲曳兵,尸横遍野,溃不成军。在撤退途中,拿破仑又获悉巴黎发生了一起未遂政变,更是心急火燎,于是决定只身先行回国。12月6日,他与领军的元帅、将军们匆匆告别,由科兰古陪同,乘坐雪橇疾驰而去,消失在茫茫的雪雾之中。

威震欧洲的雄狮——拿破仑

就在途经华沙时，拿破仑向部属表示："从伟大到荒谬只差一步，让后代去论证吧！"看来，他并不死心，还准备大干一场呢。

然而，现实再一次戏弄了他。一个星期后他得知，只有两万七千名法军的残兵败卒逃离俄国边境。后来的历史也证明，拿破仑在俄国的全军覆没，成了欧洲各国普遍起义反抗法国统治的信号，成了这个庞大帝国盛极而衰的转折点。

成为整个欧洲的敌人

看见拿破仑在俄法战争中遭受惨败，1813 年春，俄、英、普、奥、瑞典等国结成第六次反法同盟，重新向法国发动战争。拿破仑则征集了三十万新军东渡莱茵河迎击联军。

战争于 1813 年 10 月 16 日开始，10 月 19 日结束，这便是有名的莱比锡大战。这是军事史上少见的惊心动魄的一场鏖战。在战斗开始的那一天，拿破仑军队有十五万五千人参加战斗，参战的普、奥军为二十二万人。但是到第二天，俄、瑞（典）军队十一万人也投入了战斗。在第三天的战斗中，法军中的萨克森军团哗变，并且转到反法同盟方面。拿破仑得知后，慌忙指挥法军后退。反法联军乘势追击，法军全面溃败。12 月初，拿破仑的败兵残将渡过莱茵河，狼狈逃回法国。

莱比锡之战的结果，令欧洲大陆迸发出一片欢呼声，受到胜利的激励，反对拿破仑的运动在法国占领地区到处蓬勃展开。拿破仑试图建立一个大帝国，沿着昔日那些伟大的征服者的足迹前进，可是时代已经改变了，他的思路已经不符合他这个时代的精神。莱比锡之战表明，受他征服的欧洲各国再也不是一盘散沙，而是开始团结起来共同斗争。

莱比锡大战的惨败，还为拿破仑以及他的帝国敲响了丧钟。回到巴黎的拿破仑知道大事不妙，只有争取获得一次重大的军事胜利，才能挽救自己和帝国的命运。可是这一任务太艰巨了：法军的优秀将领缪拉离开了他，回到那不勒斯管理他的国家去了，这实际上等同于抽离了法军力量转而送给了反法同盟；达武元帅的军队被俄普联军困在了汉堡；拿

破仑的哥哥约瑟夫被赶出了西班牙；弟弟热内姆作为拿破仑亲封的威斯特伐利亚国王，也被赶出了首都卡塞尔……

拿破仑知道自己必须再组织一支军队，而且必须尽快。因为，反法同盟军已于1814年1月1日陆续渡过莱茵河，正向拿破仑家门口扑来。

拿破仑经过深思熟虑后，决定采取集中优势兵力各个击破的方法对付来势汹汹的联军，争取从局部胜利达成全线胜利。于是，他把法军主力部署在夏龙附近的马恩河湾后面，1月25日，他命令法军向普鲁士军队发动猛攻。经过几天的战斗，法军大败普军，但拿破仑的初衷并未达到。

正当他准备对反法同盟做出让步时，他突然发现敌军犯了战略部署错误，竟然开始分头行动。这让拿破仑大喜，他立即率部各个歼灭孤立的同盟军。从2月7日一直到2月22日，拿破仑每战必胜，简直如有神助。

法军的连连得手迫使同盟军提出和谈。在肖蒙举行的谈判中，拿破仑坚持法兰西帝国领土的完整，这与同盟军的要求相悖，谈判无果而终。

3月1日，俄国、奥地利、普鲁士和英国成功签订了一项攻守同盟条约。依据条约，缔约各国不得单独与拿破仑议和，除英国负责提供作战经费外，其余各国均需提供十五万军队对法作战。此外，四国还就法兰西帝国的领土归属以及战后欧洲格局等问题进行了密谈。这一条约的达成，令反法同盟各国空前团结，无疑加速了拿破仑和他的帝国的灭亡。

此时，法军虽然取得了一系列局部胜利，但面对强大的同盟军，拿破仑已是回天乏术。而且同盟军这时候还开始改变战术，他们用一支军队牢牢牵制住拿破仑所部，然后着力进攻拿破仑的元帅和将军们。这一招果然奏效，3月30日，法军马尔蒙特部被同盟军围困而投降。法军其他各部也与拿破仑分割开来，拿破仑所部苦追敌军却不料竟给敌军让出了通往巴黎的通道。

就在马尔蒙特率部投降的第二天，反法同盟军进入巴黎。在同盟

威震欧洲的雄狮——拿破仑

军的支持下，普罗旺斯公爵登上法国王位，号称路易十八。波旁王朝复辟。4月2日，法国元老院宣布拿破仑退位，并决定将其流放到厄尔巴岛。

眼见众叛亲离，大势已去。4月6日，拿破仑违心地签署了退位诏书。

4月11日，拿破仑与反法同盟各国签订《枫丹白露条约》，条约规定：拿破仑皇帝及其家族放弃对法兰西帝国、意大利王国和其他国家的一切主权和统治权；拿破仑终身保留皇帝称号，拿破仑家族成员保留亲王称号；拿破仑皇帝拥有厄尔巴岛的完全主权和所有权，并付给他两百万法郎的年金，拿破仑必须马上前往厄尔巴岛。

在这之后，拿破仑曾在绝望中试图吞服鸦片自尽，但经抢救脱险。说也奇怪，打这以后，他的心情反倒平静多了。他说："我退让，但丝毫不屈服！"

4月20日，拿破仑获准在皇宫与近卫军告别："士兵们，你们是我的老战友……我多么想心贴心地拥抱你们所有的人，但还是让我吻这代表你们全体的军旗吧……"他有些哽咽地说完上面这段话，亲吻了军旗，拥抱了旗手。这时，许多老兵像小孩子一样地哭了。

这天下午，拿破仑在几名将军和几百名士兵的陪同下，启程离开巴黎，前往流放地厄尔巴岛去了。他虽然还保有"皇帝"的称号，但他的领土已只局限在那个小岛上。

5月4日，拿破仑抵达厄尔巴岛，开始流放生涯。

在厄尔巴岛的头几个月里，拿破仑的生活十分平静而单调，他没有在任何人面前、在任何事情上流露出自己内心真实的感受。常常一连几个钟头沉浸在深思之中。

在最初的日子里，拿破仑将全部精力和热情倾注在治理他这个小小的王国上，他下令修筑道路，奖励农桑，改善环境卫生，振兴凋敝的铁矿业。自古以来，铁矿业一直是厄尔巴岛的主要财政来源。拿破仑过问具体细节的能力是惊人的，他彻底复兴了该岛的经济。从所有的迹象来看，似乎拿破仑已经无意重返法国，再度震惊欧洲了。

然而，有几个不和谐因素搅乱了这一平静的气氛。首先，根据《枫丹白露条约》的规定，拿破仑每年可以得到两百万法郎的年金，但对他恨之入骨的波旁王朝政府在没收了拿破仑家族的财产后却分文未给。所以拿破仑只好依靠前来探望他的母亲和妹妹的接济，才得以勉强维持他在岛上的开支。

　　其次，奥地利王室不准拿破仑的皇后路易丝以及拿破仑三岁的儿子到岛上与他团聚，这使拿破仑分外气恼。事实上，对拿破仑并无感情的路易丝皇后不久以后就另寻新欢了。拿破仑的第一任妻子约瑟芬也没有到他那里去。因为约瑟芬在拿破仑到了厄尔巴岛几星期之后，便不幸离世。拿破仑闻此噩耗，很是伤感，接连好几天都闷闷不乐，沉默无语。

　　就在拿破仑被流放不久，1814 年 5 月 30 日，波旁政府代表法国与反法同盟各国签订了一连串的条约，统称为第一次巴黎条约。根据条约的规定，法国的疆界重新回到了 1792 年时的状态，但受到的惩罚还算宽容，拿破仑夺来的各国艺术珍品仍由法国保存。1814 年 9 月，所有交战国代表聚会维也纳，准备签订一项全面的和约。可是为了瓜分拿破仑留下的遗产，维也纳和会很快就变成了列强的又一次钩心斗角的竞技场，与会各国互相之间吵得不可开交。

　　沙皇亚历山大一世要求兼并整个波兰，但却遭到了英国的坚决反对。英国对俄国的领土野心特别担忧，唯恐其像拿破仑一样再次打破欧洲的力量均衡。奥地利对俄国利用战争乘机扩张势力也早已不满。重新出任法国外交大臣的塔列朗审时度势，也加入了反对俄国的行列。于是对法和会成了反俄合唱，英、奥、法三国联合起来对付俄国，甚至准备签订一个密约，在必要时对俄国宣战。

　　由于列强争吵不休，维也纳会议一直开到 1815 年都还未能解决这几个国家之间的分歧。从 1814 年秋天开始，拿破仑就非常关心岛外世界的风吹草动，他注意听取一切有关法国国内以及维也纳会议的报告。给他提供消息的人不少，有的从对岸的意大利本土而来，有的直接来自法国。

　　越来越多的消息表明，复辟的波旁王朝在全国正日益丧失民心。

口口声声声称推翻了暴君的人其实比暴君还坏。路易十八曾信誓旦旦地表示要实行民主立宪政制，但只是空有其言，不见行动。其实他很清楚地知道，要摧毁拿破仑时代设立的机构是绝对不可能的，触犯它们，就等于触犯众怒，他只能接受这一事实。因此，无论是各省的地方长官、政府各部的组织、警察，还是财政税收制度、《拿破仑法典》、法院，等等，拿破仑所创立的一切，包括国家机器几乎都被完整无损地保留了下来。

所不同的，只是由一位"立宪"的国王代替了专制的皇帝，然而新颁布的宪法只给一小撮最有钱的人士以选举权。忠于拿破仑的近卫军被解散，重新建立起的，是一支由旧贵族子弟组成的御林军。旧贵族和僧侣重新又恢复了之前大量的特权。法国宫廷里又开始充斥着大革命以前那种穷奢极欲腐化堕落的风气。拿破仑时代风云一时的元帅、将军及其夫人，虽然在新主子那里谋到了一官半职，但也难免受到冷遇。

比起那些令人作呕的王公贵族，拿破仑无疑更受普通民众的爱戴。中下层民众，无论是城镇居民还是广大乡村的农民，包括全体士兵和大多数军官，都把波旁王朝看作外国势力强加到法国人头上的祸害，把波旁王室的白色旗和百合花徽章看作国耻的象征。法国人民不免怀念起不久前给他们带来荣耀和希望的帝国，还有那位具有非同寻常的文韬武略的皇帝。对于广大民众来说，他不仅是一位光荣的英雄、伟大的统帅和半个世界的主宰，同时也是他们的兄弟和朋友。他会记得他们的名字，亲切地扯他们的胡须，揪他们的耳朵，同他们拉拉家常。他们始终觉得，皇帝热爱他们，正如他们热爱皇帝一样。

通过各种各样的渠道，拿破仑清楚地了解外面的一切，他不禁重新燃起收拾旧山河的欲望，内心重又充满豪情壮志。

惨遭"滑铁卢"

时间过得飞快，转眼就到了1815年。厄尔巴岛仍然寒意十足。

2月13日这天，拿破仑会见了一名来访的青年军官。这个英俊的

小伙子是法国国内的拿破仑支持者派来的密使，名叫夏巴隆。他乔装成意大利水手，秘密前来谒见他们朝思暮想的皇帝陛下。他想代表支持者们告诉这位昔日的领袖，他重返法国的时机现已成熟，全国上下届时都将揭竿而起，推翻波旁王朝的统治。

在岛上一处安静的树木里，夏巴隆向皇帝陛下详细地讲述了法国国内有增无减的不满情绪，以及那些重新上台的贵族的无耻行为。当然，他重点讲述了军队对波旁王朝的厌恶和对皇帝的崇敬。在这次谈话之后，拿破仑更加坚定了重整河山的决心。

运气来了，门板都挡不住。恰在这时，岛上唯一负责监视拿破仑行动的反法同盟特派员——英国人尼尔·坎贝尔上校要在三天后离开厄尔巴岛到佛罗伦萨休假两周。拿破仑决定抓住这一大好机会，逃离该岛。

恰在这时，拿破仑的母亲前来看望他。在家庭成员中，拿破仑最尊敬自己的母亲，于是他把自己的想法告诉了自己的母亲。他说："我不能死在这个小岛上，也不能把自己的事业之途埋葬在这里。军队在期待着我。我坚信，军队一看见我，就会立刻奔到我这里来。当然，我会碰见忠于波旁王朝的军官，他们会制止军队，那样的话，我有可能在几个钟头之内就会死去。但这样死去也比住在这个小岛上备受煎熬而死要好得多……我希望重整旗鼓，并且再一次尝试得到成功。妈妈，您的意见如何？"

母亲被儿子这突如其来的问题吓得差点儿跳起来，她一时不知该如何回答才好。经过长时间的沉默后方才回答说："出发吧，我的儿子，听从你内心的声音。也许，你会遭到失败而马上丧失你的生命，但也比你在这里浑浑噩噩地死去强得多。我相信，在这么多次战斗中都保佑你的上帝，一定会再一次保佑你。"说完之后，她和自己雄心勃勃的儿子紧紧地拥抱在一起。

拿破仑又把他的想法告诉了跟随他来到厄尔巴岛的三位将军贝特朗、德鲁奥和康布罗纳。他慷慨激昂地说，他现在不是想打仗，也不是想实行专制统治，而是希望凭自己之力使法国人民重新成为自由的人民。当然，恢复自己的皇位也是必要的。

他还告诉将军们说，他十分相信自己的号召力，相信整个国家不经过战争，就会拜倒在他的脚下。

将军们热烈地支持他，表示一定和他共进退。于是拿破仑决定准备若干艘船只，将所有忠于他的士兵都带走。

一切准备工作都在秘密地进行着。2月26日这天，厄尔巴岛一片阴沉。天黑以后，拿破仑在贝特朗、德鲁奥和康布罗纳这三位忠心耿耿的将军以及一千名士兵的陪同下，神不知鬼不觉地登上了"无常"号军舰和几只小船。

士兵们起初并不知晓他们为什么要上船，准备开到什么地方去？不过在上船之前，他们就已经隐隐猜到了，特别是当他们的皇帝在三位将军的陪伴下出现在港口的时候，他们一切都明白了，于是欣喜若狂地向皇帝致敬，山呼万岁。

拿破仑和将军、士兵们迅速在船上各就各位。这支小舰队乘着夜色，一路顺风地向北驶去，他们成功地躲过了英国和法国监视厄尔巴岛的几艘军舰，于3月1日顺利回到法国。

在法国军队的支持下，拿破仑没费一枪一炮就赶跑了执政的路易十八，再登皇位，建立了"百日王朝"。

拿破仑卷土重来的消息，好似五雷轰顶，极大地震动了正在维也纳开会的欧洲各国的君主和首脑。他们匆忙宣布拿破仑为"人类之敌"，迅速组成第七次反法同盟，拼凑了总数超过一百万人的干涉大军。

这时的法国已被兵连祸结弄得民穷财尽，全国兵力不足二十万，而且其中半数没有军装，三分之一没有武器。拿破仑却妄想只凭这样一支军队去同整个欧洲的人力和财力抗衡，这就决定了他那奇迹般的复位，只能是自己政治生命最终结束前的回光返照。

1815年6月，拿破仑决定乘同盟军主力尚未抵达法国之时，先下手击溃英国和普鲁士驻在比利时的军队。

6月18日，由英国名将威灵顿率领的军队与法军在滑铁卢以南的蒙·圣让山下相遇。英军在山上修筑了工事，而拿破仑则要抢夺这个制高点。那天清晨，他还信心十足地说道："用不了吃一顿早餐的时间，

就可能干掉他们！"可是经过前一天晚上的一场瓢泼大雨，以及此时还淅沥不止的小雨，道路泥泞不堪，所以直至上午十一时半，拿破仑才向各军司令发布了最后的作战命令：

一俟全军下午一时左右按战斗序列部署就绪，皇帝即令内伊元帅发动攻击，夺取交叉路口的圣让山的村庄。为支援这一行动，第二和第六军的十二磅重炮连应与第一军的十二磅重炮连集中使用。上述二十四门火炮向据守圣让山的敌军开火。戴尔隆伯爵应率领其左翼率先进攻，必要时，由第一军其余各师予以支援。

第二军应与戴尔隆伯爵并进。第一军的工兵连队应准备立即在圣让山上设防。

老实说，拿破仑的这项作战计划并没有多少新东西，几乎是中世纪僵化刻板战术的翻版。他的企图，不过是想以密集方阵突破敌军的中央防线。如果以此对付那些军纪散漫、实力不强的军队，或许还能奏效，但用来对付有着坚固阵地且得到强有力炮兵支援的步兵，那就注定要失败了。

不得不说，拿破仑过于自负了。他以为只要动用他所宠爱的十二磅炮先进行火力攻击，随后法军以楔形纵队沿着滑铁卢—布鲁塞尔公路疾进，即可一举打垮威灵顿所率领的英国军队。真是那样的话，拿破仑也就可以在近卫军的簇拥之下，大摇大摆地前进二十里，轻松拿下布鲁塞尔了。

拿破仑没有想到的是，威灵顿的防御阵地是经过精心选择的，它沿着圣让山以南一条低缓的山岭延伸，长约三千六百米，沙勒罗瓦（比利时城市）经滑铁卢至布鲁塞尔的公路从其中部穿过。在阵地的右前方五百米处，有一座乌古蒙农庄和别墅，四周为一个长方形的果园和灌木林围墙所环绕。距阵地中央正前方两百七十米是拉海圣庄园。这些建筑物都在威灵顿军队的控制之下，作为前哨阵地。

威灵顿指挥的军队除了英军外，还有几个国家的军队。这支多国部队与英军混合配备于前线各处。关系重大的右翼阵地，即乌古蒙农庄的北面，交由库克将军的第一师守备，其兵力由英国近卫军四个步兵营构成。各骑兵旅作为中央预备队，部署在前线与圣让山之间。另有两个英军骑兵旅构成左翼防线的顶端，那里的地势比较平坦。二十四个骑炮兵连和大多数的野战炮兵连占领了公路以西山顶一线的阵地，从那里可以居高临下俯射前面的斜坡。联军炮兵根据威灵顿的指示，置法军炮兵于不顾，而集中炮火对法军步兵和骑兵实施近距离射击。

拿破仑将部队展开在本方占领的一座山岭前，面对着威灵顿军队的阵地，戴尔隆的第一军从公路向东延伸约一千八百米，公路西侧内伊的第二军也占领了一个类似的正面，其左翼正好在乌古蒙农庄以南。米尔豪德的第四骑兵军在戴尔隆军之后，克勒曼的第三骑兵军则奉命支援内伊军。洛鲍的第六军、两个骑兵师以及近卫军担任中央预备队。法军三十六个炮兵连的大部分均部署在山顶一线，拿破仑的三个十二磅炮连在威力和射程上都超过了威灵顿的九磅炮和六磅炮。

滑铁卢决战拉开序幕后，法军炮兵用八十门大炮而不是原计划的二十四门十二磅炮进行炮火攻击，但是其威力并不像拿破仑所期望的那样令敌人胆寒。法军的大炮多是加农炮，而不是榴弹炮，故而威灵顿按他的老办法，让步兵匍匐躲藏在山后一侧，结果法军的炮弹大都打进了前坡受到雨水浸渍的泥土里，没有给英军造成什么伤害，要是落在坚硬的地表上，这些跳弹肯定会导致人员的大量杀伤。

拿破仑在距前线一千两百米远的一个农庄观察战场动向，但是他却将整个进攻的指挥权交给了内伊，这是又一个致命的错误。

内伊曾经是一位优秀的骑手、勇敢的剑客，从军后，作战勇猛是他的特点，可惜他并不是一个高明的战术家，曾经屡次在战场上出错。然而拿破仑不知为何，偏要将这次战争的指挥权交予他。

紧跟在法军的炮火攻击之后，内伊率领法军向敌军阵地发起冲击。等到法军的步兵纵队快要接近山顶时，躲避在山后的英军士兵立刻上前，不等法军展开，就向其头上发射一阵猛烈的排枪。迎着枪林弹雨进攻英军步兵方阵的法军骑兵，损失惨重，只得后撤。

拿破仑还有一个重大的失误，那就是让他的弟弟热内姆指挥内伊的

第六师。从前在与俄军的交战中，热内姆的无能就已表现无遗，然而拿破仑还是让他率领第六师构成内伊军的左翼，在法军炮击的同时对乌古蒙农庄的敌军前哨阵地发动攻击。然而在内伊的援助下，热内姆投入好几个旅的兵力前去夺取农庄，尽管付出了巨大的损失，却始终未能将之攻克。这原本是拿破仑的一次佯攻，目的是吸引威灵顿的注意力，使他动用中央阵地的兵力来加强其右翼，结果与拿破仑的意图完全相反，不但没有吸引来英军，反而毫无必要地把法军给牵制住了。

与此同时，在沙勒罗瓦—布鲁塞尔公路以东，戴尔隆军负责夺取另一要点——掩护威灵顿中央防线的拉海圣庄园。法军的进攻也采用了密集纵队，但遭到英军步兵的顽强抵抗，加上英军两个骑兵旅的反冲击，导致秩序大乱，三千多人被俘。戴尔隆的进攻虽然失败，但威灵顿左翼的英军也伤亡惨重，步兵师长皮克顿将军和一名骑兵旅长在激战中阵亡，损失了六千余人。

到了下午 3 时左右，筋疲力尽的内伊还在对乌古蒙进行着无益的攻击，而戴尔隆则在收罗他的残部。威灵顿的处境也相当困难，他急切地盼望着援军的到来。

就在这时，拿破仑得到了一个不好的消息：普鲁士军在名将布吕歇尔的率领下已从瓦弗尔赶来增援威灵顿，由比洛率领的先头部队已经离此地不远，即将出现在法军的右翼。

此时的拿破仑本应该中止对威灵顿的进攻，转而集中兵力对付出现在法军右翼的普鲁士军队，但他只是从预备队里抽调了部分兵力向东运动，内有洛鲍的第六军和两个轻骑兵师，可是总共才只有七千多人。

下午 4:30 左右，比洛军的前卫部队共三万多人从森林里冲出，洛鲍哪里抵挡得住，只好退往普朗尚努瓦。

此时，法军面临着敌军两面夹击的严重威胁。拿破仑只好命令青年近卫军前去支援洛鲍，得到加强的右翼法军暂时迟滞了普军的推进。

这个时候，如果拿破仑选择撤退，或许可以保全他的主力，但是这样的话，其结果就不仅仅是放弃这个战役，还有可能失去整个战争，因为危机四伏的国内外政治形势不容拿破仑退却，而且法军的士气也将随着退却而瓦解。所以拿破仑只好坚持到底，他决定乘普军行动迟缓之机，先击溃威灵顿。

拿破仑命令务必拿下拉海圣庄园，以此作为彻底击溃威灵顿的基地。并命令由戴尔隆和内伊的两个军担任主攻，骑兵主力和近卫军负责支援。

内伊还没有等接到拿破仑的指示，就擅自率领米尔豪德的五千骑兵军向英军中央阵地发起了一系列冲锋。

威灵顿并不想退却，他要坚守到底。他早已预见到法军一定会有一次猛烈的骑兵冲击，所以命令联军步兵立即组成方阵。但是这五千名骑兵的英勇冲击实在是锐不可当，他们漫山遍野地冲来，在"皇帝万岁"的呐喊声中，像狂潮一般突破了敌军防线，并夺取了若干炮兵阵地，可是他们对缴获的火炮却手足无措，接着在英军骑兵的反冲击下又被打退。

随后，克勒曼的骑兵军为支援米尔豪德也发起了冲击，但在联军步兵、炮兵、骑兵的联合反击下遭到同样的结果。

内伊的进攻一直是单独使用步兵或骑兵发动攻击，从未试图让这两个军种协同作战，炮兵的支援也是非常可怜，结果屡遭失败。

不过，联军方面也是相当困难，威灵顿已经把他的骑兵和步兵预备队用得差不多了，情况也非常危急。

下午6时，拿破仑骑着马巡视整个战线，以鼓舞军心。他决定孤注一掷，不惜一切代价突破威灵顿的正面防线。于是命令内伊再作一次努力，一定要拿下拉海圣庄园。

由于英军已打得弹尽粮绝，戴尔隆军团的两个师在反复冲击下，终于夺取了拉海圣庄园，但是法军骑兵业已筋疲力尽，未能扩大战果。

内伊派人去向皇帝请求增援，拿破仑却大声喊道："部队？你让我到哪里给你派部队？难道叫我变出部队不成？"

拿破仑的手里并非没有部队，但他不知道此刻威灵顿的处境已经到了山穷水尽的地步，因此没有动用他最后的预备队乘虚而入，从而又一次失去了扭转战局的机会。

威灵顿火速从其他阵地上调来部队加强中央阵地，并亲自指挥防守，从而在紧要关头挽救了危局。

其实这时拿破仑的手中还有八个营的老年近卫军以及六个营的中年近卫军，假如他肯把一半兵力交给内伊的话，那么威灵顿的中央防线恐怕就要崩溃了。但是拿破仑此刻的形势也是十分危急，前来增援的普鲁士军在法军右翼集结了大量兵力，威胁到拿破仑的退路。右翼的青年近卫军在普朗尚努瓦已经抵挡不住普军的连续进攻，为了巩固右翼乃至整个后方，他派出两个营去迎战普军，近卫军通过肉搏战，将普军逐出村落，重新稳定了局面。

傍晚七时，滑铁卢会战达到了高潮。拿破仑决定在日落以前作最后一搏，他终于把八个营的近卫军交给内伊，执意要突破威灵顿的防线。但是内伊没有去扩大在拉海圣庄园已经撕开的口子，而是率领编为两支密集纵队的近卫军，向英军右翼由近卫步兵防守的防线发起攻击。尽管在法军猛烈炮火的袭击下，英军步兵蒙受了严重的伤亡，但他们依旧固守阵地，沉着迎战，待法军进入二十米以内，才给以迎头痛击。

在突如其来的枪林弹雨之下，法国近卫军顿时溃不成军，败下阵来。两支近卫军的对决，以英军获胜告终，拿破仑手里最后一点预备队也打光了，这是他的最后一笔赌注，可惜他赌输了，只好率领残部向法国败退。

最后一抹晚霞从天边消逝了，"鸟无声兮山寂寂，夜正长兮风浙浙"。在惨白的月光下，滑铁卢战场上躺着两万多名死伤的法国人、两万多名死伤的英国人及其同盟者。双方损失虽然相差无几，但对拿破仑来说，滑铁卢之败已是最后的致命一击。

6月21日，拿破仑败归巴黎。反法联军随后越过法国边境，源源而至。法军因在滑铁卢元气大伤，失去了在法国边境战胜反法联军的力量和信心。拿破仑见大势已去，再次被迫宣布退位。从此，"滑铁卢"一词也就成了失败的代名词。

对于滑铁卢战役，双方当事人事后都有自己的看法。

威震欧洲的雄狮——拿破仑

那次会战的胜利者威灵顿说："在我有生以来，都不曾经历过这样焦急不安的生活，因为我必须坦白承认，我从来没有像这一次如此接近失败。"

而失败者拿破仑，却是这样说的："这次会战失败了！这是一个可怕的灾难。但是那一天还是胜利的。军队的表现还是极为优异，敌人在每一点上都被击败了，只有英军的中心部位还能够坚守。当一切都已过去之后，军队才突然为恐怖所笼罩。这是不可解释的……"

兵败滑铁卢，真是一场旷古难见的惊天之谜。赢者说已接近失败，而败者却认为完全有可能胜利。那么，究竟是什么原因导致了拿破仑在这场战争中最终失败的命运呢？

对此，人们有各自不同的看法。

有人说是由于拿破仑的战略失误所致。胜利者威灵顿公爵认为，拿破仑采取战略上的进攻，是其失败的主因。拿破仑应等待联军侵入法国，时日一久必因粮食缺乏而自行崩溃。不过，不知道威灵顿这种说法有何依据？须知，1814 年侵入法国的联军也没有崩溃。而在联军集结百万之众的情况下，法军仓促之下组织了二十多万人的正规军，力量对比如此悬殊的情况下，拿破仑变防御为进攻，以图各个击破敌军、掌握主动权的计划是非常出色的，也是有可能成功的。因此说拿破仑兵败滑铁卢是战略失败所致，并不让人完全信服。

有人说是由于将领的不称职所致。

随同拿破仑指挥的内伊元帅虽然有非凡的勇气，但指挥不力，毫无大局观。正是由于他与两万英军纠缠过久，致使未能及时率军阻击普军增援部队；热内姆等人更是成事不足，败事有余。当然，还有种说法是，当时临近滑铁卢的地方还驻扎着一支由格鲁西元帅率领的法军，然而他却未能阻止布吕歇尔的主力与威灵顿的部队会合；当听到滑铁卢的炮声后，他却又以没接到命令为由不予支持。这些说法或许有军事上的道理，不过，事实真相是否如此，也很难说。

也有人说是由于法军素质太差所致。尽管拿破仑组织了二十多万人的军队，但其中有不少羸弱老兵，而且仓促组成的部队缺乏训练，枪械、弹药、马匹也十分缺乏，部队的高、中级指挥员更为缺乏。这种说法也不能说没有道理。

此外，还有人认为是天气等原因导致了滑铁卢的惨败。甚至还有人认为是拿破仑"气数已尽"，滑铁卢惨败是必然。

看来，究竟是一种或数种原因导致了拿破仑的滑铁卢惨败，还真是一件不容易说清的事情。

但无论如何，拿破仑是失败了。

7月8日，路易十八回到巴黎复位，波旁王朝实现了第二次复辟。在路易十八复位的同一天，拿破仑出海准备去美国，但却被英国海军所阻。7月14日，拿破仑写信给英国，表示愿将自己置于英国法律保护之下。8月4日，英国将拿破仑送往南大西洋的圣赫勒拿岛。

拿破仑再一次开始了流放生涯。而这一次，这位"欧洲雄狮"再也没有了改写命运的机会。

扑朔迷离的死亡之谜

1820年10月至1821年3月间，被流放于圣赫勒拿岛的拿破仑身体状况迅速恶化，病痛缓解的时间越来越短。他沮丧地说："我怎么啦？我这个脑子从来不知道休息的人，现在竟坠入茫然昏睡，必须用力才能睁开眼皮。"

1821年3月底，他腹部疼痛加剧，从此卧床不起。5月5日下午5时49分，拿破仑的心脏停止了跳动，终年五十二岁。临终前，他已昏迷了好几个小时，人们听到他断断续续吐出的最后几个词是："法兰西……军队……先锋……"

正如他生前，人们对他争议很大一样，对于他的死因，人们也是众说纷纭。

那么，这位曾经威风八面的"欧洲雄狮"究竟是因何而死呢？

最为普遍的说法是，他死于胃癌。

首先，从遗传学的角度考虑，癌症是拿破仑家族的遗传病。拿破仑

本人也一直认为自己得了癌症。

其次，研究人员在对拿破仑的尸体进行解剖时，发现他的胃已经溃烂，肝部微肿，其他内脏完好，身体肥胖。

还有，据说瑞士科学家通过对拿破仑不同时期的十二条裤子尺寸进行研究后断定，拿破仑的确是死于胃癌。这十二条裤子是拿破仑在被流放的六年中先后穿过的，瑞士科学家们测量了这些裤子的腰围，然后又研究了一些活着的胃癌病人的腰围变化。结果他们发现，拿破仑的腰围变化和胃癌病人的腰围变化完全一致。科学家发现，拿破仑穿的最大号裤子腰围尺寸是一百一十厘米，而在他 1821 年去世前，他穿的裤子腰围已经缩小到了九十八厘米。

由此，医学专家们认为拿破仑的确是死于胃癌。这一结论性的病情报告，在相当长的一段时期内，在史学界享有绝对的权威。

但到了 20 世纪 50 年代初期，法国和德国的几家医学杂志多次发表文章否定拿破仑死于胃癌。文章认为，拿破仑得的是一种热带病。在他进攻埃及和利比亚时就染上了这种疾病，而圣赫勒拿岛为热带气候，因此他在流放期间旧病复发。不过，随拿破仑在圣赫勒拿岛生活了六年的蒙特隆伯爵，在回欧洲后，否认了这种可能性。

还有一种说法认为，拿破仑死于医疗事故。美国旧金山的病理学家对拿破仑的治疗记录进行了详细研究。他们发现，拿破仑当年流放到圣赫勒拿岛后，医生使用了一种不卫生的注射器给他注射药物。为了祛痰，医生还给拿破仑服用了酒石酸氧锑钾，造成他体内严重缺钾，从而导致出现心跳过速的症状。研究人员还认为，真正将拿破仑送上绝路的是去世前两天医生开的一剂泻药。这剂药中含有六百毫克的氯化汞，是正常剂量的五倍。这一剂药可能使拿破仑体内的钾进一步缺乏，从而诱发了脑出血或心肌梗死而致其死亡。

然而，1982 年初，《谁是杀害拿破仑的凶手》一书在法国问世。此书以大量的"史料""科学的凭证"，推翻了一个多世纪来的"权威"结论，"证实"了拿破仑是被砷毒死的。

这本书的作者是瑞典医生、毒物学家斯坦·福舒夫伍德。他认真研

究了拿破仑病症的记载，发现他在生命垂危之际有慢性砷中毒的各种症状：心悸，身体两侧、双肩和腰部剧痛，肝脏肿大，四肢无力、除头发外全身汗毛脱落……

为了从科学上找到凭证，斯坦医生四处奔波，几经周折，终于弄到了几绺拿破仑的头发。经过化学分析，测定出受害人体内砷的含量是正常人的十三倍。多次化验的结果都证明，拿破仑是被小剂量的砷慢慢毒死的。

如果此说为真，那么又是谁毒死了拿破仑呢？

斯坦医生经过大量研究后认为，在拿破仑被流放到圣赫勒拿岛时有六个人跟随他。这六个人中只有一个人嫌疑最大，那就是蒙特隆伯爵。

蒙特隆伯爵是一个极为贪婪之人，曾经不断地在拿破仑阵营和与之对立的波旁王朝之间摇摆不定。在拿破仑手下时，他虽然深受信任，但却贪污了大量的军费。他甚至还在取得拿破仑的信任后，又与波旁王朝的皇室人员关系密切。因此，唯一能进入拿破仑酒窖的蒙特隆伯爵是毒杀拿破仑的最佳人选，而毒也应当是下在酒中的。因为倘若通过饭菜下毒，那么岛上的其他人也不会幸免。但是斯坦医生的说法不过是一种推测，并没有真凭实据。

还有人认为拿破仑是"自然中毒"而死。因为在拿破仑当年居住过的圣赫勒拿岛的住房中，人们发现墙纸上含有含量很高的砷。这是因为当时的人们曾用砷制造一种绿色颜料，并用这种颜料给墙纸染色。在潮湿的环境中，墙上生长的霉与颜料发生化学反应，就会使颜料中的砷释放出来，从而也会导致人砷中毒。但这种说法并不能让人信服。因为生活在这种环境中的又不是拿破仑一人，为何别人都没有砷中毒呢？

尽管现在的人们更倾向于认为拿破仑是死于砷中毒，但究竟是谁给拿破仑投的毒？他为什么投毒？用什么方式投的毒？真是蒙特隆伯爵干的吗？这一系列问题还没有真正弄清楚，看来拿破仑之死的争论还不会就此平息。

威震欧洲的雄狮——拿破仑

第九章

"维多利亚时代"的开启者——维多利亚女王

小 档 案

维多利亚女王（1819—1901年），是除现任英国女王伊丽莎白二世外，英国历史上统治时间最长的女王，共在位六十余年。在她统治时期，英国迅速向外扩张，建立了庞大的殖民地，因此被称为"日不落帝国"。又由于这一时期，英国经济、文化空前繁荣，君主立宪制得到充分发展，因此又被称为"维多利亚时代"。

小姑娘成为国王

维多利亚女王于1819年5月24日出生于伦敦肯辛顿宫，父亲是肯特公爵爱德华（当时的英国国王乔治三世的第四个儿子），母亲是德国撒克逊－科堡－萨尔费尔德的维多利亚公主。为了让孩子在伦敦出生，她的父母专程从德国巴伐利亚长途跋涉回国。

爱德华对这个结实健康的女儿的降生欣喜若狂，而对母亲来说，这个女婴是个特别的孩子。爱德华的妻子肯特·维多利亚之前曾有过一次婚姻，那次婚姻给她留下两个孩子，但只有这个小女婴才有可能登上大英帝国的王位。

父母为她取名可谓费尽了心机，几经斟酌后才定名亚历山德拉·维多利亚，一是表示对孩子的俄国教父——沙皇亚历山大一世的尊敬，二是为了纪念她的母亲。

维多利亚的童年是不幸的，在她只有八个月大时，一向健壮的父亲突患肺炎去世。在爱德华死前不久，一个星相家曾对他说，王室中很快会有两个人死去。爱德华做梦也没有想到厄运会降临到自己头上。在一次打猎中，他受了风寒，从此一病不起，不久便撒手人寰。临死前，爱德华匆忙宣布自己的孩子为王室的合法继承人。

爱德华去世后，给妻女留下了沉重的债务，从此家里开始省吃俭用节约开销。小时候的维多利亚总是穿同一套衣服，在她当时的观念里，女人频繁更换服装是一种挥霍浪费和不良品行。等到日后成为女王之时，她还是保持着当初的思想，在服饰上也一直很俭朴，王冠上价值连城的珠宝仅仅是为了显示对王权的尊重。

维多利亚是在其舅父利奥波德（后为比利时国王）的监护下接受教育的，不过这位小姑娘在五岁时就展现出她与众不同的执拗——她怎么也不肯学写字。

有一天，一位叫莱岑的小姐来了，这位来自汉诺威的路德教教士的女儿此后成了维多利亚的老师。

七岁时，维多利亚与她的母亲被乔治国王召见。一天，乔治带着小孙女来到温莎的弗吉尼亚湖，他们登上满载贵族男女的大画舫。此时，另一艘船上乐队云集。

国王问维多利亚喜欢什么曲子，他好让乐队演奏。"《天佑国王》，陛下。"小姑娘脱口而出。不管这是不是幼小的维多利亚的本意，人们都愿意把这看作未来国王机变能力的展示。

1830年，乔治国王驾崩，克莱伦司公爵登基成为英国国王威廉四世和汉诺威国王。威廉四世与皇后的第二个孩子也在此前夭折了，而且皇后也不再有生育的可能。所以，小小的维多利亚成为英国王位的唯一继承人。

维多利亚的母亲全心全意地要将女儿培养成为一个合格的基督教女

· 179 ·

王，在维多利亚十一岁时，她把伦敦和林肯郡的主教请来对女儿进行考核。最后，两位主教赞扬了肯特公爵夫人的教学体系，认为维多利亚在宗教、英国历史、拉丁文、地理和算术等方面的确有很深的造诣。

维多利亚十二岁时，开始学习冗长烦琐的宫廷礼仪和许许多多的行为禁忌。比如，不许和陌生人交谈，不能在外人面前流露情感，不得破坏规矩，不许按照自己的好恶选读书籍，不许吃定量外的甜品，等等。

随着肯辛顿宫里的小公主一天天变成少女，肯特公爵夫人开始让她增长其他见识了。一连几个夏天，维多利亚被安排游历了英国各地。小公主所到之处，百姓夹道围观。

肯特公爵夫人还发出命令，当公主经过索伦特海峡时，军舰和炮台必须向公主的游船鸣皇礼炮。这一酷似国王出巡的仪式传到威廉四世那里时，这位本来温和的国王却大动肝火，在对肯特公爵夫人口头劝止无效后，国王颁布命令：今后，只能向国王或皇后的船鸣皇礼炮，其他任何人均无权享有此等待遇。

威廉四世与弟媳的冲突并未就此停止，他与她所代表的辉格党（主要指反对君主制、拥护议会制度的政治力量）之间的矛盾更是愈演愈烈。为了避免以后英国落入辉格党人的手中，1836 年，威廉四世打算让维多利亚与奥伦治王子的次子结婚，同时他想方设法不让科堡那边的男孩子们与维多利亚接触。可是，他的愿望均没有达成。

在这期间，维多利亚的舅父、已成为比利时国王的利奥波德亲自来到英国，与他的外甥女谈论了许许多多的政治问题，并得到外甥女如忠实信徒般的崇拜。当然，他也在威廉四世那里领略了冷遇。

1837 年，威廉四世去世，维多利亚成为女王，时年十八岁。从此，这个小姑娘担负起了管理国家的重任。

初试牛刀

初登王位的维多利亚女王无疑缺乏治国的经验。即位后，除了莱岑等人给她建议外，她的舅父利奥波德更加频繁地在来信里大谈他的政治

经，他还派其侍医和亲信史托克玛来到维多利亚居住的白金汉宫做女王的顾问。

史托克玛是利奥波德生命中的关键人物，他在利奥波德当比利时国王的事情上做出了重大贡献。他建议利奥波德于 1830 年拒绝希腊王位，因为当时希腊刚刚脱离土耳其，立足未稳。然后，他又提议利奥波德于次年接手刚从荷兰独立出来的比利时国王之位。史托克玛得到了比利时乃至英国政要的一致好评，也得到了利奥波德授予的男爵爵位及最彻底的信任。1836 年，他还促成了萨克森－科堡的斐迪南王子与葡萄牙女王玛丽二世的婚事。

现在，富有政治谋略的史托克玛来到了毫无治国经验的维多利亚身边，对这位刚刚登基的年轻女王来说，无疑是雪中送炭。然而尽管这样，利奥波德也从没间断过对女王的书信教导，而且越来越频繁。不过，当辉格党人梅尔本子爵威廉·兰姆成为英国首相后，这位年近六十岁的政治家立即成为女王最为信任的顾问。舅父的来信中谈及的任何政治话题，女王都会拿给梅尔本子爵看，有时候碰到难以回复的内容，便由子爵写出回信，女王照抄下来，再发给比利时国王。

有一次，利奥波德写信给维多利亚，埋怨英国政府在比利时同法国、荷兰的事务中保持中立的态度，他认为英国政府应站在比利时一边，他希望他的外甥女能够左右政府在这一问题上的决策。

结果，维多利亚女王给舅父回了一封满是外交辞令的信。但利奥波德并未就此放弃，他再次给女王写信，结果收到了一封言辞略显激烈但仍不失对舅父尊重的信，并且他被清楚地告知：英国不会改变初衷。

收到回信的比利时国王又喜又忧。喜的是，自己的外甥女终于长大了，有了独立判断的能力，终不枉自己这些年的悉心教导。忧的是，没想到这小姑娘居然是个"白眼狼"，连自己这个舅父的面子都不给。

维多利亚确实是长大了，也日益成熟了，而且越来越有女王范儿了。

渐渐地，人们发现白金汉宫里的礼法规矩更加严格了，倘若谁不小心坏了规矩，就会立即遭到女王的严厉警告。女王有一种不怒而威的震慑力，而且遇事冷静。这让人们感受到了一种清新的气息，他们意识到时代已经变得与从前不一样了。

不久，议会举行大选。选举结果，辉格党在议会里只得到三百四十八票对三百一十票的微弱多数。辉格党人梅尔本领导的内阁显然好景不长了，但女王当时尚未意识到局势的严重性。

1837 年 11 月，新议会开会前夕，女王还特地率领车队从白金汉宫前往市政厅，在伦敦市内举行了一次车队巡礼游行，之后在市政厅举行了盛大宴会，以示对新议会召开的祝贺。

11 月 20 日，新议会由女王主持开幕。女王亲自发表演说，给议会以支持，但是内阁危机仍不可避免。梅尔本政府困难重重，于 1839 年 5 月向女王提出辞职。这样一来，势必将由议会最大的反对党托利党（主要指维护君主制的政治力量）领袖罗伯特·比尔爵士组阁。

眼看形势严峻，维多利亚在别人的建议下召见罗伯特·比尔。在交谈中，比尔爵士要求女王更换部分内廷女官（女侍），因为他不想女王身边全是对他的政党不利的人士。结果两人并未就此达成共识。女王写信给梅尔本子爵说明了此事，但她并未听取子爵的劝解。

第二天，女王严肃地告诉比尔爵士，内廷女官一个也不会更换。尽管爵士采取了针锋相对的抗辩，但他最终也只能是灰溜溜地离去。

看着比尔爵士离去时的狼狈样，女王兴奋地给梅尔本子爵写信，准备告诉他自己下一步的打算。刚放下笔，大名鼎鼎的威灵顿公爵就到了。不过，这位曾将拿破仑打败的大人物却不能奈何眼前这位年轻女王的坚定决心，他和他所在的托利党还要面临更严峻的现实。

在维多利亚女王的坚持下，辉格党内阁人员开会决定取消辞职计划，梅尔本子爵仍然是女王的首相。年轻的女王胜利了。

维多利亚熟知各种典章律法，也充分了解自己承担的义务。她从来不漠视政府做出的决定，也从来没有试图修改宪法。但她也深知自己权力的所在，在写给政府的诏书中，女王不止一次用威胁的口吻提到，如果政府不充分尊重她的权利，那么大臣们就有被免职的危险。

收获甜蜜的爱情

1839 年初，年轻的俄国皇储、未来的亚历山大二世，来到伦敦庆祝维多利亚女王二十岁生日。

初次见面，这位英俊潇洒身穿军装的未来沙皇就深深地吸引住了维多利亚女王。维多利亚在她的日记中写道："在下午 6 点 40 分左右，我见到了皇储，他在我的窗前行礼，我们在圣乔治大厅用餐，皇储挽着我进入大厅，我真的喜欢上了皇储，他是那么亲切友好的一位年轻人，我们一起跳舞，一起大笑，一起分享快乐时光，我以前从未如此快乐过，我于两点半上床睡觉，但兴奋得直到 5 点才睡着。"

第二天这对恋人再次相见，维多利亚女王在日记中写道："皇储说他永远不会忘记这段快乐的日子，我想我也永远不会忘记，我真的很喜欢这位可爱的同龄人，他的微笑非常迷人。"

在英国逗留的一个多月时间里，亚历山大皇储与维多利亚女王共坠爱河，他们一起看赛马，一起在白金汉宫跳舞，并曾有多次私下里的约会。有一次在剧院，亚历山大皇储还独自进入了维多利亚女王的私人包房，待了半个多小时。维多利亚女王曾十分激动不安的告诉身边的人，她已经深深爱上了这位可爱的深情的俄国皇储。

可惜，这段感情并没有开花结果。

维多利亚女王对俄国王位继承人所表现出来的特殊兴趣引起了英国政界的不安。首相梅尔本子爵劝说女王要与俄罗斯人保持距离，女王的顾问们也一致赞同首相的观点。他们认为，俄罗斯的实力在不断增长，对大英帝国构成了巨大的潜在威胁。英国对此不能不防。

最终，他们的游说有了结果。

在国家利益和政治考虑的双重压力之下，这对恋人不得不痛苦地选择放弃爱情。分别那天，维多利亚女王在她的日记中写道："皇储紧握着我的手，他的手是那么温暖，他看起来很苍白，他说他永远不会忘记这段日子，我吻了他的脸，他也十分深情地吻了我。与这位深情可爱的年轻人的分离使我感到非常悲伤，我是真的爱他。"

这对恋人在此后的三十五年间一直没有再次相见，直到 1874 年亚历山大二世再次来到英国拜访维多利亚女王时，二人才久别重逢。

1840 年 1 月，维多利亚在议会上宣布，她很快就要结婚，未来的丈夫是艾尔伯特亲王。他是维多利亚舅父利奥波德的儿子，也就是她的表弟，比她晚出生三个月，据说他们出生时是由同一个接生婆接生的。不过，直到维多利亚已经是年满十六岁的如花少女时，二人才第一次见面，并很快就成为密友。

这桩婚事是由维多利亚的母亲和舅父一手安排的。

一开始，年轻的女王心怀抗拒，不想放弃在终身大事上自己做主的权力。

在给舅父的信中，她说："我们之间并无婚约。"然后她接着说："就算我喜欢艾尔伯特表弟，今年也不能最后订约，因为最早这种事情也要等两三年以后再说。"她还说，她"非常讨厌"改变自己目前的生活；并且声称，如果她不喜欢他，她也十分渴盼能得到理解，她并没有负约的愧疚，因为他们之间从未有过"任何约定"。

而对梅尔本子爵，她说得更加明白，毫不掩饰。她告诉他说："此时，我十分反感结婚。不怎么想见艾尔伯特，因为整个事件是桩讨厌的事。"

可是，不管维多利亚是否情愿，艾尔伯特的造访依然如期而至。

1839 年 10 月 10 日，在舅父利奥波德的安排下，艾尔伯特在哥哥欧内斯特的陪伴下，来到了英国。

第二天是星期四，早上，艾尔伯特和哥哥前去拜见维多利亚女王。女王默默地伫立着，两位王子依旧是那么英俊和风度翩翩。这使她不禁回忆起几年前那三个星期的快乐时光。他们一起划船、骑马、画画、弹钢琴……

是的，他们曾经在一起度过了一段美妙的时光，但他们此后的分离却太过漫长，以至于她几乎把从前的一切忘得一干二净。现在，所有的记忆又重新被唤起。

她仔细地打量着眼前这两位青年，特别是艾尔伯特，她感到十分惊奇，这位当年和自己关系很好的表弟不仅保留了少年时代的风采，而且岁月又给他添加了几分成熟与稳重。还是那张俊美的脸，只不过在嘴边上出现了纤细的髭须，而身材也更加高大匀称，

艾尔伯特已经完完全全是个成熟的男子汉了。女王不禁有些激动起来，少女本能的矜持在一刹那间轰然坍塌。所有的厌恶与恐惧在眼前这位英俊青年的那双蓝眼睛的注视下，在他那迷人的微笑中，顿时烟消云散。

此后的几天，维多利亚和艾尔伯特仿佛回到了以前的少年时代。他们一块儿骑马，一块儿跳舞，一块儿谈天，一块儿吃饭……一切是那么完美，她仿佛被引进了一方全新的天地。在这方新天地里，她觉得自己完全失去了女王的身份，而不过是一个陷入初恋的甜蜜少女而已。

两三天的时光一晃而过，星期天的早晨，当女王重新站在梅尔本子爵的面前时，她似乎重新变了个人似的，她用清晰而坚定的语言告诉自己的首相说："我已经大大地改变了对结婚的看法，我决定和艾尔伯特结婚。"

望着维多利亚庄重的表情后面掩藏不住的那丝喜悦，老首相明白，女王真的成熟了。

第二天早晨，维多利亚单独召见了艾尔伯特。这一次，女王把帝王的尊严和规矩全然抛在脑后，她深情地望着自己的表弟说："假如你能满足我的愿望和我结婚，我将无比幸福。"

艾尔伯特动情地张开双臂，紧紧地拥抱住女王。他的拥抱是那么有力而又温柔。维多利亚沉浸在一种前所未有的幸福感觉之中。她闭上双眼，尽情地享受着，小巧的嘴唇喃喃不止："你是那么美好，我不配与你结婚。"

"别说傻话了，亲爱的，我太高兴了，我非常乐意与你白头偕老！"……

维多利亚女王与艾尔伯特成婚后，夫妇俩在温莎城堡度过了蜜月。尽管蜜月只有短短的两个星期，但这段不被打扰的宁静岁月仍是女王一生中最幸福的时光。在这十多天时间里，维多利亚完全丢弃了自己的女王身份，她就是一个娇羞而温柔的小媳妇。

就容貌来说，维多利亚女王算不上国色天香，顶多是五官端正而已。但她的脸透出一种聪慧，一双明亮的大眼睛充满着求知的欲望。女王年轻时十分苗条纤瘦，她也一直在试图保持年轻时的身材，但不太成功。她也曾不无幽默地说过："我的个子，对于女王来说，是太矮了"。

而她的丈夫，却是一个标准的美男子。此外，他还是一个极具魅力、举止优雅的男人。他学识渊博，被称为"走动的百科全书"。他兴趣广泛，酷爱技术、绘画、建筑，还是一位出色的击剑师。如果说维多利亚对音乐的欣赏只停留在轻歌剧，那么，艾尔伯特则具有高雅的音乐品位，他精通古典音乐。不过，这丝毫没有影响他们的夫妇关系，他们被公认为是一对模范夫妻：彼此忠诚，相敬如宾。

当然，牙齿和舌头再好，也有磕碰的时候。

起初，维多利亚女王和丈夫表现出了迥然不同的嗜好，女王喜欢在深夜里跳舞，而艾尔伯特却习惯于早起早睡。平时，当女王和官员们谈政务时，艾尔伯特的心思却在文化艺术上，而且很显然地，艾尔伯特并不热衷于政治。有时候，夫妻俩会发生一些冲突。

一次，艾尔伯特把自己锁在房间里生气，维多利亚固执地去敲他的门。门里的人问："谁？"

门外的人答："我是英国女王。"

门内毫无声息。女王把门擂得山响。于是，两人又把刚才的问答重复了一遍。如此重复数遍。最终，敲门声轻了，门外人的回答也变成了"我是你的妻子"，门即刻被打开了。

虽然艾尔伯特亲王一开始并不热衷于政治，但议会还是在1840年授予他在女王万一发生不测时的摄政权，这让他的政治地位随之上升。

1841年，艾尔伯特出面同比尔爵士进行了几次秘密谈判，在内廷女官问题上达成了谅解，缓和了维多利亚同比尔之间的紧张关系。

也就在1841年，维多利亚女王的第一个孩子诞生了，是个小公主。一年后，女王生了儿子，他就是后来的爱德华七世。

维多利亚一生育有九个孩子，但由于是近亲通婚，四个王子中的三个都是血友病患者，所幸五个公主个个健康美丽，但也是血友病基因携带者，她们与欧洲王室联姻的结果是使这一可怕的疾病在欧洲王室中蔓延。

虽然是多个孩子的母亲，维多利亚女王却不太喜欢孩子。她说："在他们长大成人之前，他们都是丑陋的。"维多利亚尤其讨厌她的长子爱德华。母亲对儿子处处相逼，爱德华则处处忍让。后来维多利亚几乎禁止他参与政务，但爱德华出访欧美各国获得了很大成功，成为各国公认的政治新星。

维多利亚女王的后人很多都和欧洲各国的王室成员结婚，大女儿成为德国腓特烈三世的皇后，她的一个外孙就是发动第一次世界大战的德国皇帝威廉二世，另一个外孙女是希腊王后；第二个孩子是后来即位的英国国王爱德华七世，她的一个孙女是挪威国王哈康七世的王后；第三个孩子成为德国黑森亲王路易四世的王妃，她的一个外孙女是俄国末代沙皇尼古拉二世的皇后，另一个外孙女是现在英国女王伊丽莎白二世丈夫菲利普亲王的外祖母；另外三个女儿，其中两个分别是德国南部巴登堡和德国北部石勒苏益格－荷尔斯泰亲王的王妃，最后一个嫁给苏格兰的一位公爵，这位公爵后来成为加拿大的总督。而儿子们则都是娶了丹麦、俄国和德国各地的公主、郡主们为妻。

正因如此，在维多利亚女王去世之前，就已经被人们称为"欧洲的祖母"。维多利亚在世时，曾有一张和这些著名的孙子辈亲戚们的全家福合影，当然她也不会想到，第一次世界大战实际上是在这些亲戚们之间打起来的。

由于有了孩子这个感情的纽带，加之丈夫在政务上表现出高超的才能，这让维多利亚女王与丈夫的关系一日好甚一日。

在二人结婚后的十年间，英国经济日益繁荣，国内最初的几条铁路正延伸至各大城市；科学文化方面，达尔文的生物进化学说、狄更斯的著作，以及其他那些领域的风云人物的成就铸造了大英帝国在科学文化上的辉煌。一切迹象表明，维多利亚时代的英国正大踏步迈向巅峰。这时候，一个问题便在政府官员中产生了：如何展示帝国的繁荣昌盛呢？当仁不让地，艾尔伯特亲王接手了这个任务。

很快，艾尔伯特便完成了任务。他提出在英国举办一个万国博览会。

当艾尔伯特把他的方案提出来时，人们惊讶于他竟然独自一人构思了所有细节，他的万国博览会方案囊括了世界各国在机器制造、原材料生产、机械设计以及应用与造型艺术等诸领域的代表作品。

艾尔伯特还赋予他的博览会以崇高道德的内涵，使它成为一座彰显人类和平、进步与繁荣的丰碑，成为人类文明进步的象征。

经过精心的筹备，1851 年 5 月 1 日，威斯敏斯特区的海德公园内，那座由钢铁构架和玻璃幕建成的"水晶宫"前，维多利亚女王主持了万国博览会的开幕仪式。女王以国家的名义邀请了欧美亚十几个国家参展。

在一百四十天的展会中，对各国展品进行了评比，还举办了各种工艺活动。英国的六百三十吨大功率蒸汽机、高速汽轮船、火车头以及先进的桥梁、隧道等大型模型纷纷亮相，向世界展示着英国工业革命的傲人成就。这次博览会上并没有进行商品交换，但为世界先进水平的生产技术和新生活理念的沟通交流提供了平台。此次万国博览会的成功举办奠定了现代化世界博览会的格局。

万国博览会的圆满成功，让维多利亚女王欣喜若狂，从此，她更加崇拜艾尔伯特亲王了。

1856 年，女王向首相提出，希望在宪法中承认和巩固艾尔伯特亲王的地位和权利。议会在拖了一年以后，艾尔伯特亲王才获得了"王夫"的称呼——即在位女王的丈夫。

维多利亚女王之所以力图提高丈夫艾尔伯特的地位和威望，是因为她是一个深爱和忠于自己丈夫的女人。最初，女王曾不无自我解嘲地说："我阅读和签署各种文件，艾尔伯特则用吸墨纸将我的签名吸干。"但随着时间的推移，艾尔伯特对维多利亚以及国事的影响力不断提高，正是艾尔伯特对科学技术的热爱改变了女王对各种新发明的偏见。例如，当时在英国北部铺设了火车轨道，但女王害怕坐火车，是丈夫的鼓励使她认识到铁路运输中无可限量的前途，使她成为在国内推行工业化

的坚定倡导者。

虽然王宫里不喜欢艾尔伯特亲王的人不少，但从没有人怀疑过他们婚姻的牢固程度。

只可惜，人生不如意事十常八九，贵为女王也不例外。

1861 年 12 月 14 日，艾尔伯特亲王在四十二岁时英年早逝。女王悲痛欲绝，感觉自己的人生帷幕也随着丈夫的去世而落下了。

开启"维多利亚时代"

失去丈夫，对维多利亚女王的打击是巨大的。作为女人，她失去了爱情和深爱的丈夫。作为女王，她失去了挚友、谋臣和助手。

许多人认为，女王经过这样的打击后，将成为一个受人操纵的木偶。但是他们错了。维多利亚虽然是一个悲伤的寡妇，但同时也是大权在握的君王，这双重身份彼此毫不影响。

此后，维多利亚统治下的大英帝国，进入了对外领土扩张最疯狂的时期。为了扩张领土，女王不惜使用一切手段。而这正是从丈夫那里学到的：阴谋、收买、强权、先下手为强、武力攻占。

维多利亚女王即位时，英国已经完成资本主义工业革命，为了满足国家寻找原料地和销售市场的要求，英国开始在世界各地建立殖民地和自治领地。1840 年英国占领了新西兰，这标志着英国在全世界的殖民体系开始形成。

英国对中国的野心由来已久。英国与中国的贸易往来最早始于茶叶和丝绸。当时，茶叶和丝绸是英国市场上的奢侈品，而中国自给自足的经济体制又使得英国工业革命的产品毫无用武之地。因此，19 世纪 30 年代以前，中国在与英国的贸易中始终处于出超地位。仅乾隆时期的 1781 年至 1790 年短短九年，中国输往英国茶叶一项就为中国赚取了九千六百万两白银；而同一时期英国输入中国的所有工业品，价值仅及茶价的六分之一。19 世纪初，每年从英国流入中国的白银在一百万两至四百万两之间。

严重的贸易逆差是英国政府难以容忍的，而清朝的贸易态度又使英国商人不能满足，这就使得英国政府和英国商人一致希望扩大中国市场，为此他们开始贩卖鸦片。

19世纪最初的20年中，英国输入中国的鸦片每年约四千箱，到了19世纪30年代末就扩大了十倍，利润达到每年四千万银圆。鸦片贸易在英国的对华贸易总值中占到二分之一以上。

鸦片贸易造成中国大量的白银外流，吸食地区也从"海滨近地"扩大到十数省，银荒也从沿海省份蔓延到全国各地。到鸦片战争前夕，中国每年白银外流至少一千万两，接近清政府每年财政总收入的四分之一。白银大量外流使得银价上涨，百姓负担加重，各省拖欠赋税日益增多，清政府陷入了财政危机。

更为严重的是，鸦片的泛滥极大地摧残了吸食者的身心健康，给中国人的生活带来极大的影响。

有鉴于此，清王朝的一些大臣极力主张派人前往贸易重镇广州查禁鸦片。道光皇帝听说林则徐早已在江苏巡抚及湖广总督任内禁过烟，成功地把当地的烟贩及鸦片吸食者一扫而空。因此他召林则徐入京，一连八日，与其商谈禁烟事宜。道光十八年（1838年）的最后一天，林则徐正式被清廷任命为钦差大臣，实行全面禁烟。

1839年6月3日，林则徐来到广州主持禁烟运动，并下令在虎门海滩当众销毁鸦片，共一百多万公斤。

林则徐在虎门销烟，极大程度上打击了英国政府的倾销政策。

三个多月后，中国禁烟的消息传至英国，维多利亚女王在议会上发表了著名的演说，呼吁"为了大英帝国的利益"，向中国发动战争。迅即，英国内阁作出"派遣舰队去中国海"的决定。

1840年2月，英国政府任命懿律和义律为正副全权代表，懿律为侵华英军总司令。4月，英国议会正式通过发动战争的决议案，派兵侵略中国。同年6月，懿律率领的英国舰船四十余艘及士兵四千人到达中国海面。第一次鸦片战争开始。

战争前期中国军民奋起抵抗，沉重打击了英国侵略者，但是腐朽的封建专制制度抵抗不住实行资本主义制度的英国的侵略，战争以中国的失败而告终。清政府无可奈何之下，只得与英国签订了中国历史上第一个不平等条约《南京条约》。中国开始向外国割地、赔款、商定关税，严重危害了中国主权。

英国的对外侵略当然不仅针对中国。

1857年，英法两国争夺苏伊士运河的统治权达到白热化的程度，但是一场设计巧妙的阴谋使英国轻松获得了苏伊士运河的控股权，法国只能乖乖地退让。第二年，通过巧取豪夺，印度也被纳入大英帝国的殖民地版图。

在1870年至1871年的普法战争中，维多利亚女王在交战双方中间斡旋，最终使普鲁士首相俾斯麦取消了炮轰巴黎的计划。她还支持对爱尔兰实行铁血统治，以至于遭人行刺，虽然女王有惊无险，但仇恨她的人却炸掉了艾尔伯特亲王的雕像。这对女王来说，比自己死掉还要悲痛，但这些都无法改变维多利亚女王的意志。

1874年，本杰明·迪斯雷利组成新内阁，由托利党演变而来的保守党当权。维多利亚女王与新首相成为挚友，对其推行的殖民政策大加支持。

1877年元旦这一天，维多利亚女王成为印度女皇。从此，女王的头衔中多了一个女皇的称号。紧接着，英国还让俄国在1877年至1878年与土耳其的战争中获得的胜利果实几乎化为乌有。当时，俄国军队离土耳其首都只有一步之遥，土耳其只好与俄罗斯签订协议，决定将巴尔干半岛的一部分土地归属俄罗斯。但维多利亚不希望看到俄国势力深入到巴尔干半岛，于是，她通过武力和外交的双重施压，成功迫使俄罗斯做出退让。女王当时已年过六旬，但她仍然是这场较量的真正赢家。

渐渐衰老的女王的脾气开始变得暴躁，大臣们难以忍受她无休止的挑剔和不满，女王的孩子们也有同感。维多利亚对亲人表现出的吝啬让人难以置信，长子爱德华因为送给妻子贵重的首饰就曾受到惩罚。可能是失去了爱侣的缘故，女王对儿子和儿媳的伉俪情深十分忌妒，这也导致爱德华结婚十年后，她才传位给他。

1900 年 12 月，是艾尔伯特亲王逝世 38 周年的纪念日。维多利亚女王去了怀特岛，那是她和她的丈夫都喜欢的地方，就在这个幽静的岛上，女王写下了遗嘱，写下了自己葬礼的细节，她吩咐自己死后，人们要给她穿上白色的衣裙。1901 年 1 月 22 日，维多利亚女王在怀特岛去世，终年八十二岁。

英国民众听到她的死讯，简直就像是世界末日来临了一样。即使是国内最恶意的批评家也无法否认，在维多利亚统治期间，国家空前团结，英国成为一个强大的帝国，并不断壮大发展。同时，维多利亚女王统治下的英国将殖民扩张推向巅峰，其强大、文明的外表下是对其他国家的殖民压迫。英国的殖民统治不仅掠夺他国的资源、摧毁其传统社会结构，更通过战争、文化灭绝等方式，给亚非拉美留下了难以愈合的伤痕。

第十章

日本兴盛和崛起的标志人物——明治天皇

小 档 案

　　日本明治天皇（1852—1912 年），名睦仁，1867 年即位（明治是其年号）。在其统治时期，他发动了"明治维新"，实现了日本政治、经济、军事、科技、文化等多方面的发展，建立了亚洲第一个资本主义国家。他的名字是日本兴盛和崛起的标志。

风雨飘摇中即位

　　1852 年初冬，日本的京都异常寒冷。在皇室宫墙外一间冷清的小屋里，被送入宫廷侍奉天皇的大纳言（日本官位名）中山忠能之女中山庆子顺利产下一个男婴——他，便是在日本乱世中出生，后来肩负着日本近代重大变革之重任的明治天皇！

　　孝明天皇两年前曾经生过一个皇子，可惜出生的第二天就夭亡了，所生的公主也只活了三岁。因此，按道理说，对于这个新皇子的出生，孝明天皇应当和京都的老百姓一样喜不自禁才对。

　　然而，对于此时的孝明天皇来说，喜悦只是暂时的，更多的是无尽的忧伤。因为，他都不知道该如何养活这个儿子。

当时的日本天皇虽然名义上是一国之君，实则有名无实，国家大事都由幕府将军们说了算。天皇也不能随便到处走，因为幕府将军禁止他们四处走动。

而且，当时的皇室还非常穷酸，甚至天皇有的时候来了兴致要画画，却连宣纸都买不起。天皇喜欢喝点儿酒，但是太穷，只能时不时地过过瘾，喝的时候还得是三成酒兑上七成水，自己亲自勾兑，制作出寡淡无味的酒。

当时日本朝廷有一个惯例，每年正月初一，天皇要招待公卿一块儿用餐。用餐时，在日本料理当中有一道主菜是雏鸡肉。

有一年，天皇实在是太穷了，根本拿不出钱来买雏鸡，便把豆腐烤了，抹上味噌，打扮成雏鸡肉的模样招待公卿。这跟现在流行的素食荤做的方式有点类似，鸡鸭鱼肉都是拿豆腐、菌类来做。由此可见当时的日本天皇穷困到了什么程度。

有一位大名（日本古时对封建领主的称呼）听说了这件事之后，觉得天皇太可怜了，一国之君天天吃素，这也不像话。于是派人给天皇送了一些盐腌的鲤鱼。

天皇吃了一口鲤鱼之后，惊叹道："哎呀，天下竟然有如此美味！"吃完之后，天皇指着剩下的鱼骨头，交代臣下："这鱼骨头不能扔，明天拿这个用开水泡饭吃。"

天皇都穷成这样，他手底下那些忠于他的公卿大臣们，自然比天皇还不如。于是，公卿大臣们工作之余都出外兼职。

有的人去教"和歌"或"书道"，有的人则在空白的扇子上画画卖钱。总之，众人都千方百计开辟副业，以换些钱粮，补贴家用。

其他那些找不到副业的公卿大臣，就想别的法子来"挣外快"。比如，内大臣三条实万在家里种植梨树，每年将成熟的梨子卖给果商；后来成为明治维新大功臣之一的岩仓具视，甚至把家里的一部分房间租出去开赌场。

可以这样说，当时日本皇室的穷酸样，已经让人惨不忍睹。

在如此糟糕的当口，小皇子的到来自然是生不逢时。孝明天皇养不

起孩子，怎么办呢？只好将其送回皇子的母亲家去养。

皇子的母亲中山庆子只是孝明天皇的典侍，中山家为了她们娘儿俩的生活，花销巨大，因为娘儿俩在中山家整整居住了四年。而孝明天皇据说总共只给了二十两银子，恐怕连奶粉钱都不够。

一直到孩子快满周岁，孝明天皇才第二次见到自己的儿子，并给他起名佑宫，后改名睦仁。

而到了1856年，也就是睦仁皇子年满四周岁时，他才正式住进皇宫，开始全面接受系统的帝王教育。

一开始，睦仁跟随著名的汉学家学习"四书""五经"等儒家经典著作，系统接受了封建伦理道德的熏染。此外，他还要苦练日本"和歌"和书法。

睦仁的勤奋一时传为佳话。当他练习书法达到痴迷程度时，无论是书本、墙壁还是窗户等地方，随时都会在上面写字，所以，刚满九岁的他已写得一手好字。

就在睦仁接受帝王教育的同时，日本国内幕府与倒幕派之间的斗争很是激烈，睦仁不时听闻有人被抓或被杀的消息。接下来的一件事，更是令年幼的睦仁皇子甚感抑郁。

其父孝明天皇为缓和国内政局，下令将自己的妹妹下嫁德川家茂将军。事情确定下来时，睦仁亲眼看到了姑妈独自垂泪。从此，年幼的睦仁对于皇室大权旁落一直耿耿于怀，以至于他上任后第一件事便是推翻幕府统治，施行"王政复古"。

就在局势动荡不安的情形下，1860年7月，孝明天皇册立睦仁为皇太子，9月，又加封亲王头衔。此后，睦仁亲王更加勤奋学习，并开始了军事化训练。他研读《史记》《资治通鉴》《神皇正统记》等中日典籍，以精进帝王之术。

我们今天看明治天皇留下来的照片，大多数都是身着军装，留着八字胡，手扶军刀，眼神凶狠，大有放眼天下舍我其谁的架势，实际上他的本性并非如此。当倒幕的长州藩士兵与幕府军激战的时候，曾经炮轰宫廷。十来岁的睦仁皇子受到惊吓，以致昏了过去。

大臣们都非常担心，这么柔弱的皇子，一旦天下有难，能担负起责任吗？如果再来这么一档事儿，还不给吓死？

大臣们觉得应该让皇子练武，于是选拔了后来被称为"明治维新三杰"之一的西乡隆盛，开始对睦仁皇子进行武士的教育，同时选派一些武术名家对睦仁皇子进行剑术和马术的训练。

明治天皇的剑术怎么样，无从知晓，但他的马术较为高明，而且终生狂热地喜爱骑马，一年骑马近百次。

这一时期的睦仁皇子还学习了德语，由此懂得德国的法律和政治制度。对欧美各国的执政之术，他也有所涉猎。

东西混杂的教育，让明治天皇既酷爱法国的葡萄酒，又能拿起毛笔写出日本古体诗。这让他在西方式的民主开放与东方式的皇权专制当中，寻找到了一个奇妙的平衡点。

明治天皇一生酷爱写诗，跟中国大清王朝的乾隆皇帝有一比。据说乾隆皇帝写的诗的数量已超过了《全唐诗》，只不过质量就是云泥之别了。

明治天皇一生写的诗虽然数量上比不了乾隆皇帝，但也有数千首之多。其中最为人所知的是"四海之内皆兄弟，缘何风雨乱人间"这句。为什么这句被人所知呢？因为他写完这句诗之后，就发动了日俄战争。二战时，日本昭和天皇宣布对英美开战的时候，也是拿着皇祖父的这两句诗出席御前会议的。

这让人觉得明治天皇（包括昭和天皇）其实很能"装"，你既然不愿意风雨乱人间，为什么还要发动战争呢？

当然，不管装还是不装，由于孜孜不倦地学习，使得明治天皇自幼便具备了融会日本传统伦理与西方先进文明的本领，为其日后进行维新变法打下了坚实基础。

再说孝明天皇眼见儿子一天天长大，并越来越具文韬武略，作为父亲的他喜不自胜，因为他已无力改变日本当前混乱的格局，唯有将振兴皇室的重任寄托于睦仁身上了。

1864年，倒幕派联合起来要求天皇号令全国对幕府开战。这让孝

明天皇眉头紧锁，他认为此时还不宜倒幕。可倒幕派已是按捺不住，他们决定以兵谏来武力威胁天皇就范。霎时，皇宫上下危如累卵，因为天皇并无军权，所以天皇及皇子随时都有被劫持的危险。

就在这危急时刻，幸有援军赶到，将倒幕派打散，为天皇一家解了围。这一被称为"禁门之变"的动乱，让十二岁的睦仁又一次意识到拥有军队指挥权的必要性；而对于孝明天皇来说，则加剧了他内心深处对日本政局回天乏术的忧患与负罪感。

1866 年 12 月 26 日，深感内忧外患的孝明天皇溘然病逝，年仅三十六岁。

孝明天皇的死因一直是日本历史上最大的谜团之一，直到现在还有很多人说孝明天皇是被毒死的。

到了第二年，皇子睦仁举行了登基大典，由此成为日本第一百二十二代天皇。此时的睦仁还不满十六岁，他的身后则是一个风雨飘摇的日本。

推翻幕府统治，恢复皇室权力

睦仁登基之初，日本正值危难之际，外国资本主义势力对日本构成了严重威胁，日本已被迫向它们开国通商，而日本国内的矛盾愈益尖锐，倒幕派与幕府冲突不断。

正是在这一内外交困的局势下，刚刚即位的睦仁，立即把精力投入推翻幕府统治上。他放眼日本上下，幕府的奢侈无度与百姓的苦不堪言对比鲜明；西方列强在日本国内大肆倾销产品和抢夺原材料，以至于日本国内商家关门的关门，转行的转行，一时间物价随风而涨，百姓生活无以为继。

这一切，再加上睦仁自记事起耳闻目睹的现象，都令他如坐针毡。看来，推翻幕府统治、将大政重归天皇是势在必行。不满十六岁的少年天皇踌躇满志，无时无刻不在谋划着改弦更张。

甫一即位，睦仁便立即大赦那些因反对幕府而获罪的朝臣，此举让他迅速得到了这些人的誓死效忠。日后的倒幕运动中，这些人的确为天皇大效犬马之劳。

在治国方面，尚未成年的睦仁常向外公中山忠能和重臣岩仓具视等人征求意见，这两人自然是全心辅佐新皇。此外，睦仁还发现朝臣中有一批职位虽低但却锐意改革的人物存在，于是，他毫不迟疑地开始重用他们。

当然，朝廷中也并非一边倒地支持倒幕。除倒幕派外，还有支持幕府的人和骑墙观望者，尤其是后者人数众多，因为他们尚难以看出倒幕派与幕府两者争斗究竟后果如何。与此情形相同，日本全国的各路藩主也分出三大阵营来。

可见，倒幕运动以何等方式发起，实非急促之事，倘一着不慎，触及各方利害，则很可能满盘皆输。

睦仁决定审慎从事，他命令岩仓具视等心腹大臣拟订一份废除幕府制度的秘密诏书，勒令幕府将军德川庆喜将大政交出并辞去官职。诏书措辞激烈，明确指出，若天皇的命令遇到幕府顽抗，那么兵戎相见亦在所不惜。

密诏拟好后，睦仁朱批同意。然后密诏被下发到受幕府压迫最深也是倒幕决心最坚定的萨摩藩和长州藩。睦仁此举意在暗中联合倒幕中坚力量。

1867 年 10 月 14 日，当萨摩藩的大久保利通和长州藩的广泽兵助接到密诏时，他们立即着手实施倒幕计划，并做好向京都发勤王之师的准备。与以大久保利通和广泽兵助为代表的强硬倒幕势力相比，倒幕派中尚有一批以土佐藩的藩主山内容堂为代表的持温和态度者。山内容堂并不反对睦仁的主张，他只是希望倒幕派允许幕府主动让权，而不是采用武力根除幕府势力。但无论如何，倒幕与皇权回归已然成为不可逆转的时代潮流。

1867 年 12 月 9 日，睦仁下决心实行"王政复古"，将大政收归皇权。就在他惴惴不安地等待着德川庆喜的反应时，德川幕府的做法却让睦仁和倒幕派大感意外。

第二天，幕府将军德川庆喜竟主动请求辞去征夷大将军之职，并决心奉还大政于天皇。

德川庆喜这样做，实是出于对天皇及朝臣的试探。

德川庆喜很清楚，日本由武士阶层控制国家已近七百年，德川幕府执掌政权也已二百六十余年，统治日本的是一个被武士阶层建立完善的国家机构，操纵这个机构非那些朝臣所能为。考虑到这些，德川庆喜认为即便将大权交予皇室，后者也一定难以驾驭，用不了多久，大权便会被送回来。

一开始，正如德川庆喜所料，少年天皇及其朝臣立足未稳，尚没有健全的国家机构，虽然获得了幕府交出的政权，却不能令其正常运转。无奈之下，睦仁只好重又委以德川庆喜处理内政外交的权力。

但即便如此，倒幕派也一直没有中断准备工作，眼见天皇将部分政权还于幕府，他们唯恐"王政复古"中途夭折，于是加紧在全日本调集倒幕军队。

以岩仓具视、中山忠能为核心的倒幕朝臣还大力协助睦仁建立健全政府机构。他们及那些勤王人士秘密策划"王政复古大号令"的发布日期及一切相关事宜。

计划停当后，萨摩、长州、艺州、尾张和越前五个藩的勤王之兵立即把守住宫门，禁止任何倒幕派以外的朝臣进宫。

1868 年 1 月 3 日，依照岩仓具视等勤王派预先策划的那样，睦仁向全国正式发布"王政复古大号令"，昭告天下："接受幕府将军德川庆喜奉还大政的请求，同时实行王政复古。"为表决心，天皇宣布，自即日起，废除幕府及摄政、关白等旧制，增设总裁、议定和参与三个职位，全面建立天皇政权机关。同时，撤下原先负责京都卫戍的亲幕府的会津藩和桑名藩军队，将此大任交于萨摩、长州、艺州、尾张和越前五藩的勤王军队。

如此一来，京都气象发生了翻天覆地的变化，日本改天换日，天皇及革新派彻底控制了朝政。

那么，接下来该怎样处置德川庆喜呢？

日本兴盛和崛起的标志人物——明治天皇

　　就在发布"王政复古大号令"的当天晚上，皇宫小御所内，新成立的政府机构召开了首次御前会议，研究讨论对德川庆喜的处理问题。

　　会议现场气氛凝重，与会官员皆为倒幕派和勤王派首脑，他们一脸严肃。在前来会场的路上，他们看到皇宫各殿、各门、各要道及宫外四处均有全副武装的卫队把守，非受邀人员一律不得入内。那时，官员们便深切体悟到，自己将要参加的是一个关系日本前途和命运的会议。

　　理论上讲，这次御前会议应该很容易便得出有利于天皇的决定，因为毕竟没有支持幕府的官员参加。但是，倒幕派内部并非铁板一块，除了像岩仓具视和大久保利通这样的强硬派外，还有一股温和势力，他们支持还大政于天皇，但并不主张把幕府彻底打倒，因为他们认为幕府无可否认地对日本发展作出过重大贡献。

　　温和派中的代表人物山内容堂更是站起来质问："为什么在这次会议中看不到德川庆喜及其部下的影子？"他认为这样不公平。

　　当他听见岩仓具视、中山忠能等人大谈特谈德川庆喜有所谓的企图和阴谋时，再也按捺不住心中的愤怒，冲口说道："这难道不是在借着王政复古而满足某些人对权力的欲求吗？某些人大谈尊奉辅佐天皇，却以此为幌子来为自己谋得权位。"

　　听了山内容堂的话后，岩仓具视愤而站起，厉声呵斥他竟敢在天皇御驾之前口出狂言，并要求山内容堂就刚才的话道歉。山内容堂迫于对方抬出天皇来，只得道歉。

　　接下来，岩仓具视继续慷慨陈词，历数德川幕府"挟天子以令诸侯"的种种罪过。这一番言论立即得到大久保利通的高声赞同。

　　虽然山内容堂不再说话，但与其持相同观点的其他几个人仍站出来为幕府辩解。这些人担心"王政复古"刚开始便对幕府施以根除的做法，会有失公道，以致不能孚众望。

　　以岩仓具视为首的强硬派对此忧虑不以为然，因为他们认为目前对"王政复古"最大的威胁仍然是幕府依然庞大的势力，所以，他们对温和派摆明局势：目前就德川庆喜的态度，明显是在以退为进，如果他真想奉还大政于天皇，那么就该立刻辞去所有官职，把其领地和对辖区民

众的管辖权尽皆交出来。

就这样，针对是否根除德川幕府，倒幕派内部意见并不统一，大家一直争论到深夜。

睦仁一直耐心地听大家讨论，但他不免为会议能否最终得出一致意见感到担忧。终于，西乡隆盛忍不住了，他向大家亮出怀中的短刀，厉声说道："那就让这把短刀来做个决定吧！"

此言一出，温和派中再也没有人敢站出来说话。再加上他们对于皇宫内外陈兵把守的畏惧，只好做出了让步。最终，新政府的首次御前会议就如何处置德川幕府达成了一致决议：削去德川庆喜的所有兵权；剥夺他对其领地和属民的管辖权。

如此一来，本想以退为进的德川庆喜算盘落空。由此，统治日本两百多年的德川幕府轰然倒台，而日本幕府政权也在近七百年后走向消亡。

但是，德川幕府及其分布在全国的势力自然不会善罢甘休，德川庆喜虽说稍显软弱，但眼见德川家族的辉煌将在自己手下烟消云散，他也不能坐视不理。一时间，日本全国战云弥漫，形势一触即发。

1868年1月底，京都传来消息，有人在萨摩藩纵火生事。在此之前，幕府中心地江户和其势力范围大阪都在盛传这一消息，幕府军极受鼓舞，纷纷请缨杀奔京都。

形势愈益危急，京都也加紧备战。睦仁亲自观看了萨摩、长州、艺州和土佐藩藩兵的军事操练。

不久，幕府叛军兵分两路进攻京都。讨幕军见幕府军来势凶猛，便提前来到鸟羽、伏见两地迎击。

幕府军人数远超讨幕军，因此尽管讨幕军斗志昂扬，战斗仍胶着到深夜。不过，最终讨幕军仍然获胜，并乘胜追击叛军，途中又陆续有一些原本观望的藩主引兵加入讨幕军行列。

眼看幕府气数已尽，睦仁宣布德川庆喜为"国家叛逆"。

1868年2月，睦仁颁布亲征诏书，率讨幕军直捣德川老巢江户。此时，已无心恋战的幕府军面对天皇御驾亲征的凌厉攻势，很快便败下阵来。睦仁率军进入江户城。

1868 年 7 月，睦仁将江户改名为东京，9 月 8 日改年号为明治。明治年号取自中国《周易》"圣人南面听天下，向明而治"之语。由此睦仁被称作明治天皇。

明治天皇还从此定下了一世一元的制度，一代天皇只用一个年号，不能擅自变动。这个制度源自中国的明朝，由此也可以看出，明治天皇对中国的传统还是有借鉴之心。

中国在明朝以前是没法用年号来称呼帝王的，唐朝以前都用谥号，唐宋元三朝用庙号，明清两朝用年号，因为明清两朝一世一元。日本天皇也是一样，明治之前的天皇都用谥号称呼，因为日本天皇没有庙号。而从明治开始，大正、昭和、平成全都是年号。

10 月，明治天皇抵达东京，正式开始在此执政。

之后，为了表彰在倒幕运动中有上佳表现的大久保利通等人，明治天皇接见了他们，并给予褒奖。

大久保利通等人是泡在儒家思想里长大的，能蒙恩接受天皇接见，他们顿觉三生有幸。有感于年轻天皇的英气与魅力，大久保利通以玉来比喻天皇，并预言：假以时日，此玉定成大器。

当然，玉需雕琢方成大器。而此时，已掌握日本政权的明治天皇正蓄势待发，要来雕琢日本这块玉石了。

明治维新，强大日本

明治天皇依靠倒幕派的力量，结束了日本的幕府统治，重新确立了天皇在日本至高无上的地位，使衰败了将近七百年的日本皇室又重新崛起为日本政治生活的主导。

就在倒幕运动即将胜利的时候，明治天皇在倒幕派的支持下开始了对日本历史影响深远的一系列改革，这场改革被称为"明治维新"，它深深地改变了日本国家的面貌，是日本近代历史发展的转折点。在不久之后，亚洲乃至世界都将感受到这场变革给日本带来的变化。

1868 年 3 月 14 日，明治天皇发布了明治维新的施政纲领，即《五条誓文》，提出要"求知识于世界，大振皇基"，要行"前后未有之变革"。世界近代史上最成功的改革——明治维新就此拉开了序幕。

在发布《五条誓文》的同时，明治天皇又颁布了《宸翰》，他表示要率领日本"开拓万里波涛，布国威于四方"。从《宸翰》中可以看出明治天皇一意开拓进取的决心。

1869 年初，明治天皇为了加强日本的中央集权，实行了两项影响深远的改革，即奉还版籍和撤藩置县。这两项改革，彻底摧毁了地方的封建割据势力，使日本成为一个统一的中央集权国家。随后，明治天皇又对日本的中央官制作了改革，政府的高级官吏由天皇任命，并绝对效忠于天皇。日本的近代国家体制形成了。

明治天皇自幼年时，就感受到外国资本主义势力对日本的侵略，在加强了中央政府的权力后，他借助倒幕派中的有识之士，大力推行"殖产兴业"，以达到富国强兵的目的，这是明治维新的重心。

明治政府为执行"殖产兴业"的改革计划，成立了工部省，并以国家的资本为基础，建立了官办的"模范工厂"，作为示范，鼓励日本发展近代工业。

不久，为扶持日本私人企业，明治政府将大量的官办企业低价售予私人。在明治政府的鼓励与扶持下，日本在 19 世纪 80 年代已建立起了一大批私人企业，一些财阀也开始出现。明治政府利用国家的权威，自上而下地在日本实行资本主义化，为日本社会发展提供了一个坚实的基础。

发展经济的同时，明治天皇又开始建立新式军队。

在取消国内武士阶层对军职的垄断过程中，明治天皇怎么也不能忘记当年"禁门之变"给日本皇室带来的耻辱。他在全国颁布第一个征兵令，实行义务兵役制，欲创建一支天皇自己的常备军。他聘请德国等外籍教官训练军队，同时，设立陆军省、参谋本部等直属天皇管辖的军事机构。

此外，明治天皇还参照英国海军模式，打造坚船利炮，建立起一支近代化海军，同时也进一步促进了兵工厂、造船所等军工企业的发展。为培养高级军事人才，他还命令创办军事大学。

有了一支新型的资产阶级军队，明治天皇再不惧怕国内叛乱。对外，他也努力摆脱民族危机，逐步取消与列强签订的不平等条约，让日本实现了民族独立。

1882年，明治天皇颁布《军人敕谕》，强调军队必须绝对地效忠于天皇，军国主义思想与忠君思想开始渗入日本军队。

就在这一年，由于明治维新开启民智而形成的自由民权派向政府递交了开设国会的请愿书。财政大臣大隈（wēi）重信也向天皇递交了自己的宪政意见书，主张在1882年选议员，1883年开国会。更为激进的是，大隈重信想在日本建立英国式的政党内阁，把主要的政治权力赋予民选的议会，由议会中占多数的党派组阁。

而之前明治君臣一直心仪的是德国宪法，内阁由君主任命，议会只管拨款。

大隈重信的立宪论，立即遭到了岩仓具视、伊藤博文等人的坚决反对。他们认为大隈重信跟自由民权派是一伙儿的，于是大隈重信被撤了职。

但是，由于自由民权派已发起了声势浩大的自由民权运动，提出的口号也是开设国会和制定宪法，为了缓和国内矛盾、加强天皇统治，建立宪政就成为刻不容缓的任务。为此，明治天皇发布了在1890年召开国会的诏书，并任命内务卿伊藤博文负责起草宪法。

不久，伊藤博文被明治天皇派到欧洲考察宪法。

伊藤博文在欧洲切实地认识到，英国国王虽然有王位，但是"统而不治"，日本如果照此行事，皇室仍然会丧失统治权，跟当年的幕府时期没有区别，显然不符合日本国情。他坚定地认为，还是由皇帝掌握权力的德国宪法最符合日本的实际情况。回国之后，伊藤博文开始着手改革日本政体，进行宪法的起草工作。

1884年，由伊藤博文一手打造的《华族令》颁布。

华族分为公、侯、伯、子、男爵五个等级，受封的有旧公卿、藩主

和维新功臣。华族除了拥有很多特权之外，最重要的一点，就是为在开设国会时设立贵族院做组织准备，以对抗民选的众议院。

1885 年，太政官制度被废除，成立由天皇任命的内阁，伊藤博文出任首届内阁总理大臣，堵死了由民选议员多数党组阁的可能。

起草宪法的时候，伊藤博文说："君权三分、民权七分为立宪，而我国民权三分、君权七分，亦为立宪。"

1888 年，宪法草案公布于众。伊藤博文设置枢密院，自任议长，对宪法草案进行了审议。

1889 年，在一个日本传说中神武天皇建立国家的日子（2 月 11 日）里，明治天皇在深宫中举行神道教仪式，告知祖先，新的国家基本法即将诞生。然后，明治天皇穿上西装步入宫中正殿，沿着红地毯，踏上放有御座的高台。殿中肃立着外交使节和文武大臣，勋章、佩刀闪闪发光。枢密院议长伊藤博文朝天皇走过去，把写有宪法的卷轴呈给天皇，天皇接过来，转手交给了首相黑田清隆。随着首相接受卷轴，现场开始奏起了《君之代》，天皇点了点头，然后离开了正殿。

在经过这一番仪式后，《大日本帝国宪法》正式颁布，天皇成为日本至高无上的统治者以法律条文的形式被确定下来，日本建立起了天皇的绝对专制统治。从此，"天皇陛下"成为日本社会无所不在的神圣权威。

1893 年，明治天皇决定把歌曲《君之代》作为日本国歌。这首歌的歌词是这么写的："我皇御统传千代，一直传到八千代，传到岩石变鹅石，传到鹅石长青苔。"这很有些类似于中国的打油诗式。据说这首歌诞生于中国的南北朝时期。明治天皇之所以将它作为日本的国歌，主要还是以宣扬天皇的神圣地位为目的。

此外，明治天皇在风俗习惯等方面也进行了改革。这些改革看起来好似过于注重烦琐的细节，但是他的主旨在于文明开化。

明治元年，明治天皇宣布皇族和朝臣沿袭了几百年的剃眉染齿规矩，可以不遵守了。

明治天皇还带头喝牛奶，吃牛肉。在此之前，日本人因为深受佛教传统的影响，民间是不吃家禽家畜的。明治时代派往海外的考察团回国之后，认为西方人之所以强壮聪明，是因为他们爱吃牛肉。所以，明治天皇带头示范，喝牛奶，吃牛肉。

在天皇带动下，吃牛肉被看作文明开化的象征。当时日本的年轻人更是以吃牛肉火锅、喝葡萄酒、用半生不熟的英语谈论时事为时尚。

从1872年开始，日本政府规定，以后的正式礼服一律采用西装。明治天皇除了继位的时候，很少看见他有穿日本传统服饰的照片，大多是身穿西装或者是军装。甚至连他的皇后留下来的照片，也都穿着欧式的低胸露背的无袖晚礼服，戴着皇冠，脖子上是层层叠叠的珍珠宝石项链，乍眼一望就像欧洲的皇后公主一样。

前已述及，在明治天皇之前几百年的幕府统治下，天皇是被禁锢在皇宫中的，大门不出，二门不迈，典型的"宅男"，这当然是被强迫的。明治天皇彻底推翻了这一制度，他在位四十五年，足迹几乎遍及整个日本，堪称历代天皇中唯一的"驴友"。

应当说，明治天皇领导的这场变革在日本发展历史上具有划时代的意义，它改变了日本社会的性质，使日本走上了近代资本主义发展的道路，并迅速地摆脱民族危机，成为新兴的世界强国、亚洲的霸主。可以说，没有明治维新也就没有日本在近代的飞跃发展，也就不会有今天的日本。

明治维新给日本带来了奇迹般的变化，明治天皇在引导日本走向资本主义发展方向上功不可没，他在明治维新中发挥的作用是无人能代替的。

给亚洲各国人民带来深重的灾难

通过维新变革，明治天皇虽然给日本带来了无尽的福泽，但却给亚洲人民特别是东亚人民带来了痛苦与灾难，他的军国主义和扩张主义思想给东亚国家带来了无尽的耻辱。

早在明治天皇刚刚登基不久，日本统治阶级中就出现了"征韩论"，开始觊觎其东亚邻国。

1868 年，明治天皇明确提出"开拓万里波涛，布国威于四方"的主张，已经明显地显露出他的对外扩张思想。

1874 年 5 月，日本派陆军中将西乡从道率兵三千余人侵犯中国台湾。10 月，清政府与日本政府签订《中日北京专条》，规定：日军限期从台湾撤退，清政府赔银五十万两。

1876 年，日本借口"江华岛事件"，武力征韩，强迫朝鲜签订《日朝修好条约》，在朝鲜取得领事裁判权。

1879 年，日本以武力非法吞并琉球。

此后十年间，在明治天皇参与下，日本形成了极富侵略性的"大陆政策"，其侵略目标直指中国。

1894 年，明治天皇下令日本军队发动了日本近代史上第一次大规模的侵略战争——中日甲午战争。当日本军队取得节节胜利时，明治天皇亲自谱写日本军歌《黄海大捷》，给日本侵略军鼓气。

1895 年，中日签订《马关条约》，日本从中国清政府手中夺走台湾岛等岛屿，并从中国勒索白银两亿两。

《马关条约》的签订，大大加深了中国的民族危机，以及中国的半殖民地半封建化程度。

为阻止俄国对东亚的侵蚀，为自己争夺更大的势力范围，1904 年 2 月 10 日，明治天皇下诏对俄开战。与此同时，沙俄也对日宣战。日俄战争爆发，战场却在中国东北。

战争初期，日军旗开得胜。但随着战事进一步展开，沙俄军队后来居上，日军伤亡惨重。日本民众强烈要求天皇撤换前线的日军统帅乃木希典。

重压之下的明治天皇却反百姓之道而行之，他明白临阵换将实属用兵大忌，所以，他非但没有免去乃木希典的军职，反而更加器重他。

天皇隆恩，使本就有着狂热军国主义思想、愿为天皇肝脑涂地的乃木希典及日本将士为之振奋，经激战终使俄国军队挂起白旗。

1905 年 9 月 5 日，日俄签订《朴次茅斯和约》，日本侵占了以前沙俄占领的中国东北大部土地，并且成为朝鲜的宗主国。

日俄战争是两个帝国主义国家为争夺中国东北而展开的战争，给中国人民带来了深重的灾难。

日俄战争结束后，明治天皇加快吞并朝鲜的步伐。1910年，日本强迫朝鲜签订《日韩合并条约》，正式将朝鲜并入其掌控之下。

日本明治天皇政府发动的，以针对亚洲人民的侵略战争，给亚洲人民带来了深重的灾难，其罪恶馨竹难书。中国是明治政府对外侵略的主要受害国，日本侵略军在中国犯下了滔天罪行，如日军攻占旅顺后，实行了野蛮的屠城，无数中国民众惨死于侵略者的刀下。1904年进行的日俄战争，让中国东北广袤富庶的土地受到无端的蹂躏，广大中国人民在战争中流离失所。

明治天皇对亚洲人民，特别是对中国人民犯下的滔天罪行将永远地被刻在历史的耻辱柱上！

1912年7月，先后打赢了中日甲午战争和日俄战争的明治天皇，患了严重的糖尿病引发的尿毒症，生命垂危。东京市民们跪在皇宫前的沙地上为他祈祷平安，一度达到几万人之众。在20世纪还能够出现这一幕，让当时的外国记者感到很新奇。但是祈祷没有应验，三天之后，明治天皇病亡。

在举行葬礼的那一天，明治天皇的爱将、号称军神的乃木希典大将，偕夫人双双剖腹自杀。辉煌的明治时代，由此结束于这场惨烈的生殉。